阿富汗文件

[美]克雷格·惠特洛克 / 著
陈小迁　张文斗 / 译

THE AFGHANISTAN PAPERS
A Secret History of the War
Craig Whitlock

中信出版集团 | 北京

图书在版编目（CIP）数据

阿富汗文件 /（美）克雷格·惠特洛克著；陈小迁，张文斗译 . -- 北京：中信出版社，2022.3
书名原文：The Afghanistan Papers: A Secret History of the War
ISBN 978-7-5217-3900-8

Ⅰ. ①阿… Ⅱ. ①克… ②陈… ③张… Ⅲ. ①阿富汗问题－研究 Ⅳ. ① D815.4

中国版本图书馆 CIP 数据核字（2022）第 017390 号

Simplified Chinese Translation copyright © 2022 By CITIC PRESS CORPORATION
THE AFGHANISTAN PAPERS
Original English Language edition Copyright © 2021 by WP Company LLC
All Rights Reserved.
Published by arrangement with the original publisher, Simon & Schuster, Inc.
本书仅限中国大陆地区发行销售

阿富汗文件
著者：　　［美］克雷格·惠特洛克
译者：　　陈小迁　张文斗
出版发行：中信出版集团股份有限公司
　　　　　（北京市朝阳区惠新东街甲 4 号富盛大厦 2 座　邮编　100029）
承印者：　宝蕾元仁浩（天津）印刷有限公司

开本：787mm×1092mm 1/16　　　　印张：24.25
插页：12　　　　　　　　　　　　　字数：285 千字
版次：2022 年 3 月第 1 版　　　　　印次：2022 年 3 月第 1 次印刷
京权图字：01-2021-6780　　　　　　书号：ISBN 978-7-5217-3900-8
定价：69.00 元

版权所有·侵权必究
如有印刷、装订问题，本公司负责调换。
服务热线：400-600-8099
投稿邮箱：author@citicpub.com

献给珍妮和凯尔,
带着爱与钦佩。

目　录

推荐序 / I

前　言 / XI

第一部分　2001—2002 年：虚假的胜利味道 / 001

　　第一章　混乱的任务 / 003

　　第二章　"谁是坏人？" / 018

　　第三章　国家建设工程 / 031

第二部分　2003—2005 年：巨大的分歧 / 043

　　第四章　阿富汗不再是焦点 / 045

　　第五章　"涅槃重生"的军队 / 059

　　第六章　文化隔阂 / 073

　　第七章　两面派 / 084

第三部分　2006—2008 年：塔利班归来 / 097

第八章　谎言与反转 / 099

第九章　不连贯的战略 / 113

第十章　军　阀 / 126

第十一章　罂粟战争 / 141

第四部分　2009—2010 年：奥巴马的不自量力 / 155

第十二章　加倍下注 / 157

第十三章　"深不见底的吸金黑洞" / 170

第十四章　从朋友变为敌人 / 184

第十五章　腐败带来的内耗 / 200

第五部分　2011—2016 年：分崩离析 / 215

第十六章　与真相作战 / 217

第十七章　内部的敌人 / 231

第十八章　幻想破灭 / 246

第六部分　2017—2021 年：僵持局面 / 259

　　第十九章　特朗普任期的政策转变 / 261
　　第二十章　前车之鉴 / 273
　　第二十一章　与塔利班对话 / 284

致　谢 / 299

注释来源 / 307

注　释 / 311

参考文献 / 349

图片来源 / 353

新闻自由的首要职责就是，防止政府的任何一个部门欺骗人民，把他们派往异国他乡，让他们死于海外的热病与枪弹。

——1971年6月30日，美国最高法院大法官雨果·L.布莱克在"《纽约时报》诉美利坚合众国案"（又称"五角大楼文件案"）中的判决意见。最高法院最终以6票赞成、3票反对的裁定结果，要求美国政府不能禁止《纽约时报》或《华盛顿邮报》公布国防部有关越南战争的秘史。

推荐序

一本披露美国阿富汗战争失败原因的奇书

摆在你面前的这本《阿富汗文件》是一本奇书。它将以令人惊讶的真实与鲜活的笔触，满足你对美国发动 20 年阿富汗战争与重建为何到头来却以一场大溃败而收场的好奇心。

根据作者克雷格的披露，这本书主要基于大量的第一手材料，"即对在阿富汗战争中直接发挥作用的 1 000 多人采访的记录，以及数百份美国国防部备忘录、美国国务院电报和其他政府报告"。作者以一位资深调查记者的敏锐感，凭借对文字和材料的娴熟驾驭，按照自身对阿富汗问题的学术理解，鲜活、细致、系统地剖析了美国历届政府——特别是小布什政府和奥巴马政府——是如何一步步陷入阿富汗战争和重建的泥潭的，又是如何在近 20 年里不断重复着"战争正在取得进展，胜利即将到来"这样的公开宣言最终却走向了大溃败的。

阿富汗变局应是 2021 年最大的地缘政治事件。美国前后 4 任总统用长达 20 年的时间、高达万亿美元的直接耗资（不少材料称美方总耗资达 2.26 万亿美元）进行了阿富汗战争，造成 2.4 万名美军士兵伤亡（不包括盟军阵亡的 1 100 余名官兵），以及 10 多万阿富汗人死亡（阿富汗军警阵亡 6.6 万，平民死亡 4.7 万）、200 万阿富汗人成为难民，而美国所取得的"战争成果"与"重建成就"，却在阿富汗塔利班以迅雷不及掩耳之势重返喀布尔的进程中被迅速且全面地清零了。美国建国以来卷入的史上时间最长的战争竟以这种结局收场，着实出乎所有人的意料。有鉴于此，这本书的作者针对美国政府所犯错误的条分缕析，不仅有助于读者全方位理解美国 20 年阿富汗战争的溃败之因，更重要的是，有助于后美军时代其他国家在参与新一轮阿富汗重建时能充分吸取美国的教训，不重蹈覆辙。

这本书最大的特点就是，用大量的第一手材料说话。这些材料通过作者的学术归类，富有逻辑地呈现出来，使读者能从美国在阿富汗的大量一线官兵（大都是一线的初级军官）和华盛顿的关键政策制定者发出的真实声音中，深刻体会到美国领导的这场阿富汗战争和重建是如何在美国政府的不断纠偏、不断调整中走向溃败的。

虽没有复杂的学理性阐释，但通过典型的案例、精彩的援引，作者为读者拨开了云雾，展现了这场战争与重建进程的本来面目。或者说，通过对第一手鲜活材料的大量援引，作者揭去了覆盖在官方叙事上的那层光鲜的、被净化过的涂层，呈现出阿富汗战争与重建的惨酷真相。这使此书比诸多其他阿富汗问题研究类作品多了不少真实性。它让很多发生在阿富汗战场上原本看起来不可思议的现象有了逻辑自洽的解释。这使长期跟踪阿富汗问题的研究者读后为之一振，恍然大悟后发出"原来如此啊"的喟叹。

这本书的另一大特点就是，作者基本上按时间轴线娓娓阐述。这种叙事方式为读者勾勒出了一条美国政府是如何一天天、一月月、一年年地逐步陷入阿富汗战争和重建"泥潭"的清晰的时间线。读完此书，读者总会有一种这样的感觉，即美国仿佛是被一种无形的、难以抗拒的力量给一步步拖进泥潭的，抑或是被一种越滚越大的问题雪球压垮的。这既有美国决策者、执行者难以掩饰的救世主般的傲慢与武断的原因，更有美国制度本身的一些顽瘴痼疾的原因。甚至更进一步，读者阅毕会倾向于认为，与其说美国政府最终毅然决然地撤离阿富汗是"为了集中力量对付中俄"，不如说美国政府最终不负责任地仓促撤离，是由于看不到美国主导下阿富汗战争与重建成功的希望。

正如作者所言，这本书是介于新闻报道与学术研究之间的作品，读之饶有趣味，绝不枯燥。作者是调查记者，对材料的选择与剪裁处处折射出新闻人的独到视角与匠心独运，凸显出作者对问题本质的精准把握。而且，读完掩卷，那些鲜活的一线感悟与观察往往还能浮现于读者眼前，成为一个个抽象而复杂的阿富汗问题的生动诠释。对于原本就对阿富汗问题有着一定研究基础的读者而言，这本书的代入感很强。阿富汗纷乱的战场、官场、名利场，伴随着文字，会不停地在读者眼前切换、跳跃，使读者对艰深复杂的阿富汗问题的实质有了更加鲜活、立体的认知。

这本书基本上按时间顺序分成六大部分，主要围绕 14 个大的"失误"，条分缕析地揭示了美国政府为什么在失败的泥潭里不能自拔且越陷越深。若进一步归类，这14个大的"失误"主要涉及"与谁为敌"和"为谁而战"这两类问题。

"与谁为敌"主要是指，过去20年里，美国历届政府一直没搞清楚，在这场越打越久的阿富汗战争中"到底谁是坏人"，这既是时任美国国防部长拉姆斯菲尔德（美国历史上唯一当过两任国防部长的人）的抱怨，更是美国广大一线官兵的困扰。实际上，美国政府从决策者到一线官兵之所以一直没搞清楚这个根本性问题，主要在于——正如作者在书中反复揭示的那样——美国历届政府乃至每一届政府任期内对阿富汗战争所追求的目标诉求的反复调整，要么设定太多，要么设定模糊，要么设定得过于简单，要么设定得不太可行。这让一线实施者无所适从，继而无从下手。从一开始出于报复的简单化反恐诉求，即聚焦于打击基地组织及其庇护者塔利班政权、塔利班武装，到后来推进日益多元化的建国建政目标，包括反恐、维和、平叛、禁毒、反腐、强化中央集权、立军立警、发展经济、保障女权，再到最后阶段聚焦政治对话与撤军走人，华盛顿在阿富汗的目标诉求一直在变动；即便是一以贯之的反恐行动，华盛顿也是从初期聚焦于打击基地组织（其中，塔利班也是重点被打击对象），逐渐转变为后期重点打击"伊斯兰国呼罗珊分支"（其中，塔利班又是反恐的重要伙伴）；其间，小布什执政时期还发起了一场伊拉克战争，这场战争虽致力于"改造中东"，但却对阿富汗战局走向影响深远，它为塔利班的死灰复燃直接提供了难得的喘息之机。随着目标诉求的不断切换，美国及其盟友在阿富汗所要打击的敌人在不断切换，所要合作的盟友或伙伴也在不断切换。这种不断切换辅之以缺乏长线战略，逐渐使美国政府在阿富汗战争与重建进程中陷入了一种恶性循环：前一个问题没有解决掉，又催生出新的问题，新问题裹着老问题，如同雪球一样，越滚越大，越滚越沉，最终导致"处理系统过载"，压垮了美国对阿富汗战争与重建前景的所有信心，最后只好一走了之。

"为谁而战"主要是指，美国努力打造的阿富汗国家安全部队带有一个致命缺陷，即这支国家级安全部队自成立之日起，就没弄明白或形成统一的思想认识，那就是他们究竟为谁而战。对其而言，他们或许是在为美国人而战，因为他们的薪俸是美国人发的，他们的教官主要也是美国人，他们打仗的主要目的也是配合美军进行反恐、平叛、维和行动；他们或许是在为阿富汗政府而战，因为这是美国教官培训时经常灌输的思想，他们平时也受令于政府、受令于总统，只是各级政府官员、各级军官警官的贪婪腐败使他们不愿为这样的政府卖命，不愿服从这样的长官的指令；他们或许是在为地方军阀和部落头领而战，因为地方军阀与部落头领成了他们的顶头上司，而服从、效忠于顶头上司既是军人的天职，更是其传统部落文化的一部分；他们或许是在为养家糊口而战，因为"这是一份薪水可观的工作"，他们甚至可以为此随意变卖制服和随身武器，甚至为了更高的收入而携带武器入伙反政府武装；他们或许是为了信仰而战，因为他们中有不少人是虔诚的伊斯兰教徒，对于绝大多数人来说，《古兰经》就是他们平生摸过的唯一书本，他们甚至可以出于"圣战"情结而不带任何负疚感和毫不迟疑地枪杀培训他们的美军教官，枪杀与他们一起摸爬滚打的美国队友，因为这些美国人是"异教徒"。由于缺乏统一思想，这支由怀揣不同诉求的阿富汗人组成的安全部队自然也就缺乏敬业精神和纪律意识，综合素养更无从谈起。可想而知，美国历届政府寄希望于打造这样一支安全力量来保卫其在阿富汗重建的安全成果、政治成果、经济成果、社会成果，到头来必然是"竹篮打水一场空"，有多期待就有多失望。读者在翻阅这本书时会明白，这支号称拥有35万之众的阿富汗国家安全部队为何在塔利班的攻势面前一枪不发就弃城而走了。尽管这本书的成书时间应是在塔利班势如破竹攻城略地并重夺阿富汗政权之前，但作者对这些材料的梳理已将美国在阿富汗的归宿提前昭告天下了。

除了上述的两大核心问题之外，此书还揭示了一些衍生性问题。例如，美国人在阿富汗重建中喧宾夺主、复刻美国式的做法往往招致严重的水土不服，老问题没解决，新问题又出现。又如，美方负责阿富汗战争和重建的一线官兵经常调整、轮换，"大多数部队部署到战区的时间是6~12个月"。等那些对阿富汗问题缺乏了解的一线官兵好不容易适应了当地环境并且准备甩开膀子大干的时候，服役周期结束，"打道回国"，这导致很多工作、项目、规划陷入"穷折腾""原地打转""重复劳动"的境地。再如，来自美方的大水漫灌式援助与借力旧式军阀的做法，滋养了喀布尔政权体系的超级腐败，为塔利班的反政府活动提供了源源不断的"正当性"与"号召力"。此外，美国政府严重缺乏整体统筹、连贯持久的阿富汗战略，每一届政府都缺少至少4年能一以贯之的阿富汗经略，一个20年的战争似乎竟有20个年度规划，且前后并不能有效衔接，从而很难达到一个久久为功的经略效果。特别是很多项目、规划都是"拍脑袋决策，拍胸脯保证，拍桌子执行，拍大腿后悔，拍屁股走人"，这就使美国在阿富汗留下了诸多烂尾规划、"头痛医头、脚痛医脚"项目、"有人建、无人养"工程，它们的存在就成为腐败、浪费与绝望的地标。连拜登政府最后的仓促撤离，其实也是一种"拍脑袋决策"工程，其所导致的不负责任之恶果，给当下与未来的阿富汗重建制造了很大祸患。上述这些感悟，读者都会从这本书中一一获取。

若非要给这本书指出一点不足，那就是作者在利用第一手材料揭示美国的阿富汗政策失败时，没有触及阿富汗这个国家自建国以来一直存在的本质问题，即城乡二元分立、对立问题。也许，反映这个问题的第一手材料本身就比较少，或者作者本人对有关这一问题的材料不太敏感。

城乡二元对立问题一直是阿富汗国家建设的大问题、根本性问题。美国人也好，当年的苏联人也好，他们在阿富汗的折戟都与没能解决好这个问题密切相关。当年苏联人曾意识到这一问题的严重性，并曾支持当时的阿富汗人民民主党政府（左派政府）的一些激进政策，如在农村和山区开展土地改革、妇女解放等运动，以期一举将封闭、落后的部落农村和山区带入现代社会，并与城市生活对接。然而，苏联人以及阿富汗左派政府当年之所以失败，是因为这些强迫性的运动式改革，遭遇了拥武自立的部落统治阶层的强大反抗，而且这种反抗成功地被反苏"圣战"势力及其支持者大加利用，这使部落农村和山区成为当年反苏"圣战"的大后方、根据地。尽管苏联人控制着环阿富汗公路沿线的城市，但近八成阿富汗疆域处在失控区。基于这样的城市经济和政治而存活的喀布尔亲苏政权，自然会在苏联红军撤离后迅速崩盘。同理，美国人过去20年对阿富汗的经略也基本集中于环阿富汗公路所串联起来的城市地带，美国人并没有努力打破城市和广大农村、山区之间的藩篱与分立。美国大力推进的阿富汗重建主要受惠方是城市。这些阿富汗城市日益与国际社会接轨，日益市场化、世俗化、多元化。然而，广大农村和山区社会依旧落后、闭塞，宗教氛围浓郁，经济自足自立。城乡两极分化加剧了城市精英阶层与农村和山区精英阶层的对立，社会被撕裂，互无同理心。这就使广大农村和山区成为塔利班甚至伊斯兰极端暴恐分子"退可守、进可攻"的理想根据地。美国在阿富汗20年的重建只是将一些城市带入了现代社会，但这只占阿富汗国土面积的20%左右，广大农村和山区则成了反美反外军反政府的"武装'圣战'割据者"的天下。农村与城市生活在两个世界。结果就是，美国人努力打造的城市社会在阿富汗犹如一个个空中楼阁、一个个无根世界。阿富汗城市基本活在"美援"（美元与美军）的支撑上，农村则活在自给自足的农牧经济上。"美援"一走，城市经济即刻崩溃。

尽管如此，《阿富汗文件》仍不失为一本可为广大读者指点迷津的书。实际上，阅读这本书能让中国读者的脑海中不时浮现出成都武侯祠里面的那副著名对联："能攻心则反侧自消，从古知兵非好战；不审势即宽严皆误，后来治蜀要深思。"这本书的妙处就是，其所反映的美国治阿失误与这副对联似乎格外契合。

由此想到，中国政府一直坚持的"阿人主导，阿人所有"主张，绝对是未来任何国家参与阿富汗重建都必须要遵循的一条铁律。自1747年建国以来，阿富汗民族已在这个复杂的地缘环境里生存了近三百年；再往前溯，甚至自亚历山大东征以来的两千余年里，生活在这片土地上的阿富汗诸民族，正是在大国激烈的地缘博弈的反复锻造、淬炼中繁衍生息的。阿富汗人能在这样一个复杂的地缘环境中生存上千年，自有其生存哲学与逻辑。依循阿富汗社会本来的发展轨道，就是这本书留给广大读者的另一个启示。

中国现代国际关系研究院南亚研究所所长

胡仕胜

2021年12月8日

前　言

"9·11"恐怖袭击事件两周后，美国准备出兵阿富汗。一名记者直截了当地向时任美国国防部长的唐纳德·拉姆斯菲尔德提问：政府会不会为了误导敌人而在军事行动上对新闻媒体撒谎？

拉姆斯菲尔德站在五角大楼简报室的发言台上。彼时空气中仍散发着烟雾和飞机燃油的味道，在恐怖袭击发生时，美国航空77号班机撞向五角大楼西侧，造成了189人死亡。这位国防部长引用英国首相温斯顿·丘吉尔的名言回应道："在战争时期，真相是如此宝贵，要用谎言来护卫。"他解读了盟军在诺曼底登陆前制订的代号为"保镖行动"的欺骗计划，这一作战计划迷惑了德军，使其无法识破1944年盟军登陆欧洲大陆的时间和地点。

拉姆斯菲尔德的说法听起来像是在为战时散布谎言而辩护，但随后他改口坚称自己绝不会做这种事。他说："我的回答是，不，这种情况不会发生。我没有对媒体撒过谎。我不打算去撒谎，而且也没有理由这样做。我有几十种方法可以避免让自己陷入谎言之境。我不会去撒谎。"

当被问及国防部其他人是否也持同样看法时,拉姆斯菲尔德停顿了一下,微微一笑。

"你在开玩笑吧。"他说。

在五角大楼进行采访的记者们也随之笑起来。这是典型的拉姆斯菲尔德风格:聪明、有说服力、不打草稿,并且能消除别人的戒备心理。作为普林斯顿大学的前摔跤明星,他一直都是掌控局势的大师。

2001年10月7日,也就是拉姆斯菲尔德答记者问的12天后,美军开始轰炸阿富汗。没人预料到这将成为美国历史上最漫长的战争——比第一次世界大战、第二次世界大战、越南战争都要漫长。

不同于越南战争及2003年爆发的伊拉克战争,民意几乎一致支持向阿富汗开战。美国人对伤亡惨重的恐怖袭击感到震惊和愤怒,希望他们的领导者能像日本偷袭珍珠港后那样坚决地保卫家园。"9·11"事件发生3天后,美国国会通过了一项立法,授权布什政府向基地组织以及任何为其提供庇护的国家发动战争。

北大西洋公约组织首次援引《北大西洋公约》第5条款:任一缔约国遭受攻击时即履行集体防御的承诺。* 联合国安理会一致谴

---

* 《北大西洋公约》第5条款要求缔约国共同履行集体安全承诺,该条款的核心在于"共同对敌",即"对欧洲或北美之中的一个或数个缔约国的武装攻击,应视为对缔约国全体的攻击,各缔约国将采取'大家为一人'行动"。"9·11"事件后,北约组织首次援引该条款,实施包括武力在内的"集体防御",对国际社会产生了深远影响。——编者注

责这一"令人发指的恐怖袭击",并呼吁所有国家将作恶者绳之以法。甚至敌对国家也站到了美国这一边,伊朗有数千人参加了烛光守夜活动,伊朗"强硬派"22年来首次在每周祈祷时没有高喊"美国去死"。

凭借这些强有力的支持,美国政府官员大可不必通过撒谎来为阿富汗战争寻找托词。然而,白宫、五角大楼和国务院的领导人很快开始做出虚假保证,并且掩盖战场上的失利。积年累月之后,越发显得欲盖弥彰。特别是军事指挥官和外交官更不愿意承认错误,也更难在公开场合做出清晰、真实的评估。

没有人愿意承认这场"正义之战"已经沦为失败的战争。从华盛顿到喀布尔,一场暗中涌动的阴谋完全掩盖了真相。这种故意隐瞒的做法中必然掺杂着欺骗行为,最终导致彻头彻尾的荒谬现实。2003年和2014年,美国政府两次宣布结束在阿富汗的作战行动,但这只是一厢情愿,与实际情况毫不相符。

* * *

奥巴马总统曾发誓要结束这场战争,让美军回家,但到2016年其第二任期即将结束时也没有达成这一目标。美国人已经厌倦了无休止的海外战斗。撤军幻想屡次破灭,许多人对此不再关注。

那时,我已经在《华盛顿邮报》做了将近7年的专门负责报道五角大楼和美国军队的相关信息的记者。我采访过4位国防部长和5位战争指挥官,多次随高级军官前往阿富汗及其周边地区。在此之前，我曾作为《华盛顿邮报》驻外记者进行了6年的海外报道工作，主要报道对象是基地组织及其在阿富汗、巴基斯坦、中东、北非和欧洲的分支。

和许多记者一样，我也认为阿富汗是个烂摊子。美国军方空洞的声明表示"这场战争战略正确且进展顺利"，我对这种说法越来越不屑一顾。《华盛顿邮报》和其他新闻机构多年来一直在揭露这场战争的各种问题，一些著作和回忆录讲述了阿富汗战争中关键行动的内幕以及美国政府的政治内讧。但是，我认为每个人都没有看清问题所在。

这场战争是如何陷入可预见的无法取胜的僵局的？美国及其盟友最初在2001年摧毁了塔利班和基地组织。到底是哪里出了错？没有人对战略的失败公开进行过彻底的清算，也没有人对这场行动是如何失败的进行过严厉的质询。

时至今日，阿富汗方面没有人员参与"9·11"事件调查委员会。该委员会认为，阿富汗政府应为没能阻止美国遭受最严重的恐怖袭击负责。美国国会也没有召开关于阿富汗问题的富布赖特听证会。要知道，参议员们曾经在听证会上对越南战争进行过激烈的质疑。由于美国民主党和共和党都有许多人需要为大量错误负责，因此鲜有政治领袖愿意提出质问或接受指责。

2016年夏天，我听说有个不知名的联邦机构——阿富汗重建特别监察长办公室（Office of the Special Inspector General for Afghanistan Reconstruction，简称"SIGAR"）——在推进一个名为"吸取教训"的采访项目，旨在检视美国在阿富汗的失败政策，以便未来不会重蹈覆辙。在采访中,数百名战争亲历者中的大部分人都发泄了压抑已久的受挫情绪。

同年9月,阿富汗重建特别监察长办公室陆续发布了一系列涉及阿富汗问题的经验教训总结报告,但这些报告只是沉闷的公文,并没有提及我在采访中听到的严厉批评和指责。

调查记者的任务就是找出政府隐瞒的真相并向公众披露。因此,我根据《信息自由法》*向阿富汗重建特别监察长办公室提出申请,要求获得"吸取教训"采访项目的底稿、笔记和录音。我认为公众有权利知道政府内部对战争的批评——这是永不磨灭的真相。

对于这些请求,阿富汗重建特别监察长办公室在每个关键节点都进行拖延和抵制——美国国会建立这个机构为的是监督纳税人缴纳的巨额税款如何用作战争支出,它却对纳税人的请求虚与委蛇。《华盛顿邮报》不得不两次提起联邦诉讼,迫使阿富汗重建特别监察长办公室公布"吸取教训"采访项目的文件。经过3年的司法斗争,该机构最终公布了结果。这些采访记录超过2 000页,受访对象是428名在阿富汗战争中发挥直接作用的将军、外交官、援助人员和阿富汗官员等。

出于隐私方面的考虑,该机构对部分文件进行了处理,并隐瞒

---

* 《信息自由法》是由美国总统林登·约翰逊于1966年签署并生效的法案,该法案要求联邦政府机构的记录和档案原则上向所有人开放,公民可向任何一级政府机构提出查阅、索取复印件的申请。《信息自由法》生效后经过多次修订,旨在实现联邦政府信息公开化,以保障美国公民的知情权与监督权。——编者注

了大多数受访者的身份信息。但采访显示，许多美国高级官员私下认为阿富汗战争是一场彻底的灾难，这与白宫、五角大楼和国务院一致乐观的公开口径自相矛盾。这些官员年复一年地向美国人保证，他们在阿富汗取得了进展。

坦率地说，正因为他们认为自己的言论不会公开，所以才向阿富汗重建特别监察长办公室承认，阿富汗战争计划有致命的缺陷，美国政府为把阿富汗改造成一个现代化国家白白浪费了数十亿美元。采访还揭露了美国政府在遏制腐败、建立一支有战斗力的阿富汗安全部队以及打击日益增长的毒品贸易方面的无效举措。

许多受访者称，美国政府确切且长期地故意误导公众，喀布尔的军事总部和白宫经常歪曲统计数字，以让民众认为美国赢得了这场战争。但事实并非如此。

令人惊讶的是，指挥官们承认他们在没有合理的战略规划的情况下着手发动了阿富汗战争。曾两次在布什政府担任美军指挥官的陆军上将丹·麦克尼尔抱怨道："根本就没有行动计划。"[1]

2006—2007年领导美国和北约部队的英国将军戴维·理查兹也表示："联军没有连贯的长期战略。我们想要统一谋划长远战略，但只形成了很多战术策略。"[2]

其他官员表示，美国从一开始就把战争搞砸了，在误判的基础上又犯了错误。

布什政府负责南亚及中亚事务的助理国务卿理查德·鲍彻说："我们当时不知道自己在做什么。"[3]

曾在布什政府和奥巴马政府担任陆军中将的道格拉斯·卢特也

认为："我们对正在做的事情一点概念都没有。"[4] 卢特哀叹如此多的美军士兵丧生，但令人震惊的是，他作为三星中将竟然暗示政府无视这些牺牲。"如果美国人民知道这种失败状态会严重到导致2 400人丧命，那么谁会去做徒劳的牺牲？"[5]

20年来，超过775 000名美军士兵被部署到阿富汗。其中超过2 300人死于阿富汗战场，21 000人负伤回国。美国政府还没有计算出相关开支的总额，但大多数估值都超过1万亿美元。

* * *

"吸取教训"采访项目的记录与美国国防部关于越南战争的绝密档案"五角大楼文件"大致相似。这些文件直接揭示了美国是如何陷入一场劳师动众的战争的，但政府决心对公众隐瞒真相。1971年，五角大楼文件泄露后引起了轰动。该文件透露，美国政府长期以来在美国卷入越南战争这一问题上误导民众。

这份长达7 000页的研究报告共47卷，完全基于外交电报、决策备忘录、情报报告等政府内部文件撰写。为了保密，美国国防部长罗伯特·麦克纳马拉发布了一项命令，禁止起草者采访任何人。

阿富汗重建特别监察长办公室的"吸取教训"采访项目不受这样的限制。2014—2018年，该项目采访了布什政府和奥巴马政府时期的官员。与五角大楼文件不同的是，最初没有一份"吸取教训"的采访文件被列为政府秘密。然而，一旦《华盛顿邮报》要求公开这些材料，其他联邦机构就介入了，并在事后对一些材料进行保密。

"吸取教训"的采访文件几乎没有涉及军事行动,但从战争初期到特朗普政府上台,大量的批评者都在驳斥官方对战争的叙述。

为了补充"吸取教训"采访项目的内容,我获得了2001—2006年国防部长拉姆斯菲尔德口述或接收的有关阿富汗战争的数百份机密备忘录。这些备忘录是拉姆斯菲尔德向其下属下达的简短指示或批文,通常一天下达数次,被拉姆斯菲尔德及其工作人员称为"雪片"。

2011年,拉姆斯菲尔德公开了一些"雪片"文件,并将它们与其回忆录《已知与未知》一起发布到网上。但其他大部分"雪片"文件——差不多59 000页仍然保密。

2017年,为回应位于乔治·华盛顿大学的非营利性研究机构——美国国家安全档案馆提起的《信息自由法》诉讼,美国国防部开始滚动审查和发布拉姆斯菲尔德其余的"雪片"文件。档案馆把这些文件分享给我。

在拉姆斯菲尔德直率的措辞中,许多"雪片"文件预示着10多年后仍困扰着美军的问题。在战争开始将近两年后,拉姆斯菲尔德在给其情报主管的备忘录中抱怨道:"我不知道在阿富汗到底谁是坏人。"[6]

我还得到了非营利性组织外交研究与培训协会对美国驻喀布尔大使馆官员的几份口述史采访记录。在这些采访中,外交官们坦陈己见,发泄了关于美国政府对阿富汗问题的无知及其对战争处理不当的情绪。

随着我逐渐整理了所有的采访记录和备忘录，我越发清晰地意识到它们构成了一部战争秘史——对这场永不停息的冲突的确凿评价。这些文件还显示，美国官员对在阿富汗发生的事情一再向公众撒谎，就像他们在越南战争时做的那样。

凭借新闻编辑部众多员工的才智，《华盛顿邮报》于2019年12月发表了一系列有关"雪片"文件的文章。数百万人阅读了该系列文章，查阅了《华盛顿邮报》在线公开发布的采访和"雪片"文件数据库。

多年来基本忽视了阿富汗战争的美国国会，举行了多次听证会来讨论和质询调查结果。在证词中，将军、外交官和其他官员承认政府对公众存在欺骗行为，所有政治派别的议员都对此表达了愤怒和沮丧。

众议院外交事务委员会主席、纽约州民主党众议员埃利奥特·恩格尔说："这是个该死的记录，它凸显了在阿富汗事务上美国人民与其领导人之间没有开诚布公的对话。"肯塔基州共和党参议员兰德·保罗称，《华盛顿邮报》的一系列报道"非常令人不安。它说明了美国的战争努力因使命偏离和没有可行目标而严重失利"。

这些揭露性文件触动了人们的神经。许多美国民众一直怀疑政府实施了战争误导而极其愤怒。公众迫切渴望得到更多证据，以便更多地还原事情的真相。

我知道美国军方曾对在阿富汗服役的士兵进行过口述史采访，并且出版了一些学术专著。但不久后我便发现，美军拥有大量的这类文件。

2005—2015 年，堪萨斯州莱文沃思堡战斗研究所开展了"陆军作战指挥官体验项目"，采访了 3 000 多名曾在"全球反恐战争"中服役的士兵，他们大多数人曾在伊拉克作战，但大部分人已被派往阿富汗。

我花了数周时间筛选出非保密且完全可以公开的采访，并留出 600 多份以"阿富汗老兵"为主题的采访稿。口述史采访中包含了生动的第一手材料，大部分来自战场一线的初级军官。我还得到了华盛顿美国陆军军事历史中心的少量口述史采访材料。

军方授权采访的目的是进行历史研究，因此许多士兵对自身经历的描述比在接受新闻采访时更放得开。总的来说，他们对战争的错误实事求是，与五角大楼的官员们兜售的观点形成了鲜明对比。

我在弗吉尼亚大学发掘出另一批揭露性文件。自 2009 年以来，该大学专门研究政治史的无党派机构——米勒中心开展了乔治·沃克·布什总统任期的口述史采访项目。该中心采访了大约 100 人，主要包括政府官员、外交顾问、议员和外国领导人等。

大多数人同意接受采访，条件是笔录要保密多年，或者直到他们去世以后才能解密。从 2019 年 11 月开始，米勒中心向公众开放了布什总统任期内的部分档案。对我而言，这是天赐良机。我获得了十几份军事指挥官、内阁成员和其他负责阿富汗战争的高级官员的口述史采访记录。

弗吉尼亚大学的口述史采访项目再一次传递出不同寻常的坦率观点。曾在布什政府中担任参谋长联席会议主席和副主席的海军陆战队上将彼得·佩斯对没有向公众坦陈阿富汗战争和伊拉克战争可能会持续多久而表示遗憾。

"我需要告诉美国民众,这不是几个月或几年的问题,而是几十年的事情。"佩斯说,"据我所知,布什总统没有向民众坦陈情况,而我也没有那样做,我知道美国人民一定认为这是一场速战速决的战争。"[7]

* * *

我写本书的初衷并不是要完整地记录美国在阿富汗的战争历程,本书也不是一部以作战行动为主的军事史。相反,它试图解释问题在哪里,以及连续3任美国总统和他们的政府为什么没能说出真相。

总而言之,《阿富汗文件》基于对当时亲历战争的1 000多人的采访,包括了"吸取教训"采访记录、口述史采访记录和拉姆斯菲尔德超过1万页的"雪片"文件。本书对这些文件未进行编辑和处理,它们传达了从在华盛顿制定政策的人,到在阿富汗的山区和沙漠中战斗的人的声音。这些人深知美国人民被灌输的阿富汗战争官方叙事已被极大地"净化"过了。

然而,在公开场合,几乎没有政府高官有勇气承认,美国正在慢慢输掉一场曾经获得民众压倒性支持的战争。由于美国军方和政界领袖串通一气保持沉默,他们逃避了被问责,也错失了进行可能改变结果或缩短战争时间的重新评估工作的机会。他们选择掩盖自己的错误,放任战争继续。

第一部分

2001—2002年：虚假的胜利味道

第一章 混乱的任务

2002年4月17日上午10点左右,在谢南多厄河谷炎热明媚的春日里,机顶为白色的总统专机"海军陆战队1号"缓缓降落在弗吉尼亚军事学院修剪整齐的阅兵场草坪上。身穿笔挺的灰白色军礼服的2 000余名学员正在卡梅伦·霍尔篮球馆内等候着最高统帅的到来,他们已经热得汗流浃背了。几分钟后,乔治·沃克·布什总统眨着眼睛、挥舞着竖起的大拇指走上讲台,现场观众全体起立并报以热烈的掌声。

布什总统有理由高兴并受到万众瞩目。6个月前,他命令美军发动阿富汗战争,对"9·11"恐怖袭击事件进行报复,9月11日那天恐怖分子袭击了纽约、弗吉尼亚州的北部和宾夕法尼亚州的尚克斯维尔,造成2 977人死亡。与美国历史上的历次战争不同,阿富汗战争开始得非常突然且出乎意料,是由潜伏在地球另一端的一个内陆国家里不知底细的敌人挑起的。但是,军事行动的初步进展超出了最乐观的战地指挥官的预期。胜利唾手可得!

通过综合调动惩罚性空中作战力量，并获得由美国中央情报局支持的当地军阀及地面突击部队的帮助，美国及其盟友用了不到6周就推翻了喀布尔的塔利班政权，杀死或俘获了数百名基地组织成员，奥萨马·本·拉登等幸存的领导人要么躲藏起来，要么逃往他国。

令人庆幸的是，美军伤亡很少。到2002年4月中旬，有20名美军士兵在阿富汗阵亡，比1983年美国入侵加勒比海的格林纳达时经历了4天战争后死亡的人数多出一人。前线交火已经稀疏零星，一些士兵甚至开始抱怨无所事事。很多作战单位奉命回国。大约有7 000名美军士兵仍然驻扎在那里。

战争改变了布什的政治地位。在充满争议的2000年总统大选中，布什勉强赢得了总统宝座，但此后的民意调查显示，75%的美国民众认为他干得还不错。在弗吉尼亚军事学院的演讲中，布什信心十足地评价了前几个月的工作。随着塔利班被击溃和基地组织成员的逃亡，布什称战争已经进入第二阶段，美国的重点是消灭其他国家的恐怖分子。他警告说，在阿富汗可能会再次爆发暴力冲突，但他保证局势已得到控制。

布什暗讽了过去两个世纪里英国和苏联入侵阿富汗后得到的灾难性结局，承诺美国将避免重蹈其他入侵阿富汗的大国的覆辙。布什说："赢得初步胜利后随之而来的是多年的痛苦挣扎和最终失败。我们不会重蹈覆辙。"

然而，布什的演讲遮掩了美国政府高层之间弥漫的忧虑情绪。当天早晨，在布什总统飞往弗吉尼亚州西南部时，位于五角大楼外环建筑三楼的一间办公室中，国防部长唐纳德·拉姆斯菲尔德正在站立式办公桌前一边喃喃自语一边思考。与近几个月来布什总统公开宣传的好消息相反，拉姆斯菲尔德非常担心美军可能被困在阿富汗，并且缺乏明确的撤军战略。

上午9点15分，拉姆斯菲尔德整理了自己的思绪，定下心来，口述了一份简短的备忘录，这是他长期以来的工作习惯。拉姆斯菲尔德写了极多的备忘录，以至于下属们将堆放在办公桌上用白纸记录的备忘录称为"雪片"。这份备忘录被标记为机密文件后，发给了五角大楼的4名高级官员，包括参谋长联席会议主席和副主席。

拉姆斯菲尔德在备忘录中写道："我有点没耐心了。说真的，感觉有点不耐烦。除非现在的阿富汗局势能够达到稳定的撤军条件，要不然我们的军队就要永远留在那儿了。"[1]

"上帝保佑！"他补充道。

像几周前参加微软全国广播公司的长访谈节目时一样，拉姆斯菲尔德谨慎地隐藏了自己怀疑且忧虑的情绪。在3月28日的访谈节目中，拉姆斯菲尔德吹嘘要打垮敌人，并扬言与塔利班残余势力之间毫无谈判的意义，更不用说基地组织了。他表示："唯一能做的就是轰炸，并想尽一切办法杀死敌人。这就是我们所做的，而且取得了实效。塔利班和基地组织被打得销声匿迹，阿富汗人民的境况得到了大大改善。"[2]

拉姆斯菲尔德和布什一样，树立起勇敢果断的领导者形象。微软全国广播公司的主播布赖恩·威廉姆斯对拉姆斯菲尔德"虚张声势"的言论阿谀奉承，暗示他是美国"最自信的人"[3]。这更加提

第一章　混乱的任务

升了拉姆斯菲尔德的形象。威廉姆斯对观众说："拉姆斯菲尔德领导了一场独一无二的战争，可以说比任何人都更适合做阿富汗战争的代言人。"

唯一的麻烦是，威廉姆斯在五角大楼频繁举行的新闻发布会上问拉姆斯菲尔德是否曾在战争问题上对公众撒谎："你多少次因为美国人的生命处于险境而被迫在简报室中隐瞒了真相？"

拉姆斯菲尔德回答道："从来没有过。我认为信誉比隐瞒真相重要得多。"他补充说："我们为保护士兵的生命和确保美国最终胜利竭尽所能，这些都不涉及撒谎。"

依照美国政府的行事作风，拉姆斯菲尔德没有说谎，当然他也不诚实。在录制微软全国广播公司的访谈节目的几个小时前，拉姆斯菲尔德向两名对阿富汗局势持完全不同看法的下属口述了一份"雪片"文件。

"我开始担心势态正在恶化。"[4] 他在这份机密备忘录中写道。

战争开始时，任务简单且有限，即打败基地组织并防止"9·11"恐怖袭击事件重演。2001年9月14日，在获得压倒性投票支持后，美国国会迅速授权对基地组织及其支持者发动军事行动。*

10月7日，当五角大楼对阿富汗发动第一次空袭时，没人预料到轰炸会有增无减地持续20年。在当天的电视讲话中，布什总统说阿富汗战争有两个有限目标：阻止基地组织把阿富汗当作恐怖

---

* 参议院以98票赞成、0票反对通过了该法案，众议院投票结果为420票赞成、1票反对。其中，加利福尼亚州民主党众议员芭芭拉·李是唯一提出异议的议员。

分子大本营，以及打垮塔利班政权的军事力量。

布什还向美军下达了明确的目标，并宣称："我要向美军所有的将士说，你们的任务和目标很明确。"

军事战略家都清楚，永远不要在没有制订止战计划的情况下发动战争。然而，布什及其政府阁僚们都没有公开说明他们打算如何、何时或在什么条件下结束阿富汗战争。

布什在战争初期和总统的剩余任期中，回避了有关美军需要在阿富汗作战多久的问题。他不想通过确切的时间表来增加将军们的期望或限制他们的选项。然而，布什明白美国人对上一次在亚洲进行的漫长的陆战有着痛苦的回忆，他试图安抚民众担心历史可能重演的情绪。

10月11日，在白宫东厅举行的新闻发布会上，一名记者直截了当地问布什："你能保证在阿富汗不会陷入类似越南的泥潭吗？"

布什早已准备好一个现成的答案，他说："我们在越南的教训非常深刻，也许我学到的最重要一点就是，不能用常规部队打游击战。这就是为什么我要向美国人民解释，我们正在进行一场不同类型的战争。"

他接着补充说："人们经常问我：'这场战争会持续多久？'我想说，直到将基地组织绳之以法，这场特殊的战争方能结束。可能在明天，可能在一个月后，也可能需要一两年，但我们会获得胜利。"

几年后，在接受官方的保密采访时，许多在战争中发挥关键作用的美国官员严厉地批评了最初阶段的决策。他们认为，战争的目标很快转向与"9·11"事件无关的方向,并且承认美国政府并不知道在一个大多数美国官员都陌生的国家该怎样取得胜利。

一位未透露姓名的美国国务院前高级官员在接受"吸取教训"采访时说:"如果我要写一本书,主旨应该是'美国在不知为何开战之时开战了'。我们在'9·11'事件之后条件反射地发动了战争,却不知道想要得到什么。因此,我想写一本讨论在开战之前制订计划和明确止战目标的书。"[5]

接受采访的其他人也认为,许多问题显而易见,却没人愿意费心去问,更不用说回答了。

在2011—2013年与北约驻阿富汗特别文职代表一起工作的一位未透露姓名的美国官员在接受"吸取教训"采访时说:"我们在阿富汗到底要干什么?'9·11'事件之后我们打入阿富汗、击败了基地组织,但任务却变得模糊。我们的目标也不清晰。目标到底是什么?是建国,还是妇女权利?"[6]

在战争开始时曾担任美国国务院首席发言人,后来成为美国南亚及中亚事务助理国务卿的理查德·鲍彻表示,美国的愚蠢之处在于,想干的事情太多,但从未制定出一个切合实际的撤出战略。他在"吸取教训"采访中说:"如果有任务转变的情况,那说的就是阿富汗。我们一开始说要除掉基地组织,不再让恐怖分子威胁我们,然后又说要推翻塔利班政权,接着还说要除掉与塔利班合作的所有组织。"[7]

鲍彻认为,除此之外美国还设定了一个"不可能完成"的目标,那就是在阿富汗建立一个稳定的美国式政府,包括民主选举制度、运作良好的最高法院、反腐败机构、妇女权益部门和数以千计的新建工程、教授现代化课程的公立学校。他补充说："美国这是试图在一个运行方式根本不同的国家,仿照美国首都华盛顿建立一个系统的政府结构。"[8]

鲜有人提及的是,布什政府在2001年10月开始轰炸阿富汗后不久就改变了目标。在幕后,军方正在迅速制订作战计划。

曾担任特种部队规划师的海军军官菲利普·卡普斯塔少校表示,五角大楼在2001年秋季下达的最初命令没有具体细节。比如,不清楚华盛顿是想惩罚塔利班还是将其赶下台。他说,负责筹划作战任务的美国中央司令部中的许多军官都觉得该计划行不通,认为那只是为制定更详尽的战略而争取时间的"幌子"。

卡普斯塔在接受军队口述史采访时说:"我们收到了一些粗略指示,比如,'嘿,我们想去阿富汗打击塔利班和基地组织'。事实上在原计划中,政权更迭并不是一个明确的目标。虽然不排除推动阿富汗政权更迭,但这不是我们真正要实现的主要目标。"[9]

10月16日,美国国家安全委员会批准了更改后的战略文件。这份附在拉姆斯菲尔德"雪片"备忘录上的长达6页的秘密文件后来被解密,[10]其中呼吁消灭基地组织和推翻塔利班统治,但除此之外没有列出具体目标。

该战略的根本指向是,美国应该"采取措施为后塔利班时代的阿富汗更加稳定做出贡献"。但该文件预计美军不会停留太久,并写道:"美国不应参与后塔利班时代的任何军事介入行动,因为美国将在全球范围内大力推进反恐工作。"[11]

考虑到历史上阿富汗曾是外国入侵者的泥潭，布什政府希望尽可能不将美国置于危境，使局势尽量平稳可控。

美国国防部负责政策事务的副部长道格拉斯·费思在弗吉尼亚大学口述史采访中表示："拉姆斯菲尔德说，我们的设想是部署小规模部队在阿富汗行动，从而避免像苏联那种大规模入侵。我们不想引发阿富汗人的仇外情绪。苏联派遣了30万人进驻阿富汗，却失败了。我们不想重蹈覆辙。"[12]

10月19日，第一支美国特种部队进入阿富汗，与少数已经渗透到北方联盟内部的美国中央情报局特工一起行动。阿富汗北方联盟是一个反塔利班的地方武装组织。美国利用驻扎在该地区的战机从空中投放了大量弹药，但即使在美国的倾力帮助下，北方联盟的乌合之众也没能在与塔利班和基地组织的战斗中取得明显进展。

万圣节那天将近中午的时候，拉姆斯菲尔德在五角大楼办公室与高级官员会面，让费思和参谋长联席会议副主席、海军陆战队上将彼得·佩斯重新考虑阿富汗战争的战略计划。根据费思的口述史采访，这位国防部长不耐烦地说他想要一个新的书面计划，费思和佩斯有4个小时去完成。[13]

二人离开拉姆斯菲尔德的办公套间，沿着五角大楼的外廊小跑到费思的办公室。参谋长联席会议计划小组的负责人空军少将迈克尔·邓恩也加入进来。48岁的费思坐在电脑前，为拉姆斯菲尔德起草了一份新的战略分析报告，两位将军则站在他身后看着电脑屏幕。这项工作通常需要数月时间和大量工作人员才能完成。[14]

整个过程都很奇怪。费思是个从没当过兵的哈佛毕业生，戴着圆框眼镜，噘着个嘴，自认为比那些将军更了解军事行动，这让许多将军愤愤不平。

来自俄克拉何马州的陆军上将汤米·弗兰克斯是阿富汗战争的筹划者，他后来称费思是"这个星球上最愚蠢的家伙"[15]。另一位陆军上将乔治·凯西在弗吉尼亚大学口述史采访中形容费思"顽固"，表示几乎不能与其共事，并说"费思非常固执地坚持自己的观点和立场，总认为自己是对的，很难与其相处"[16]。

令人没有想到的是，费思和佩斯配合得还不错。[17] 佩斯在越南战争时担任过步兵排长，在海军陆战队服役的 34 年间被派往索马里、韩国和其他热点地区。他们争分夺秒地制订了新的阿富汗战争计划，并在下午最后期限前及时交给了拉姆斯菲尔德。费思回忆道："在这期间我转身对佩斯说：'这感觉挺奇怪的，是吧？'就像在大学里通宵学习一样。"[18]

该文件重新审视了一些重大的军事问题，包括："我们在哪里？我们的目标是什么？我们的设想是什么？我们能做什么？"[19] 费思显然对最终提交的文件很满意。在他的口述史采访记录中，言外之意是拉姆斯菲尔德也认同这份文件，"对拉姆斯菲尔德而言，这种战略分析恰到好处，为了应对可能出现的紧急情况，战略计划就不能搞得太死板"。

几天后，突然转好的战局令许多美国官员惊呆了。在美军的援助下，北方联盟的军队在短时间内控制了阿富汗的几个主要城市：11 月 9 日攻下马扎里沙里夫，12 日拿下赫拉特，接连两天又分别控制了喀布尔和贾拉拉巴德。

第一章 混乱的任务

在位于坦帕的美国中央司令部的会议室里，特种部队规划师卡普斯塔和一群高级军官对军事进展瞠目结舌。有人回忆称："喀布尔被攻陷后，其中一个家伙说：'嘿，谁能想到他们[*]真能派上用场。'房间里的每个人都点头称是。"[20]

五角大楼的领导者也对迅速演变的势态感到困惑。"大约到 11 月的时候，我们还在想圣诞节之前能控制多少地方？能准备足够多的东西来过冬吗？"海军陆战队上将佩斯在弗吉尼亚大学口述史采访中表示，"而现在，我们在圣诞节前拿下了整个阿富汗。真的想说：'哇，这太棒了。'"[21]

在有些出乎意料的情况下推翻塔利班政权后，美军指挥官对后面的事并没有准备，也不知道该怎么做。他们担心阿富汗会陷入混乱，同时也担心如果派遣更多的地面部队来填补安全真空，可能会背负上阿富汗的许多麻烦。因此，五角大楼增派了少量部队协助追捕本·拉登和基地组织其他领导人，但尽可能低调活动并限制任务范围。

就目前而言，这些举措足以防止阿富汗出现分裂。在公开场合，拉姆斯菲尔德从没有表现过对整个战争计划的任何质疑。11 月 27 日，拉姆斯菲尔德在位于坦帕的美国中央司令部举行的战争胜利新闻发布会上说："我认为战争初期的进展完全在按照计划推进。"同时，他对那些提出阿富汗是否也会成为越南式泥潭疑问的记者讽刺抨击道："看起来好像什么事都没发生。确实，对于泥潭

---

[*] 此处的"他们"指北方联盟。——译者注

而言，我们都是一根绳上的蚂蚱。"

起初，美军热切地希望缩短在阿富汗的驻留时间，甚至拒绝引进让军队生活得更舒适的基本设施。想穿干净衣服的士兵只能用直升机把脏衣服空运到邻国乌兹别克斯坦的临时支援基地进行清洗。

感恩节的时候，美军稍稍改进了一些清洁设施，派出2人小组前往阿富汗北部的巴格拉姆空军基地安装了第一个淋浴间。该基地当时驻扎了大约200名特种部队士兵和几十名盟军士兵。

军需官杰里米·史密斯少校负责乌兹别克斯坦的洗衣房，他在接受军队口述史采访时表示，上级不想给巴格拉姆空军基地分派任何额外的人员或设备，但最终还是妥协了，因为"有些人在那里待了30天，需要洗个澡"[22]。

史密斯接着回忆道："最终他们说：'好吧，那我们弄弄吧。但不知道会在这儿待多久，很多事情都不确定，所以尽可能少弄些东西。你能派多少人过来？''我最少可以派两个人。''送过来的最小的淋浴装置是什么规格的？''嗯，这儿有12人用的淋浴喷头，不过实际上我可以送过去最小的6人用的喷头。'虽然只是6人用的喷头，但混合器、锅炉和水泵都是12人用的，所以淋浴水压非常好，他们每个人都很喜欢。"

随着时间的推移，巴格拉姆空军基地的规模不断扩大，成了美国最大的海外军事基地。10年后，当史密斯返回巴格拉姆空军基地第二次执行任务时，迎接他的是一座功能齐全的城市，里面有购物中心、哈雷戴维森经销店，以及3万名左右的士兵、承包商和平民。史密斯说："在飞机降落之前，我立刻就认出了那些山脉，一

第一章 混乱的任务

切还是老样子。但在落地下飞机后感叹：'天哪！我几乎什么都认不出来了。'"[23]

事实上，2001年12月，整个阿富汗也只驻有2 500名美军士兵。虽然拉姆斯菲尔德同意驻军缓慢增长，但进行了严格的数量限制。截至2002年1月底，驻阿美军仅4 003人，比守卫盐湖城冬奥会的美军人数（4 369名）还要少。[24]

阿富汗南部的许多部队留在坎大哈附近的简易机场，那里的条件比300英里*外的巴格拉姆空军基地还要原始。第160特种作战航空团的戴维·金少校在接受军队口述史采访时说："整个基地只有一个淋浴房，小便必须要使用小便管，大便要解在桶里然后用柴油烧掉……至少在那个时候没有粪车、便池之类的东西。"[25]

2002年1月，当步兵军官格伦·黑尔贝格少校抵达坎大哈空军基地时，在沙漠上撑开睡袋睡了一夜。他在一次军队口述史采访时说："那是个月夜，半夜开始下雨了，水在帐篷底下流着，等我醒来时发现随身物品都漂在水上。"[26]

6个月后当黑尔贝格离开时，士兵们已经从地上搬到了简易床上。没人会想到，坎大哈尘土飞扬的营地最终会变成一个规模堪比巴格拉姆空军基地的庞大作战中心，并且成为新德里和迪拜之间最繁忙的机场，每周有5 000余架飞机起降。

相反，此时人们感觉战争已经发展到了收尾阶段。第10山地师的情报官兰斯·贝克少校在接受军队口述史采访时说："（部队）

---

* 1英里≈1.6千米。——编者注

没有什么事情可做,也没有太多的战斗任务,阿富汗战争已经结束了……我们要回家了。"[27]

同年6月,陆军少校安德鲁·斯特德曼和他的伞兵营来到坎大哈,他们的任务是全力搜捕基地组织,但是他们整日无所事事。"士兵们只是玩电子游戏,早上锻炼一下,下午再做些训练。"[28]

在靠近巴基斯坦边境的阿富汗东部,陆军少校史蒂文·华莱士的步兵排也很难找到敌人。他告诉军史学家:"我们在那里待了8个星期,没有发生过一次交火。事实上很无聊。"[29]

从表面上看,阿富汗局势似乎正在趋于稳定。联合国在德国波恩主持会议,为阿富汗制定了一套治理规划。能说一口流利英语的普什图部落领袖哈米德·卡尔扎伊被选为临时领导人。人道主义组织和数十个捐助国提供了紧急物资援助。

布什政府其实仍然害怕陷入战争僵局,但迅速而具有决定性的军事胜利增强了政府官员的信心,并且扩展了新的战争目标。

时任白宫副国家安全顾问的斯蒂芬·哈德利说,战争已进入"意识形态阶段",美国决定在阿富汗引入自由和民主以取代恐怖主义。为了实现这一目标,美军需要延长驻扎时间。

"我们最初说过,不会参与阿富汗的国家建设,但如果不这样做,就无法确保基地组织不会卷土重来。"哈德利在接受"吸取教训"采访时说,"(我们)不想成为阿富汗的占领者或压迫者,但一旦塔利班被赶走,我们不想放弃这一良好时机。"[30]

2002年4月,当布什在弗吉尼亚军事学院向学员们进行演讲时,已经为这场战争定下了一系列更加宏伟的目标。他表示,美国有义务帮助阿富汗建立一个没有恐怖主义的国家、一个稳定的政府、一支新的军队、一个男孩和女孩都能获益的教育体系。他说："只有当我们帮助阿富汗人民拥有实现愿望的能力时,真正的和平才能实现。"

演讲中,布什承诺美国将彻底改变这个在过去25年里饱受战火和种族冲突困扰的贫穷国家。布什的这些目标是崇高且宏大的,但却没有说明实现目标的具体举措和标准。同时,他对要花多少钱和多长时间的问题避而不谈,只是说："我们会留下来,直到任务完成。"

这是显而易见的错误。美国没有坚持明晰的战略,并且没有简明可行的目标。然而,几乎没有人对美国承诺的无限期使命表示担忧。有些人提出的质疑被忽视了。2002—2003年担任美国驻阿富汗大使的罗伯特·芬恩在"吸取教训"采访中说："我们出兵阿富汗时,人们都认为战争是一两年的事,我对他们说,如果我们能在20年内脱身,就谢天谢地了。"[31]

多年来,高级军事指挥官不愿承认他们犯下了根本性战略错误。负责筹划战争的陆军上将汤米·弗兰克斯认为自己已经履行了职责,即击败基地组织并打垮塔利班政权。他在弗吉尼亚大学口述史采访中说："不知道还会有多少次针对美国国土的袭击会从阿富汗开始?拜托,伙计们,我们已经把这个问题解决了。"[32]

至于如何处理阿富汗未来的问题,弗兰克斯认为那是别人的责任。他说："现在,我们又制造了其他麻烦,没有解决阿富汗几个世纪甚至几千年来的贫困及其他所有问题。我们应该把解决这些问题作为一个目标吗？那不是我该做的，我也很庆幸总统没有问我：'我们该去解决这些问题吗？'我肯定会说：'那是你的工作，而不是我该想的。'"[33]

阿富汗战争并非弗兰克斯领导的最后一次入侵行动，但美国显然也没有准备好战后占领的充分计划。

阿富汗战争爆发6个月后，美国犯了傲慢的错误，认为这场战争从美国的角度来说已经成功结束。本·拉登仍然逍遥法外，但美国政府已不再关注阿富汗，而是将目光转向该地区的另一个国家——伊拉克。

2002年5月，54岁的北卡罗来纳人丹·麦克尼尔抵达阿富汗接替美军指挥任务。他既是新晋三星中将，也是一名越战老兵。麦克尼尔说五角大楼已经把注意力集中在伊拉克问题上，几乎没有对他面授机宜。

麦克尼尔在接受"吸取教训"采访时说："最初并没有战争规划。如果地面部队数量增加，拉姆斯菲尔德就会非常激动。"[34]

可到了秋天时，就连总司令也开始心烦意乱，忘记了战争的关键细节。

10月21日下午，布什正在椭圆形办公室工作，拉姆斯菲尔德走进来问了他一个简短的问题："想在本周内会见弗兰克斯将军和麦克尼尔将军吗？"

根据拉姆斯菲尔德在当天晚些时候写的"雪片"文件，布什似乎很困惑。拉姆斯菲尔德回忆道："总统说：'谁是麦克尼尔将军？'我说他是负责阿富汗事务的将军。他说：'好吧，我不想见他。'"[35]

第一章 混乱的任务

第二章 "谁是坏人？"

2002年8月，一份来自战区的不寻常的报告引起了拉姆斯菲尔德和五角大楼其他高级官员的注意。这封长达14页的电子邮件由盟军突击队中的一名成员撰写，提供了阿富汗南部未经处理的第一手资料，该突击队的专项任务是寻找高价值目标。

报告的开篇语是："来自风景秀丽的坎大哈的问候。从前这里以'塔利班的家乡'闻名于世，现在成了众所周知的'悲惨的老鼠屎坑'。"[1]

这封非机密电子邮件既是一份情报简报，又是一篇半开玩笑的游记，作者是38岁、不按常理出牌的"绿色贝雷帽"部队成员罗杰·帕尔多-毛雷尔。他出生于康涅狄格州，毕业于耶鲁大学，在20世纪80年代加入了尼加拉瓜反对派，并在20世纪90年代担任过贸易和投资顾问。"9·11"事件发生后，他的陆军预备役部队被征调时，他还在国防部担任西半球事务副部长助理——相当于一名三星将领的秘书人员。

帕尔多-毛雷尔以他的幽默风格而为人所熟知,他在前线的观察报告成了五角大楼同僚的必读之物。他描述坎大哈令人窒息的夏季的词语让人印象深刻,"类似金星的亚火星环境,炙热、充满灰尘且干燥的空气足以令人眩晕,会灼伤人的眼睛,持续引发鼻塞性偏头痛和流鼻血,并使人的皮肤干燥无比"[2]。

他补充道:"我无法想象地球上除了撒哈拉沙漠、波兰和基拉韦厄火山之外,还有一处对人类那么不友好的地方,我显然不打算去那里。"[3]

在电子邮件中,帕尔多-毛雷尔不留情面地描述起参与作战的其他人。他的部队驻扎在坎大哈空军基地一个叫作"特种部队村"的地方,这是一个遍布帐篷和胶合板房的棚户区,里面住着来自美国和盟军的"一大群"留着大胡子的突击队员。[4]

帕尔多-毛雷尔将海军海豹突击队描述为"粗暴自负"的"暴徒",因为他们捣毁了新西兰特种部队的院子并放走了指挥官的宠物蛇。他将中央情报局特工斥为"粗鲁自负的笨蛋",因为他们将时间浪费在购买阿富汗手工艺品上。[5]

他谈到来自加拿大的突击队员时则较为恭敬,称他们"很可能是镇上最致命,但也是最友好的家伙"[6],以乐于分享深盘比萨和在院子里堆砌猫王故居的模型而广为人知。至于阿富汗人,他嘲笑居住在坎大哈的人是"一群受压迫的顽固分子"。

那年夏天在华盛顿,五角大楼官员一再对国会和公众宣称,塔利班已经被摧毁,基地组织已经被驱散,阿富汗的恐怖分子训练营也已关闭。但帕尔多-毛雷尔警告同僚们,战争远未结束,敌人还没有被打败。

在8月中旬的5天里，帕尔多-毛雷尔在电子邮件中写道："在这里时间紧迫，我们现在的情况是，基地组织在舔舐伤口，在一些心怀不满的小军阀和两面派的巴基斯坦人的纵容下，他们正于东南部重新集结。枪战仍在继续。邻近边境的省份里，你踢开一块石头，坏人就会像蚂蚁、蛇和蝎子一样蜂拥而出。"[7]

撇开帕尔多-毛雷尔丰富多彩的描述不谈，美军努力将阿富汗的坏人与其他人区分开来。塔利班和基地组织的正规军化整为零、四处出击，他们融入人群当中，穿戴着与当地平民相同的头饰和宽松的裤子。不能仅仅因为有人携带AK-47步枪就认定其为战斗人员。自1979年苏联入侵以来，枪支大量涌入该国，阿富汗人为了自我保护而囤积枪支。

在更广泛的层面上，美国在与谁作战这一问题上仍然模糊，这是一个永远无法修正的根本性错误。

尽管本·拉登和基地组织在1996年向美国宣战，1998年用炸弹袭击了美国在东非设立的两个大使馆，2000年在也门又差点击沉美国的"科尔"号驱逐舰。但国家安全机构对恐怖主义组织的关注仍然有限，并未将其视为对美国的威胁。

20世纪90年代初，担任美国中央情报局局长，后来接替拉姆斯菲尔德担任国防部长的罗伯特·盖茨在弗吉尼亚大学口述史采访中说："现实情况是，关于'9·11'事件，我们对基地组织一无所知。如果我们有一个健全的数据库，并且确切地知道基地组织是谁、能力如何之类的信息，那就必须采取一些措施了。但事实是，我们刚刚被一个我们对其一无所知的组织袭击了。"[8]

布什政府犯的另一个基本错误是，没有分清基地组织和塔利班之间的界限。这两个组织有着共同的宗教极端主义意识形态和相互支持的盟约，但追求的目标却不相同。

基地组织主要由阿拉伯人组成，而不是阿富汗人，并且该组织具有全球影响力和战略野心。本·拉登一生都在密谋推翻沙特王室和其他与美国结盟的中东独裁者。这位基地组织领导人之所以住在阿富汗，只是因为他从以前在苏丹的避难所中被驱逐出来了。

相比之下，塔利班的关注点完全是地区性的。它的大多数追随者都属于阿富汗南部和东部的普什图部落，这些部落为控制阿富汗已经与其他族群和权力掮客交战多年。塔利班保护了本·拉登并与基地组织建立了牢固的联盟，但阿富汗人没有参与"9·11"恐怖袭击，也没有证据表明他们对这一恐怖袭击事件事先知情。

布什政府的目标是塔利班，因为其领导人毛拉·穆罕默德·奥马尔在"9·11"事件后拒绝交出本·拉登。然而，在战场上，美军几乎没有区别对待塔利班和基地组织，而是将他们都归类为坏人。

到2002年，已经有数百名基地组织的追随者被杀或被俘，其余几乎都逃离了阿富汗，前往巴基斯坦、伊朗和其他国家。

美国及其盟友不得不与塔利班和该地区的乌兹别克人、巴基斯坦人、车臣人等其他武装分子作战。因此，在接下来的20年里，阿富汗战争针对的都是与"9·11"事件无关的人。

曾在阿富汗服役并在布什政府和奥巴马政府的国家安全委员会

工作过的海军海豹突击队成员杰弗里·埃格斯说，世界上的大多数人都认为，对"9·11"事件做出回应是美国在阿富汗采取军事行动的正当理由。但是当基地组织势力在阿富汗萎缩后，美国官员却没有退后一步，重新评估他们还在与谁作战，以及为什么要作战。

埃格斯在"吸取教训"采访中说："这些复杂的问题需要很长时间才能解决。由于情况日益复杂，我们在'9·11'事件之后的全部决策都受到质疑。我们被基地组织袭击时，为什么要让塔利班成为我们的敌人？我们为什么要击败塔利班？为什么我们认为有必要建立一个功能完备的国家来取代塔利班政权？"[9]

"我们关注的是基地组织，为什么谈论的却是塔利班？为什么我们一直在谈论塔利班而不是将我们的战略重点放在基地组织身上？"[10]

战争拖这么久的原因之一是，美国从来没有真正理解敌人战斗的动机是什么。战争刚开始时，没有多少美国官员对阿富汗社会有基本的了解，自从1989年美国驻喀布尔大使馆关闭后，也没有人访问过该国。对于不了解阿富汗的外国人来说，阿富汗的历史、复杂的部落情况，以及种族和宗教之间的撕裂局面都让人感到困惑。而把这个国家分成好人和坏人两个阵营则要容易得多。

任何愿意帮助美国打击基地组织和塔利班的人都有资格成为好人，且不管这些人的品行如何。美国中央情报局以大量现金为诱饵，招募战犯、毒贩和走私犯。虽然这些人可能很有用，但他们也常常发现美国人很容易被利用。

拥有传奇经历的外交官迈克尔·梅特林科是为数不多对阿富汗

文化比较熟悉的美国人之一。他首次访问阿富汗是在1970年，当时他还是美国"和平队"的成员，不过正如他在一次外交口述史采访中所描述的那样，"当时自己基本上像嬉皮士一样被扔石头"[11]。他在邻国伊朗担任了数年的行政官员，随后被派往美国驻德黑兰大使馆，1979年他和其他数十名美国人在大使馆被革命者劫持为人质。

2002年1月，美国国务院派遣55岁的梅特林科前往喀布尔，帮助美国大使馆重新开放，并担任政治事务的负责人。在伊朗任职期间，他学会了说一口流利的波斯语（类似阿富汗官方语言之一的达里语），因此是少有的能用当地语言与阿富汗人交谈的美国外交官。

梅特林科说，阿富汗人意识到，如果他们想在权力斗争、土地掠夺或商业纠纷中消灭对手，就只需要告诉美国人他们的对手属于塔利班组织。

他说："我们所谓的塔利班活动实际上大部分都是部落活动，或者是部落之间的敌对和长期冲突。部落长老们反复地向我解释这一点，你知道，就是那些走进来、留着长长的白胡子的老人，他们会坐下来聊上一两个小时，也会嘲笑一些正在发生的事。他们总是说美国士兵不明白这一点，但你知道，他们所谓的塔利班活动实际上就是家族之间的百年世仇罢了。"[12]

在2002年和2003年两次赴阿富汗任职的梅特林科特别鄙视混入阿富汗并试图融入其中的美国中央情报局特工。他说："他们中的很多人不会说当地语言，却蓄起胡须、穿着滑稽、四处乱闯，以为自己掌握了真实情报。我认为他们当中99%的人都非常业余，对于正在发生的事情，对于他们身处何处，以及过去、现在、将来的任务是什么，全都没有真正了解。"[13]

在战场上，美军也常常分不清敌友。在军队口述史采访中，他们说定义和识别敌人是贯穿战争始终的问题。

斯图尔特·法里斯少校是第3特种部队的军官，于2003年在赫尔曼德省服役。他表示自己部队的任务是抓捕和消灭"反联盟民兵"，这是对敌人的一种模糊而笼统的描述。[14] 他的士兵们常常分不清谁有资格被称为"反联盟民兵"。

他说："这里有很多犯罪行为。很难确定这些人究竟是实实在在的塔利班，还是纯粹的罪犯。这就是很多问题的根源。我们必须弄清楚谁是坏人、他们是否在我们的任务范围内，以及我们的目标是谁，而不仅仅是区分罪犯和暴徒。"[15]

曾在坎大哈服役的海军陆战队军官小托马斯·克林顿少校表示，他可能每周都会与十几名阿富汗人交谈，却没有意识到他们是塔利班武装分子。

他说："在许多时候，你都可能发现自己身处蛮荒的西部，战友们会说塔利班正在向我们开枪。好吧，你怎么知道这是塔利班？要知道，这可能只是一些被激怒的当地人。"[16]

埃里克·奥尔森少将被派往阿富汗南部担任第25步兵师指挥官，他说他的部队遇到的许多敌对势力实际上只是来自小镇和农村的"乡巴佬"。[17] 他说："我不确定他们是不是塔利班。我认为，这些人一生都在反对中央政府，保护自己的地盘。"

在"吸取教训"采访中，一位未透露姓名的陆军特种部队作战顾问说，即使是本应对战场有细致了解的精锐士兵，也不确定该与谁作战。

这位作战顾问说："他们以为我会带着地图来，告诉他们好人和坏人住在哪里。起初，他们不停地问：'谁是坏人？他们在哪里？'几次谈话之后他们才明白，我手上没有这些信息。"[18]

五角大楼的观点也不清晰。

战争开始近两年后，拉姆斯菲尔德在一份"雪片"文件中抱怨道："我不知道谁是坏人，我们的人力情报严重不足。"[19]

* * *

2001年12月，美国错失了两个本可以使战争迅速而顺利地结束的黄金机会。

12月初，大量关键情报显示，美国头号公敌本·拉登与500~2 000名基地组织武装分子，藏身于贾拉拉巴德市东南约30英里处的托拉博拉山区的一个大型设防隧道和洞穴群中。[20]

显而易见，巴基斯坦边境附近的山区是基地组织领导人最好的藏身之处。在20世纪80年代苏联入侵阿富汗期间，本·拉登资助修建了托拉博拉山区的隧道和掩体，1996年返回阿富汗后，他曾在那里待过一段时间。

12月3日，美国中央司令部司令、陆军上将汤米·弗兰克斯下令对在托拉博拉的基地组织武装分子实施持续两周的轰炸。大约由

100名美国突击队员和中央情报局特工组成的小分队负责从地面引导空袭，此外还招募了两名阿富汗军阀及他们的民兵步行追击基地组织成员。

然而，事实证明，在阿富汗雇用的枪手并不可靠也不愿作战，而且炸弹未能命中他们最想炸毁的目标。由于担心本·拉登可能越过无人看守的边境逃往巴基斯坦，美国中央情报局和陆军三角洲部队的指挥官恳请中央司令部派遣增援部队。

弗兰克斯始终坚持他的"小声势"战略，拒绝了指挥官的请求。他在弗吉尼亚大学口述史采访中说："你可能会问：'为什么不派遣增援呢？'但看看当时美国的政治环境吧。向阿富汗增派1.5万或2万名美国人的目的是什么？我们为什么要这样做？"[21]

然而，没有人要那么多兵力。[22] 美国中央情报局和三角洲部队的指挥官表示，他们希望增派800~2 000名陆军游骑兵、海军陆战队士兵和其他人员。无论如何，这种大规模的援助从未到来，本·拉登和他基地组织幸存的同伙也逃走了。

在托拉博拉战役最激烈的时候，第10山地师的后勤官、陆军少校威廉·罗德鲍在大约100英里外的巴格拉姆空军基地负责监听战斗中的无线电通信。12月11日，他在无线电中监听到重要进展，有报告称看到了本·拉登。而令他感到惊讶的是，当时他的部队没有被请求赶往现场帮忙。[23]

他在接受军队口述史采访时说："我们已经做好了被派往现场的准备。我一直在想如果他们那天晚上找到了本·拉登，或者如果让我们营去帮忙会发生什么，但这些都没有发生。"[24]

没有人能保证向托拉博拉派遣更多美军就能够击毙或抓住本·拉登。高海拔和复杂的地形使部队机动作战十分困难，大规模的地面攻击也会带来许多风险。但毫无疑问，本·拉登的逃亡延长了阿富汗战争。从政治上看，只要"9·11"事件的策划者还在该地区活动，美国就不可能撤军。

为了回应公众对他们错失抓捕本·拉登最佳机会的质疑，弗兰克斯和拉姆斯菲尔德试图让公众怀疑基地组织领导人在2001年12月是否真的在托拉博拉山区。尽管后来美国特种作战司令部、中央情报局和参议院对外关系委员会得出了相反的结论。[25]

当该问题成了布什在2004年竞选连任期间的不利因素时，弗兰克斯在《纽约时报》上写了一篇专栏文章，宣称"本·拉登从未在我们的掌控之中"[26]。8天后，在拉姆斯菲尔德的支持下，五角大楼发布了一系列可疑观点，声称"关于美军在2001年12月使本·拉登逃离托拉博拉的指控是完全错误的，已被那次行动的指挥官驳斥了"[27]。

多年后，在口述史采访中，弗兰克斯继续否认本·拉登曾在托拉博拉的证据。

他说："那天先是有人告诉我'托拉博拉，弗兰克斯。他在托拉博拉'。但就在同一天，我接到情报说，昨天有人在坎大哈西北部的一个湖上看到了本·拉登，还有人说在巴基斯坦荒无人烟的西部地区确认了本·拉登的身份。"[28]

托拉博拉战役之后，美国花了10年时间才再次确定本·拉登的位置。彼时，驻阿富汗的美军人数已飙升至10万人，是2001年

12月的40倍。

早些时候，美国还错过了一个结束战争的外交机会。当本·拉登潜入托拉博拉山区躲藏时，阿富汗的各种权力掮客在德国波恩会面，与来自美国、中亚和欧洲的外交官对阿富汗的未来讨价还价。这次会议由联合国主导，在彼得斯贝格举行，那是一家由德国政府所有的酒店和会议中心，坐落在能俯瞰莱茵河的森林山脊上。

第二次世界大战后，彼得斯贝格成为盟军驻德国高级委员会的总部，并举办了多次峰会，包括1999年结束科索沃战争的会谈。联合国邀请阿富汗人到波恩讨论一项临时权力分享协议，目的是通过将所有潜在的国内外麻烦制造者都拉到谈判桌上，来结束阿富汗长期的内战。

出席会议的有来自阿富汗4个不同派系的24名代表，其中包括军阀、流亡人士、君主主义者和前共产主义者，以及他们的助手和随从。伊朗、巴基斯坦、俄罗斯、印度等国也派代表参加了会议。

由于会议是在穆斯林斋月期间举行的，大多数代表白天禁食，所以在深夜进行谈判。酒店向客人保证，已从菜单中删除猪肉，但仍可应要求提供酒品。[29]

12月5日，代表们达成了一项被誉为外交胜利的协议。协议任命哈米德·卡尔扎伊为阿富汗政府临时领导人，并制定了起草新宪法和举行全国选举的程序。但《波恩协议》有一个当时被忽视的致命缺陷：将塔利班排除在外了。

战争进行到那时，大多数美国官员都将塔利班视为一个已被击败的敌人，但这注定是一个会让他们后悔的错误判断。一些塔利班领导人表示，愿意投降并参与有关阿富汗未来的谈判。但布什政府及其在北方联盟的军阀盟友拒绝谈判，称塔利班为应被处死或监禁的恐怖分子。

在波恩会议期间，担任联合国顾问的美国阿富汗问题专家巴尼特·鲁宾在接受"吸取教训"采访时说："我们犯的重大错误是，将塔利班当作基地组织来对待，塔利班的主要领导人想给新体系一个机会，但我们没有给他们机会。"[30]

虽然塔利班因其残暴和宗教狂热而容易被妖魔化，但事实证明，它在阿富汗社会中规模庞大、根深蒂固，无法根除。该运动于1994年在坎大哈兴起并得到了广泛支持，尤其是普什图人的支持，在一定程度上恢复了阿富汗的秩序，并边缘化了为维护自己的权力和领地而分裂国家的那些令人憎恨的军阀。

鲁宾在另一次接受"吸取教训"采访时说："每个人都希望塔利班消失，对我们所谓的减少威胁、区域外交和将塔利班带入和平进程的兴趣不大。"[31]

曾在阿富汗工作多年的美国外交事务官托德·格林特里表示，这是美国对阿富汗无知的又一例证。他在外交口述史采访中说："'9·11'事件之后出现的错误之一是我们急于复仇，而违背了阿富汗的战争方式。也就是说，当一方获胜时，另一方就会放下武器，并与获胜方和解。这就是塔利班想要做的事情。我们却坚持要把他们当作罪犯来追捕，而不仅仅是输了的对手，这才是引发叛乱的最主要的原因。"[32]

曾在举行波恩会议时担任联合国首席代表的阿尔及利亚外交官拉赫达尔·卜拉希米后来承认，将塔利班排除在谈判之外是一个重大错误，并称其为"原罪"。[33]

美国资深外交官詹姆斯·多宾斯曾在波恩会议中与卜拉希米进行会谈时担任顾问。他在"吸取教训"采访中承认，美国政府没有意识到错误的严重性。多宾斯说："我认为在接下来的几个月里错失了机会，一些塔利班领导人和有影响力的人物要么投降、要么提出投降，其中包括穆罕默德·奥马尔本人。"他还说自己跟其他人一样，错误地认为塔利班"名誉扫地，不太可能卷土重来"[34]。

多年后都没有再次出现和解的机会。在美国和塔利班最终同意举行面对面谈判之前，双方又经历了10多年的战争僵局。

对于领导谈判的人来说，战争又回到了原点。扎尔梅·哈利勒扎德是阿富汗裔美国人，出生于马扎里沙里夫，在喀布尔长大，他在十几岁时前往美国。在波恩会议期间，他在布什政府担任国家安全委员会工作人员，并在2003—2005年担任美国驻阿富汗大使。13年后，特朗普政府重新将他召回政府部门，任命他为与塔利班谈判的特使。总而言之，他与塔利班打交道的时间比任何其他美国官员都要多。

哈利勒扎德在"吸取教训"采访中说，如果美国愿意在2001年12月与塔利班对话，那么美国历时最长的战争可能会成为最短的战争，并载入史册。他说："也许我们在早期接触塔利班时不够灵活或明智，我们认为他们被击败了，需要将其绳之以法，而不是与其达成和解。"[35]

第三章 国家建设工程

2001年12月下旬,当美国政要访问喀布尔,参加阿富汗临时政府的就职典礼时,他们发现总统府的厕所里都是水。[1]在外面,浓烟笼罩着首都的废墟,[2]因为大多数阿富汗人靠烧木头或木炭取暖。几座仍然矗立着的公共建筑的玻璃窗户、铜线、电话线和灯泡都被拆除了,并不是因为这些东西不重要,而是喀布尔已经多年没有电话和电力服务了。

52岁的瑞安·克罗克是阿拉伯裔美国人,在美国驻外事务处任职,他几天后抵达这里,帮助长期关闭的美国大使馆重新开放,并担任代理大使。由于喀布尔缺乏正常运转的机场,所以他降落在了30英里外的巴格拉姆空军基地。

克罗克驱车进入喀布尔,"绵延数英里的河堤几乎毫无生气",因为桥已经断裂,就只剩一条河了。[3]这些场景让他想起了1945年前后柏林那些瓦砾满地的林荫大道的照片。他发现美国驻喀布尔大使馆的院子居然在多年的炮火中幸存了下来,尽管其管道破损情况与总统府堵塞的管道相差无几。在一座建筑物中，大约100名海军陆战队士兵不得不共用一个厕所。[4]在院子的另一边，50名平民不得不凑合着共用一个淋浴间。

当克罗克坐下来与哈米德·卡尔扎伊进行一系列介绍性会议时，他意识到阿富汗面临着比修复由多年战争造成的物质破坏更大的挑战。克罗克在"吸取教训"采访中说："这是一位临时政府领导人，他没有实权，也没有可以合作的资本，没有军队，没有警察，没有公务员制度，没有能正常运转的社会。"[5]

美国入侵阿富汗后，乔治·沃克·布什总统告诉美国人民，他们不会被阿富汗"国家建设"的负担和费用束缚。但这个被他的两位继任者反复重申的总统承诺，最终成了关于战争的最大谎言。

"国家建设"正是美国试图在饱受战争蹂躏的阿富汗所做的事情，而且建设规模庞大。2001—2020年，美国在阿富汗国家建设上的支出比任何国家都多，拨款1 430亿美元用于重建、援助计划和建立阿富汗安全部队。[6]经通货膨胀调整后，这个数字比第二次世界大战后美国在马歇尔计划中投入西欧的费用还要多。

与马歇尔计划不同的是，阿富汗的国家建设项目从一开始就误入歧途，并随着战争的持续而进一步失控。美国没有给阿富汗带来稳定与和平，而是无意中建立了一个腐败无能且依赖美国军事力量生存的阿富汗政府。美国官员们预计，即使在最乐观的情况下，阿富汗在未来几十年里每年还将需要数十亿美元的援助。

在美国提供资助的20年里，将阿富汗转变为现代化国家这一"命途多舛"的行动，在资金投入方面从一个极端走向另一个极端。

一开始，在阿富汗人最需要帮助时，布什政府始终十分吝啬，尽管它推动阿富汗从零开始建立了民主和国家机构。后来，奥巴马政府通过向阿富汗提供过剩的援助进行过度补偿，从而产生了一系列无法解决的新问题。自始至终，重建努力都因傲慢、无能、官僚内讧和计划混乱而步履维艰。

加利福尼亚大学圣迭戈分校专门研究阿富汗公共部门的经济学家迈克尔·卡伦在接受"吸取教训"采访时说："情况已经盖棺论定了，我们花了这么多钱，却没有什么可展示的。如果我们不花钱，情况会怎样？我不知道。也许情况会更糟。但就算更糟，还能糟到哪里去呢？"[7]

没有哪个国家比2001年的阿富汗更需要战后建设了。历史上阿富汗很贫穷，从20年前苏联入侵以来，它一直被接连不断的战争消耗着。在阿富汗大约2 200万人口中，估计有300万人逃离该国成了难民。缺少教育和营养不良困扰着留下来的大多数人。随着冬季来临，援助机构警告说，每3个阿富汗人中就有1个面临饥饿的危险。

然而，当时的布什政府仍未决定是要致力于长期的国家建设，还是将阿富汗的问题留给其他人来解决。

2000年，布什入主白宫时表示，他厌恶代价高昂的外交纠葛。在竞选总统期间，他抨击克林顿政府让武装部队在索马里、海地和巴尔干地区进行"国家建设试验"。他在与民主党对手阿尔·戈尔的辩论中说："我认为我们的军队不应该用于所谓国家建设。他们应该被用来打仗和赢得战争。"当这个直言不讳的得克萨斯人命令美军开始轰炸阿富汗时,他向美国人保证,将由联合国而不是美国"接管所谓国家建设"。

2002年1月,当克罗克抵达阿富汗时,他认为如果将问题留给其他人,"鉴于该国的特殊情况和阿富汗人民的苦难,将很难为自己解释和辩护"[8]。但在喀布尔短暂工作的3个月内,他没有被授权做出任何重大承诺。

在向华盛顿发回的报告中,美国国际开发署官员对阿富汗人在没有大规模援助的情况下是否有能力维持国家稳定做出了悲观的评估。一位为阿富汗政府提供咨询的美国国际开发署高级官员指出,阿富汗没有银行,也没有法定货币;军阀印制了自己的货币,但基本上毫无价值。虽然有财政部,但80%的工作人员不会读写。[9]

这位未透露姓名的官员在接受"吸取教训"采访时说:"很难向人们解释在最初几年阿富汗的情况有多糟糕。如果他们一无所有,反而会更容易。我们必须摧毁那里原有的东西才能开始建设。"[10]

2002年1月,美国国务院首席发言人理查德·鲍彻与国务卿科林·鲍威尔一起访问了喀布尔。卡尔扎伊邀请美国外交官到总统府参加他的新内阁会议,感觉就像是在华盛顿的美国内阁会议的翻版。30个人围坐在桌子周围,其中包括妇女事务部长,这是美国人坚持为阿富汗新政府设立的一个全新职位。[11]

鲍彻在"吸取教训"采访中说:"就像美国内阁一样。他们坐在那里,但什么也做不了。中央银行的行长告诉我们他是如何打开金库的,但里面什么都没有。没有钱、没有货币、没有黄金,也没有你想要的一切。"[12]

但卡尔扎伊和内阁成员谨守礼仪,坚持表现出阿富汗人传统的热情好客。鲍彻说:"阿富汗人想方设法地准备了丰盛的午餐,宴会上堆满了大米和羊肉。他们是有能力的人,但没有任何管理政府的资源,所以无论是在组织上还是在物质上都是从零开始。"[13]

随着阿富汗的困境日益显露,布什在国家建设问题上的立场软化了。2002年1月,总统在向国会发表国情咨文时赞扬了阿富汗人民的精神,并承诺:"我们将成为重建阿富汗的伙伴。"

这句话让卡尔扎伊满是胡须的脸上露出了笑容。他作为嘉宾被邀请参加演讲活动,并坐在一个令众人羡慕的座位上——第一夫人劳拉·布什的旁边。当议员们起立鼓掌时,卡尔扎伊抓起他的羊绒帽颔首致意。与他一起进入第一夫人包厢的是一位包着白色头巾、戴着眼镜的女性:阿富汗新任妇女事务部长西玛·萨马尔。

尽管布什发表了美阿合作的新言论,但他仍然坚持吝啬的政策主张。在总统发表国情咨文之前举行的阿富汗国际援助会议上,美国承诺提供2.96亿美元的重建援助资金,并提供5 000万美元的信贷额度。这笔钱加起来还不到美国政府在未来20年最终用于重建阿富汗所有花费的0.5%。

布什还拒绝派遣美国军队参加喀布尔的国际维和部队,因为他不希望五角大楼偏离追捕基地组织和塔利班的任务。五角大楼同意训练一支新的阿富汗军队,但这只是美国及其盟友在阿富汗国家建设分工中的一部分。

根据协议,德国人接受了建立新的阿富汗警察部队的任务;意大利人同意帮助阿富汗人改革司法系统；英国人则自愿劝阻阿富汗农民种植罂粟，这是阿富汗历史上主要的"经济作物"。在接下来的几年里，每个盟友的任务都搞砸了。

在"吸取教训"采访中，布什政府的几位官员说，没有人想让公众注意到，总统正在逐渐违背他在竞选时关于国家建设的誓言。但布什及其他官员也担心美国重复在20世纪90年代犯过的错误，当时美国支持的反政府武装在迫使苏联军队撤出阿富汗后，美国却撒手不管了，留下一片混乱。

曾在布什第一任期内担任副国家安全顾问的斯蒂芬·哈德利说："我们释放了愤怒情绪，然后就回家了。"[14]哈德利和许多官员担心，如果美国这次未能稳定阿富汗局势，该国将再次爆发内战，基地组织会卷土重来。

一位未透露姓名的美国官员说："国家建设并不是议事日程上的重点。但当我们到了那里，就意识到我们走不了了。"[15]另一位身份不明的美国官员表示，虽然对于内部人士来说，政策已经"从反对国家建设转变为支持国家建设"[16]，但战略文件中没有详细说明这一转变。

尽管如此，人们的期望仍然很低。在"9·11"事件后担任布什政府阿富汗问题特别协调员的高级外交官理查德·哈斯表示，"可以深刻地感觉到，阿富汗行动缺乏可能性"，美国政府"不愿意进行大规模投资"。[17]

哈斯回忆起他在2001年秋季向布什、鲍威尔、拉姆斯菲尔德和国家安全顾问康多莉扎·赖斯做的简报，副总统迪克·切尼在一个秘密地点通过视频观看了简报。

哈斯说:"人们对所谓雄心勃勃的计划没有任何兴趣。那种感觉是你会投入很多,但不会从中得到什么。这不是愤世嫉俗的观点,我对阿富汗的投资和回报率感到悲观。"[18]

与战争的整体战略一样,国家建设行动也缺乏明确的目标和基准。一位未透露姓名的布什政府高级官员在接受"吸取教训"采访时说:"当我们进行重建时,所持的理论和目标是什么?我们需要一个理论,而不是派遣像我这样的人去帮助卡尔扎伊总统。"[19]

美国政府内部的分歧也在加剧。在美国国务院,外交官和美国国际开发署的官员力争采取更多行动,认为只有美国才有资源和影响力让阿富汗走上正轨。在五角大楼,拉姆斯菲尔德和他的助手们则反驳道,把阿富汗的所有问题都揽在自己身上是大错特错的行为。

后来担任美国驻巴格达大使的克罗克说,拉姆斯菲尔德和其他新保守主义者以同样的方式处理阿富汗和伊拉克战争。他这样总结拉姆斯菲尔德的心态:"'我们的工作是杀死坏人,所以我们会这么做,谁在乎接下来会发生什么。那是他们的问题。如果15年之后,我们必须再去杀死更多坏人,我们也可以这样做,但不会参与国家建设。'"[20]

2001年协助组织波恩会议的外交官詹姆斯·多宾斯说,这种观念争论的结果是确定的,掌控军权且拥有绝对政治影响力的五角大楼如愿以偿。

多宾斯在"吸取教训"采访中说:"不可能让国防部或拉姆斯

菲尔德按国务院的想法做事。白宫想做到这一点就已经够难了，而国务院几乎不可能做到。"[21]

虽然许多外交官将拉姆斯菲尔德描述为一个不妥协的怪物，但其他官员觉得这种批评过于简单化了。他们认为拉姆斯菲尔德在重建方面的立场没有问题。他只是不想让军队背负民间应该做的工作。

然而，经过多年的预算削减，美国国际开发署已经成了一个严重缩水的机构，需要依靠承包商来完成工作。美国国务院和政府其他部门也缺乏解决阿富汗诸多问题的能力。这使拉姆斯菲尔德很容易将进展缓慢归咎于其他机构。

在2002年8月20日给布什的备忘录中，拉姆斯菲尔德认为"阿富汗的关键问题并不是安全问题。相反，需要解决的是民事方面进展缓慢的问题"[22]。他同意卡尔扎伊羽翼未丰的政府需要更多的帮助，包括财政和其他方面的支持，但他警告说，派遣更多的美军来稳定和重建阿富汗可能会适得其反。

拉姆斯菲尔德写道："结果将是美军和盟军的人数增加，我们可能会冒着像苏联人一样被憎恨的风险。如果重建不成功，就算再多的安全部队也不够用。苏联曾在阿富汗派驻超过10万人的军队，结果都失败了。"[23]

拉姆斯菲尔德的顾问马林·斯特梅茨基称这位五角大楼负责人是个"被误解的人"，他说拉姆斯菲尔德认为加强阿富汗政府机构至关重要，但不希望阿富汗人永远依赖美国。[24] 斯特梅茨基在接受"吸取教训"采访时表示："考虑到经过25年的战争后阿富汗的人力资源水平非常低,所以我们自己做事要比指导别人去做容易。"[25]他补充说,拉姆斯菲尔德担心的是美国深深地卷入阿富汗政府的基本职能之中,以至于永远无法脱身。

但美国有过实现这一目标的计划吗?斯蒂芬·哈德利在接受"吸取教训"采访时承认,布什政府曾努力为阿富汗设计一个有效的国家建设模式。他也表示,即使回过头来看,也很难想象会有哪种方法能取得成功。

他说:"我们最初说过,我们不会进行国家建设,但不这样做就没办法确保基地组织不会卷土重来。我们缺乏行之有效的冲突后稳定模型。每次我们遇到这样的事情,都成了临时拼凑的游戏。我不认为进行重建的话我们会做得更好。"[26]

即使是常春藤联盟的政治学家或美国对外关系委员会的成员,也不认同阿富汗需要一个更好的政府体系。这个国家被不和睦的部落及顽固的军阀撕裂,有着充满政变、暗杀和内战的动荡历史。

2001年的《波恩协议》为阿富汗人达成新的政治框架制定了日程表。由长老和领袖组成的传统会议——支尔格大会,本应在两年内起草一部宪法。从技术上讲,应该由阿富汗人来决定如何管理自己的国家。但布什政府说服他们采用"美国制造"的解决方案:在普选总统的领导下实行宪政民主。

在许多方面,阿富汗新政府类似于美国政府的初级版本。权力集中在首都喀布尔,在美元和西方顾问团的推动下,一个联邦官僚机构开始向各个领域渗透。

然而,二者有一个关键的区别。布什政府推动阿富汗人巩固总统手中的权力，而几乎不加制衡。部分原因是要削弱阿富汗众多地区军阀的影响力。但更重要的是，美国政府认为有一个可以被任命为阿富汗统治者的完美人选——卡尔扎伊，一个说英语的部落领袖，美国人把他收入麾下。

在"吸取教训"采访中，许多直接参与国家建设审议的美国和欧洲官员承认，把如此大的权力交到一个人手中是一种灾难性的误判。僵化的制度与阿富汗传统相冲突，后者的典型特征是权力分散和部落习俗相混合。虽然美国人一开始与卡尔扎伊相处得很好，但这种关系会在关键时刻破裂。

一位未透露姓名的欧盟官员说："事后看来，最糟糕的决定是集权。"[27]一位身份不明的德国高级官员补充说，更合理的做法是从市一级开始慢慢建立民主，"塔利班垮台后，人们认为需要立即任命一位总统，但事实并非如此"[28]。

一位未透露姓名的美国高级官员说，他对美国国务院认为美国式总统能在阿富汗成功运作感到震惊。他说："你会感觉到他们没有海外工作经验。为什么我们要在从未有过集权制的地方建立集权式政府？"[29]

就连一些美国国务院官员也很困惑。一位未透露姓名的美国高级外交官说："在阿富汗，我们的政策是建立强大的中央政府，这是十分愚蠢的，因为阿富汗历史上没有过强大的中央政府。建立强大的中央政府需要上百年的时间，而我们没有那么多时间。"[30]

"我们不知道自己在做什么。"美国国务院前首席发言人理查德·鲍彻补充道，"部落和军阀交织在一起时，是阿富汗唯一能正常运转的时候,在有一定威望的首领的主持下,能够让部落和军阀不爆发太多冲突。我认为将阿富汗变成像美国一样的州政府或类似的状态是错误的,这注定让我们经历15年而不是两三年的战争。"[31]

即使是在抵达阿富汗前对其历史和文化不熟悉的美军士兵也表示,试图强加一个强大的集权式政府显然是愚蠢的。在军队口述史采访中,他们称阿富汗人对国家权力掮客怀有本能的敌意,对喀布尔的官僚机构会做出什么几乎一无所知。

"你必须向偏远地区的人证明为什么政府对他们很重要。"曾在乌鲁兹甘省担任营长的特里·塞勒斯上校说,"至少到目前为止,在很多地方,中央政府还没有为民众提供过服务,这让民众无法真正理解或看到中央政府的好处。他们认为:'我在这片土地上养了羊,种了蔬菜。这里数百年来一直没有集权政府,为什么现在需要一个?'"[32]

其他军官说,他们经常要向阿富汗人解释政府做了什么以及民主是如何运作的。曾在阿富汗东部加兹尼省服役6个月的步兵军官戴维·帕斯卡尔上校说,他的部队向从未见过总统照片的村民分发了卡尔扎伊的海报。[33]

在20世纪90年代参加巴尔干战争的老兵帕斯卡尔说,当美国军方及其北约盟国在波斯尼亚和科索沃建立民主制度时,他们从选举区域领导人开始,逐步发展到地区和全国选举。帕斯卡尔表示:"不过,我们在阿富汗的做法恰恰相反。我们让他们先投票给总统——而这些人中的大多数甚至不知道投票意味着什么。是的,他们的手指上沾有紫色墨水,但他们并不明白投票的意义。我认为这在农村地区非常不好改变。我记得有一次我们有一支部队在巡逻，人们问：'苏联人又回到这里做什么？'这些人甚至不知道美国人已经在那里待了好几年了。"[34]

海军陆战队军官小托马斯·克林顿少校说，他训练的阿富汗士兵与普通美国人没有什么不同，他们想要获得道路、学校、供水和其他基本服务。但他表示，很难向他们解释美国政府体系是如何为这些服务买单的。

克林顿说："阿富汗人认为美国人的钱是大风刮来的。于是我向他们谈起税收和所有这些东西时……他们问什么是税收。我开始解释说：'这很像过去你们的军阀向人们征税。''哦，不，那是偷窃行为。'然后我不得不完整地解释税收的原理，军官们都听得入迷了，因为他们从没有税收的概念。"[35]

"从西部的阿萨达巴德到赫拉特，再到南部的卡拉特和坎大哈，以及北部的斯平布尔达克和马扎里沙里夫，没有一个真正意义上拥有至高无上权力的集权政府。"他补充说，"所以国家建设项目也是一种教育。"

曾被派往喀布尔北约总部的陆军军官托德·格吉斯伯格中校表示，他怀疑阿富汗人是否会接受现代化的集权政府。他说："他们长期以来一直效忠于自己的家庭和部落，所以住在恰格恰兰的人根本不在乎哈米德·卡尔扎伊总统是谁，也不在乎他掌管喀布尔的事。[36]这让我想起蒙提·派森的一部电影，[37]电影里国王骑着马经过一个坐在泥地里的农民身边，国王对农民说：'我是国王。'而农民转身问道：'什么是国王？'"

第二部分

2003—2005年：巨大的分歧

第四章　阿富汗不再是焦点

2003年5月1日，入侵伊拉克6周后，布什总统登上另一架飞机，在军人们面前再次发表胜利演讲。与他一年前访问弗吉尼亚军事学院时不同，这次演讲将在黄金时段进行网络直播。

布什没有乘坐常用的总统专机，而是穿上绿色飞行服，戴上白色头盔，登上海军S-3B"维京"战机，准备前往距离圣迭戈海岸30英里的会合点。飞机的侧面标有"海军1号"字样。尽管布什作为得克萨斯空军国民警卫队飞行员已经是30多年前的事了，但海军机组人员还是允许他在驾驶舱操控飞机做了一个小幅度转弯飞行，然后才降落到"亚伯拉罕·林肯"号航空母舰上，这是一艘在海湾战争中返航的核动力航空母舰。

当布什走下飞机并向飞行甲板上的机组人员敬礼致意时，数千名船员欢呼雀跃。总统与士兵们合影留念，随后在夕阳西下时换上西装发表了演讲。在写着"任务完成"的红、白、蓝三色相间的横幅前，布什宣布"主要作战行动已经结束"，并感谢美军在"伊拉克自由行动"中"出色地完成了任务"。

而事实上，伊拉克最糟糕的时期尚未到来，布什对航空母舰的访问将成为他总统任期内最大的公关失误。这也掩盖了美国国防部长在几个小时前就阿富汗战争发表的同样荒谬的声明。

5月1日下午，拉姆斯菲尔德乘坐笨重的灰色C-17军用运输机到达喀布尔，进行了4个小时的访问。与布什的航空母舰登台之旅相比，拉姆斯菲尔德的访问受到的关注要少得多。拉姆斯菲尔德的车队穿过阿富汗首都破旧的街道到达总统府，在那里他会见了卡尔扎伊及其内阁成员。

随后，他们在一间看起来几十年未修缮的木制会客室里召开了联合新闻发布会。阿富汗总统开场说，他很惊讶看到这么多国际记者。卡尔扎伊用英语开玩笑说："我以为你们都去了伊拉克。很高兴你们还在这儿。这意味着世界仍对阿富汗感兴趣。"

轮到拉姆斯菲尔德发言时，他宣读了一份与布什的演讲类似的发言稿，宣布在阿富汗的主要作战行动也已经结束。他说："今天的阿富汗，大部分地区都是宽容的、安全的。"

拉姆斯菲尔德补充说，"零星的抵抗"和其他危险仍然存在，这是布什在伊拉克问题上反复使用的一种套话。但与在伊拉克的境遇一样，阿富汗的战斗还远未结束。作战行动将再次加剧，并且变得更加致命。在这场美国历时最长的战争中，超过95%的美军伤亡在这时还尚未发生。

在口述史采访中，2003年曾在阿富汗服役的一位陆军军官表示，拉姆斯菲尔德关于战斗已经结束的断言是荒谬的。"我们常常嘲笑这一说法。"从事心理战任务的特种部队军官马克·施密特中校说,"仍然有很多正在进行的战斗……坦率地说,我们只是四处杀人。我们飞过来,执行几周的任务,然后再飞走。当然,塔利班会立刻再杀回来。"[1]

在喀布尔举行的新闻发布会上,拉姆斯菲尔德表示,在阿富汗的任务将从战斗转向"稳定行动",这是维和与国家建设的军事术语。但军官们表示,实际情况没有发生任何改变。

在那年夏天前往巴格拉姆军事总部担任参谋的托马斯·斯努基斯上校说:"基本上,没有书面的命令,也没有其他有关内容。还有很多战斗行动正在持续。"[2]

其他人则认为拉姆斯菲尔德的讲话是他一厢情愿继续推进的想法。曾在华沙担任武官,后于2003年7月抵达阿富汗的另一名军官塔克·曼萨格尔上校说:"我认为美国对阿富汗的兴趣可能减少了。这并不是说我们被忽视了,但很明显,人们把更多的目光投向了伊拉克。"[3]

很明显,布什入侵伊拉克的决定是一个巨大的错误——不仅对伊拉克,对阿富汗来说也是如此。

伊拉克战争起初是一项庞大得多的任务,需要美军投入12万兵力,大约是部署到阿富汗人数的13倍。由于迅速击败了塔利班,布什政府的信心过度膨胀,认为自己可以同时应对两场战争。这是违背历史和常识的轻率假设。

协助谈判《波恩协议》的美国外交官詹姆斯·多宾斯在"吸取教训"采访中说:"有些基本的道理很难通过法条表示。但你应该知道，首要原则是一次只能入侵一个国家。我是认真的。"[4]

20世纪90年代，多宾斯作为特使被派往一个又一个麻烦地区：索马里、海地、波斯尼亚和科索沃。他写了几本关于自身经历的书，包括《国家建设入门指南》。多宾斯说，尽管布什曾抨击克林顿派遣美军到饱受战争蹂躏的国家执行国家建设任务，但至少克林顿没有想过一次解决两个问题。

多宾斯说："如果你关注克林顿政府就会发现，直到从索马里撤军后，它才积极地入侵海地。在从海地撤军之前，它没有对巴尔干地区采取任何行动。在波斯尼亚稳定之前，它没有对科索沃发动攻势。这些行动需要占用政府高层大量的时间和注意力，如果我们一次应对不止一个问题，我们的系统就会过载。"[5]

从一开始伊拉克就造成了极大的干扰。2001年12月，美军开始制订夺取巴格达的计划，而此时本·拉登正在逃离托拉博拉。根据弗吉尼亚大学口述史采访，圣诞节后的第二天，汤米·弗兰克斯将军正在坦帕的美国中央司令部总部工作，拉姆斯菲尔德从五角大楼打来电话，叫他去布什位于得克萨斯州中部的僻静农场参加一个秘密会议。

拉姆斯菲尔德在电话中告诉弗兰克斯："总统想在克劳福德见你，准备好和总统谈谈你对伊拉克的看法。"[6]

在48小时内，这位将军启程前往克劳福德小镇，向总统简要介绍了伊拉克的军事问题。在其他问题中，布什和拉姆斯菲尔德问弗兰克斯，他是否认为让一名指挥官同时指挥伊拉克战争和阿富汗战争太勉为其难。弗兰克斯说服了他们，表示他可以在坦帕的中央司令部指挥这两场行动。

弗兰克斯在口述史采访中，对授权他指挥两场战争的决定进行了辩解。他说自己从未忽视阿富汗，并指出随着伊拉克战争的推进，阿富汗的驻军人数实际上有所增加。他说："人们由此认为对阿富汗的注意力被分散了是不正确的。我们做的所有事并非都正确，但我们做错事的原因不在于缺乏关注。"[7]

不过其他美国官员表示，毫无疑问，布什政府将注意力从阿富汗转移到了别处。白宫和五角大楼的许多人都认为，除了抓到本·拉登并解决一些遗留的问题，已经没什么事可做了。

到2002年8月，布什的外国情报顾问委员会成员菲利普·泽利科在弗吉尼亚大学口述史采访中说："出于多种原因，布什政府得出结论，阿富汗问题已经解决了。"[8]

大多数美国官员错误地认为，塔利班再也不会构成严重威胁。在"任务完成"演讲中，布什直言不讳地宣称："我们摧毁了塔利班。"2002—2003年担任美国驻阿富汗大使的罗伯特·芬恩在接受"吸取教训"采访时表示，他认为塔利班的残余分子可能会幸存下来，"但基本上只是躲在山上令人讨厌的土匪罢了"[9]。

战略上的误判传导至整个指挥链。由于五角大楼聚焦于伊拉克，所以对于在阿富汗战场上的部队来说，本就模糊的任务变得更加不清晰了。

美军第82空降师军官格雷戈里·特拉汉少校表示，部队无法确定他们的目标。他在军队口述史采访中回忆道："在我们出发之前，士兵们想知道我们去那里是为了人道主义援助，还是——用士

第四章　阿富汗不再是焦点

049

兵的话说——去杀人。"[10]

曾于 2003 年被派驻到坎大哈的炮兵军官菲尔·伯杰龙少校说，他从来没有看清楚大势。他告诉军史学家："当时我们正在处理伊拉克问题，这吸引了我们所有的注意力。"[11]

在"吸取教训"采访中，一位在布什政府时期在白宫和五角大楼工作的未透露姓名的美国官员说，从 2002 年春季开始，伊拉克问题取代了阿富汗问题的地位。那时，在阿富汗服役的各级美国人重新调整了他们的期望，他们要做的就是避免失败。

"无论是在物质上还是政治上，一切似乎都与伊拉克有关。"这位美国官员说，"很难接受这样的现实，即你的整个投资组合都在次要的努力方向上，或者在最坏的情况下，是一种'力量保持'任务。你的工作不是赢，而是不输。从情感和心理上来说，这很难。"[12]

2003 年夏天，美军迅速失去了对伊拉克战争的控制。在布什发表"任务完成"演讲后的 6 周内，有 50 名美军士兵在伊拉克丧生，没人能找到所谓萨达姆·侯赛因藏匿的大规模杀伤性武器。

尽管如此，布什政府还是向公众保证，一切都在掌控之中。6月 18 日在五角大楼举行的新闻发布会上，拉姆斯菲尔德将伊拉克的叛乱分子贬损为"死路一条的家伙们"。他还表示，美国领导的军事联盟正在"取得良好的进展"。未来几年中，他和其他五角大楼的官员在谈到这两场战争时，将无数次重复这个可疑的说法。

与此同时，"死路一条的家伙们"更加壮大了。8 月，叛乱分子炸毁了约旦驻巴格达大使馆和联合国驻巴格达办事处。联合国工作人员和救援组织逃离了伊拉克。10 月，基地组织通过传播本·拉登的视频来羞辱美国。这位"9·11"事件的策划者在他的秘密藏身地点嘲笑美国人"陷入了底格里斯河和幼发拉底河的沼泽地"。

同月,一位新的将军抵达阿富汗,来指挥这场日益被忽视的战争。这位将军是戴维·巴诺中将,他出生于纽约州南部的一个小镇恩迪科特。从西点军校毕业后,他于1983年带领一个陆军游骑兵连入侵格林纳达,并在1989年美国入侵巴拿马期间带领一个营空降到巴拿马城。

巴诺在动荡时期抵达阿富汗。五角大楼缩减了巴格拉姆军事总部的规模,由于意外的人员变动,巴诺成为6个月内的第四位指挥官。外交方面的工作同样不稳定,美国在阿富汗的大使馆长期没有常驻大使。

巴诺在接受军队口述史采访时说:"在阿富汗的整个努力方向有点摇摆不定。在我看来,在阿富汗内部和军队内部,存在统一指挥严重失调的情况。"[13]

巴诺建立了一个新的总部——阿富汗联合部队司令部,并将其从巴格拉姆空军基地搬到了喀布尔的美国大使馆内,这样他就可以与外交官更密切地合作。他与大使的住处仅相距50英尺*。[14]

除了狭窄拥挤的环境外,巴诺手下人员短缺。美国军事人员指挥部表示,由于伊拉克问题,目前可用的军官短缺。但巴诺说,很明显他们认为阿富汗战争是一潭死水,不想派出最得力的干将。这让他很生气。

---

* 1英尺≈0.3米。——编者注

第四章　阿富汗不再是焦点

他说:"军方派给我的人中没有一个能成长为将军的。军方的做法根本谈不上慷慨……他们显然更关心伊拉克,除了最低限度的支持,他们不想向我们提供任何东西。"[15]

起初,巴诺不得不与级别非常低的参谋人员打交道。当他想提升参谋人员的级别时,军方派出了已经退役多年的预备役人员。正如巴诺所说:"这是一群垂暮之年的人。"[16]许多人的年龄比这位49岁的三星将领还大,他的工作人员开玩笑称,这是美国退休人员协会在世界上部署的最前沿分会。

尽管阿富汗当时没有像伊拉克那样充满暴力,但冲突的性质正在发生变化,而且趋势越来越令人担忧。巴诺抵达阿富汗几天后,驻喀布尔的联合国官员向他通报了该国南部和东部安全形势恶化的消息,并要求他采取行动。

巴诺将军命令他的骨干人员评估战争战略。他们得出的结论是,像在伊拉克一样,一场民众叛乱正在蠢蠢欲动。军方需要从专注于追捕恐怖分子转变为进行"传统的反叛乱行动",以便赢得陷入冲突的阿富汗平民的支持。

问题是,自越南战争以来,军方就没有进行过反叛乱行动。为了弄清楚该怎么做,巴诺找了3本关于反革命战争的教科书,这是他25年前在西点军校学习时读过的书。他说:"当时我们没有任何美国颁布的军事原则作为指导。我们都没有真正接受过关于反叛乱方面的任何培训,所以我们不知道该如何处理这个问题。"[17]

与此同时,五角大楼的行政部门也产生了其他疑虑。2003年10月16日,拉姆斯菲尔德用一份"雪片"文件向几位将军和助手提出

阿富汗文件

了一个尖锐的问题:"我们是赢得还是输掉了全球反恐战争?"[18]

拉姆斯菲尔德表现得很悲观。他在这份两页的备忘录中总结道:"很明显,联军可以在阿富汗和伊拉克获胜,但这将是漫长而艰难的过程。"[19]

有人将这份"雪片"文件泄露给了《今日美国》,引发了一连串关于国防部长是否在战争问题上向公众撒谎的新闻报道。拉姆斯菲尔德被迫召开新闻发布会来解释争议。起初,他试图拿这件事开玩笑,说他的妻子乔伊丝问他"slog"(艰难行进)是否真的是一个单词,然后他就字典中的定义与记者们展开激烈辩论。他否认布什政府在公开场合对战争"强颜欢笑"。他说:"我们尽己所能,对正在发生的事情给出一个非常直接、准确、客观的看法。"

塔利班无视拉姆斯菲尔德关于战斗结束的声明,慢慢地重新集结。2003年下半年,美军认为有必要发动三大攻势:"高山毒蛇行动""山地决心行动""雪崩行动"。2004年初,美军坚持山地作战,展开了"山地暴风雪行动"和"山地风暴行动"。

随着伊拉克战争形势的恶化,布什政府认为,将战斗规模最小化并显示阿富汗战争的成功,比以往任何时候都更加重要。2003年12月,拉姆斯菲尔德访问了喀布尔,并顺便去了阿富汗北部城市马扎里沙里夫。有记者问他是否担心塔利班会卷土重来,他轻蔑地说不。他说:"他们不会有这样的机会。只要他们聚集在一起超过两个人……他们就会被杀或被俘。"返回华盛顿后,拉姆斯菲尔德告诉保守派智库美国企业研究所的董事会,"各个方向都取得了进展",而且"阿富汗形势已经出现转机"。

第四章　阿富汗不再是焦点

2004年1月，阿富汗裔美国外交官扎尔梅·哈利勒扎德作为新的美国驻阿富汗大使，在《华盛顿邮报》上发表了一篇专栏文章，赞扬阿富汗人举行了支尔格大会，并起草了一部包含民主和妇女权利的新宪法。在文章末尾，哈利勒扎德顺便提到了美军可能不得不在阿富汗逗留数年。他写道："鉴于所涉及的利害关系，我们必须信守承诺，直到取得成功。"[20]

这篇专栏文章引来了驻喀布尔其他外交官的关注，他们认为这篇文章对阿富汗正在发生的事情做出了尽可能积极的解读。政治官员托马斯·赫特森说，他在美国大使馆自助餐厅遇到了一位公共关系战略家，此人告诉他，有20个人联合撰写了哈利勒扎德的专栏文章。[21]他想知道为什么政府要支付这么多人的薪水来起草有关战争的热点新闻稿。

赫特森在内布拉斯加州一个叫作雷德克劳德的小地方长大，之后他开始从事外事工作，先后前往伊朗、俄罗斯、巴尔干半岛、尼日利亚、中国台湾、吉尔吉斯斯坦和巴巴多斯。见识过世界的许多地方之后，他对将阿富汗转变为一个稳定的国家并不抱什么幻想。

在专栏文章发表几天后，当赫特森正在与一位英国军官聊天时，一名记者询问他们美国和英国的军队可能需要待多久。赫特森在外交口述史采访中回忆道："我们几乎同时回答了这个问题，英国上校说'40年'，我说'问问我孙子'。"[22]

随着阿富汗和伊拉克局势的恶化，布什战时内阁内部酝酿已久的对立关系变得越发激烈。最大的争吵通常来自拉姆斯菲尔德和鲍威尔。两人都意志坚定，做事胸有成竹，并都曾考虑竞选总统。

拉姆斯菲尔德是美国历史上唯一当过两任国防部长的人，他在普林斯顿大学练过摔跤，在海军驾驶过战斗机，还执掌过《财富》世界500强的公司，在他70多年的生涯里，几乎没有表现过软弱的形象。鲍威尔是一名退役的四星上将，是第一次伊拉克战争中的英雄，是唯一担任过参谋长联席会议主席的非裔美国人，从某种程度上说，他是美国最受欢迎的政治人物。

双方都将战争的惨败归咎于对方及其工作人员。拉姆斯菲尔德抱怨美国国务院和美国国际开发署搞砸了重建和稳定计划。鲍威尔将拉姆斯菲尔德和他的文职助手视为滥用军队的新保守主义理论家。

海军陆战队上将佩斯表示，拉姆斯菲尔德和鲍威尔之间的不和时常会在白宫会议期间浮出水面。

佩斯在2001—2005年担任参谋长联席会议副主席，他说："两位高官可能会互相揭短。比如鲍威尔说了'喀布尔'，拉姆斯菲尔德就会戏弄说'是卡巴阿尔还是卡布乌尔'，只是为了恶心他一下。"[23]

坐在桌前的国家安全顾问康多莉扎·赖斯不得不从中调解。佩斯在弗吉尼亚大学口述史采访中回忆道："她会说：'好了，唐（指唐纳德·拉姆斯菲尔德）！好了，科林（指科林·鲍威尔）！'愿上帝保佑康迪（指康多莉扎·赖斯），她只会走进休息室说：'好了，孩子们，别吵了。'"[24]

拉姆斯菲尔德吹嘘自己是在无情的日程安排中茁壮成长的监工，但有迹象表明，战争带来的压力正在影响他的健康。佩斯称，虽然国防部长一直对自己的健康状况保密，但在2003年12月，他

第四章　阿富汗不再是焦点

"病重"了大约3个月。[25] 在口述史采访中，当被问及这是否意味着拉姆斯菲尔德患有神经衰弱时，佩斯回答说："我不知道。他病得很重。他试图掩盖这件事，我认为他确实成功地掩盖住了。但在那段时间里，他基本上是在说（用佩斯的话说）：'去他的。如果康迪和科林想主导局势，就让他们来吧。'"*

拉姆斯菲尔德的领导特质——他经常靠威严来管理——在将军中引起了不满。在弗吉尼亚大学口述史采访中，陆军中将道格拉斯·卢特表示，拉姆斯菲尔德对穿制服的人不屑一顾，不善于团队合作。他说："当你看到领导层分裂、刻薄和缺乏尊重时，会感到苦恼。"[26]

另一位头脑冷静的领导汤米·弗兰克斯起初无法忍受拉姆斯菲尔德，并因为拉姆斯菲尔德质疑他的阿富汗战争计划而怨恨拉姆斯菲尔德，尽管后来他开始钦佩这位国防部长的爱国主义精神。[27] 弗兰克斯在弗吉尼亚大学口述史采访中说："拉姆斯菲尔德并不是世界上最容易与军方领导人相处的人。作为一个特立独行的人——记住这是个性问题——他自然不喜欢任何东西，从来都不喜欢。"[28]

从2002年到2004年上半年，拉姆斯菲尔德一直专注于伊拉克问题，喀布尔的军事官员们得到了相对可以喘息的机会。然而，在2004年6月，拉姆斯菲尔德告诉将领们，他想每周召开一次关于阿富汗的视频会议。阿富汗的首次总统选举将于10月举行，这是

---

* 拉姆斯菲尔德在此期间或在他2011年的回忆录《已知与未知》中没有公开披露任何严重的健康问题。他没有回应对佩斯的说法发表评论的请求。

国家建设行动的重要一步，拉姆斯菲尔德希望确保一切顺利。

国防部长重新燃起兴趣的消息在戴维·巴诺的阿富汗军事总部引发了恐慌。[29] 参谋人员非常害怕拉姆斯菲尔德会发火，以至于他们每周的大部分工作时间都在为通常持续不到一个小时的视频会议做准备。

曾担任巴诺的副官的英国陆军军官彼得·吉尔克里斯特少将说，他对拉姆斯菲尔德如此恐吓美国同行的行为感到震惊。吉尔克里斯特在口述史采访中说："这对我来说是一次真正的文化冲击。你应该看看那些人，他们是了不起的人，成熟、聪明、明智，但到了国防部长面前，都在瑟瑟发抖。"[30]

与拉姆斯菲尔德一起参加会议的还有来自五角大楼的高级军官和副部长。在喀布尔，工作人员通过在大使馆翻译拖车后面的微型视频监视器回答他们的问题。巴诺称这些会议"非常有争议、痛苦、艰难和折磨人"，并表示为了这些会议需要付出"艰苦的努力"，"几乎让我们崩溃"。[31] 最终，他说服五角大楼将会议次数缩减为每月两次，但他说这仍然"难以维持"。

会议令人如此痛苦的部分原因是，拉姆斯菲尔德很聪明，他会提出一些涉及根本的问题。塔克·曼萨格尔上校说，工作人员无法证明阿富汗战略有效。尽管他们收集了各种各样的统计数据，但也很难得出什么结论。

曼萨格尔在接受军队口述史采访时说："部长一直在审问我们。拉姆斯菲尔德总是在问：'你衡量效率的标准在哪里？你怎么才能取得进展？'我工作了很长时间，做了很多事情，甚至有几次我在自己的日记中写道：'我们有进展吗？'而令人沮丧的是，你怎样才能知道是不是有进展？"[32]

尽管布什政府内部对战争存有疑虑，但在公众面前却仍保持着乐观的态度。2004年8月，拉姆斯菲尔德在菲尼克斯发表演讲，引用了阿富汗取得进展的一个又一个指标：高速公路建设热火朝天，选民登记人数激增，街道上有了更多的活力。他掩盖了叛乱正在蔓延的证据。他说："我们在阿富汗绝对不可能出现军事上的失败。"接下来的几个月，布什在竞选连任时又加码了，他错误地宣称塔利班"已经不复存在"。

2004年10月，阿富汗的总统选举进行得基本顺利。卡尔扎伊以压倒性优势胜出，确保了他能够继续在总统府执政下一个5年。这对美国政府来说是一个好消息，尤其相比伊拉克来说，此时五角大楼仍在阿布格莱布监狱的酷刑丑闻和教派大屠杀中挣扎。

在五角大楼的新闻发布会上，拉姆斯菲尔德称赞这次投票是阿富汗问题取得进展的最明显的迹象。他还抓住机会嘲笑怀疑论者："每个人都说这在阿富汗行不通。'他们500年来从未这样做过，塔利班正在卷土重来，他们会冲进去杀死所有人。我们正陷入泥潭。'但是你瞧，阿富汗举行了选举。神奇吧。"

3年过后，才迎来战争的高潮。

第五章 "涅槃重生"的军队

2003 年，美国将结束战争的希望寄托在阿富汗首都东部边缘的苏联坦克坟场旁边一片被冲毁的土地上。这个废弃的场地被称为喀布尔军事训练中心，是新组建的阿富汗国民军的新兵训练营。每天早上，训练教官都将这些阿富汗志愿者从冰窖一样的军营中叫醒，教给他们当兵的"艺术"。如果新兵在恶劣的卫生条件下幸存下来，成功躲避埋在建筑物周围的旧地雷，他们就可以去保卫阿富汗政府并赚取每天约 2.5 美元的报酬了。[1]

从喀布尔到新兵训练营的道路坑坑洼洼的，以至于卡尔·艾肯伯里*少将的司机只能以每小时 5~10 英里的速度缓慢前行。[2] 作为美国大使馆军事合作办公室的负责人，艾肯伯里的工作是从头开始创建一支 7 万人的本土军队，以保护脆弱的阿富汗政府免受塔利

---

* 卡尔·艾肯伯里是退役美国陆军中将、美国驻阿富汗前大使，曾任美国驻华大使馆武官，并取中文名字为"艾江山"。——编者注

班、基地组织、其他反叛分子、叛乱军阀等各类敌人的攻击。

艾肯伯里是一名会说中文的学者型将军，曾两次担任美国驻华大使馆武官。2001年9月11日，当美国航空77号班机撞上五角大楼时，冲击波将他撞到位于外环的办公室的墙上，他险些丧命，而在他身旁工作的两个人则死于这次撞击。[3]当他到达喀布尔军事训练中心时，艰苦的场景让他想起了1777年冬天乔治·华盛顿的大陆军在瓦利福奇的悲惨遭遇。[4]

艾肯伯里在接受军队口述史采访时说："大家都熬过了许多非常艰难的夜晚，这里有一个接一个非同寻常的挑战。"[5]

由于阿富汗很穷，美国及其盟友负责支付新军队的费用，并提供教官和装备。北约盟国德国在美国国务院和其他国家的帮助下，同意监督一项平行计划，旨在为阿富汗国家警察部队招募和培训6.2万名警察。

2003年春天，艾肯伯里成立了一个新的指挥部，负责监督阿富汗军队的大规模训练工作。他将其命名为"凤凰特遣队"，象征着阿富汗这个国家从"30年残酷战争的灰烬"中重生。[6]美国的整个战争战略都依赖于这个计划。一旦阿富汗人能够派出称职的安全部队来保卫自己的领土，美军及其盟友就可以回家了。

年复一年，美国官员们一再向民众保证该计划正在发挥作用，并给予阿富汗军队高度评价。2004年6月，驻阿富汗美军指挥官戴维·巴诺中将向记者吹嘘说，塔利班和基地组织害怕与阿富汗军队作战，"因为一旦开战，恐怖分子就会退避三舍"。

3个月后，五角大楼联合参谋部战略计划和政策事务主管、陆军中将沃尔特·夏普在国会做证时表示，阿富汗军队的"表现令人钦佩"，并称其为国家安全的"主要支柱"。在同时发布的一组谈话要点中，五角大楼吹嘘阿富汗军队已成为"一支高度专业化的多民族力量"[7]。

实际上，该项目从一开始就失败了，并会让所有的努力都付诸东流。美国政府严重低估了阿富汗安全部队的训练成本和所需时间，而且低估了打击该国不断增多的叛乱活动所需的士兵和警察的数量。

在战争的头几年，当塔利班的威胁微乎其微时，布什政府在加强阿富汗安全部队方面的行动过于缓慢，从而加剧了误判。然后，在塔利班卷土重来后，美国政府试图快速地训练过多的阿富汗民兵。

曾在布什政府和奥巴马政府担任白宫阿富汗战争督战官的陆军中将道格拉斯·卢特在接受"吸取教训"采访时说："我们得到了应得的（阿富汗军队）。"[8]卢特又补充说，如果美国政府"在塔利班虚弱和混乱时加强培训，情况可能会有所不同。相反，我们去了伊拉克。如果我们能意识到问题并尽快投入资金，可能也会有不同的结果"。

五角大楼还犯了一个根本性错误，那就是将阿富汗军队设计成了美国军队的复刻版。尽管在文化和知识上存在巨大差异，但仍强迫阿富汗军队采用相似的规则、习俗和结构。

在阿富汗几十年的动乱中，几乎所有的阿富汗新兵都没有受过基础教育。有80%~90%的人不会读写。有些人不会数数或认不清颜色。然而，美国人希望他们掌握演示文稿技能并操作复杂的武器系统。

即使是简单的交流也面临障碍。美国训练人员和作战顾问需要一群翻译人员，这些人必须能够在英语和达里语、普什图语、乌兹别克语这三种阿富汗语言之间进行口译。当言语无法交流时，士兵们只能通过打手语或在地上画画来交流。[9]

布拉德·舒尔茨少校于2003年和2004年在凤凰特遣队服役，他回忆起自己曾试图向新入伍的阿富汗士兵解释登上军用飞机会是什么感觉。他在接受军队口述史采访时说："当你到那里时，会看到一种叫作直升机的东西。这种感觉就好像在说：'这是一架飞机。来摸摸它吧。'"[10]

在另一次军队口述史采访中，西点军校地理教员布赖恩·多伊尔少校讲述了在喀布尔教一群年轻的阿富汗军官的经历。多伊尔的翻译是一位经验丰富的医生，他被形容为"一个非常聪明的人"。但当多伊尔解释诺曼底登陆期间涨潮和退潮的重要性时，这位翻译打断了他，问道："潮汐？什么是潮汐？"多伊尔向身居内陆的阿富汗人解释说，那是一种海水涨落的现象。"他会问：'你说的海水涨落是什么意思？'好家伙，这就好像我刚刚告诉他地球是圆的，而他一直认为地球是平的一样。"[11]

后来在布什政府和奥巴马政府担任国防部长的罗伯特·盖茨说，战争初期，美国对阿富汗安全部队的建设目标"低得可笑"，五角大楼和国务院从未拿出过一致的方案。[12]

盖茨在弗吉尼亚大学口述史采访中说："我们不断更换负责训

练阿富汗军队的教官,每次有新教官到来时,都会改变训练方式。他们唯一的共同点是,都在努力训练一支西方式军队,而没有弄清楚阿富汗人作为战斗民族的优势,并在此基础上组建军队。"[13]

一开始,五角大楼对阿富汗军队的期望很低,并试图以最低的成本建立阿富汗军队。在2002年1月的一份"雪片"文件中,拉姆斯菲尔德认为阿富汗临时政府提出的每年拨款4.66亿美元用于训练和装备20万士兵的要求是"疯狂的"。[14] 3个月后,在得知美国国务院已承诺美国会承担阿富汗军队20%的开支后,他愤怒地向科林·鲍威尔发送了一份备忘录。拉姆斯菲尔德认为应该让盟友来买单。

拉姆斯菲尔德写道:"美国花费了数十亿美元来解放阿富汗并提供安全保障。我们每天都在大把烧钱。美国不应该在这件事上再花一分钱。我们做得已经比任何人都多了。"[15]

鲍威尔在一份备忘录中回应说,他"本能地理解"拉姆斯菲尔德的观点,但他并没有退让,他表示:"认识到除非美国带头,否则其他国家不太可能充分承担这些费用,我们已承诺担负我们应担负的公平份额。"[16]

在接下来的20年里,华盛顿成倍地增加对阿富汗政府的安全援助——超过850亿美元,这是整个国家建设中最大的一笔开支。[17]

在布什政府时期,关于阿富汗安全部队应该达到多大规模,以及谁应该负担这支部队的支出等问题的争论愈演愈烈。拉姆斯菲尔德的一位有影响力的文职顾问——马林·斯特梅茨基在接受"吸取教训"采访时说:"解决这个问题的方式和华盛顿解决所有问题的方式一样，那就是不解决。"[18]

扎尔梅·哈利勒扎德在2003—2005年担任美国驻阿富汗大使前曾是布什政府的工作人员。哈利勒扎德说，阿富汗政府降低了最初的标准，要求华盛顿支付拥有10万~12万武装人员的安全部队的费用。但他在"吸取教训"采访中表示，拉姆斯菲尔德要求进一步削减开支，并将培训计划作为"筹码"，直到阿富汗政府同意将人数限制在5万人。[19]

多年来，随着塔利班变得越来越强大，美国和阿富汗被迫一次又一次地提高上限，以避免输掉战争。最终，美国出资培训和维持了拥有35.2万人的阿富汗安全部队，其中约22.7万人是国防军，12.5万人属于国家警察。哈利勒扎德说："所以我们在2002年、2003年就这些数字（指的是拉姆斯菲尔德的5万人上限）进行了争吵。而现在天知道我们在讨论什么，30万或其他数字。"[20]

另一个问题也加剧了关于阿富汗安全部队规模的争议，即美国政府缺乏从整体上组建外国军队的能力。正如越南战争之后美国忘记了如何打击叛乱一样，几十年来，阿富汗军队的规模从未扩大过。"绿色贝雷帽"部队专门训练来自其他国家的小分队，而不是整个军队。五角大楼试图迅速解决问题，却明显缺乏准备。

斯特梅茨基说："你不会在战争开始时才去发明步兵作战方法，也不会在战争开始时才去研究如何制造火炮。现在，一切都是临时的。没有原则，很不科学。事情进展得非常不顺利。为另一个社会建立安全部队，将是你开展的最重要的政治行动。这需要大量的思考和经验。"[21]

2003年，五角大楼指派了第10山地师的一个现役陆军旅来管理凤凰特遣队。然而，就在凤凰特遣队成立之际，布什政府决定出兵伊拉克，这给美国在全球部署的军队造成了直接压力。掌管凤凰特遣队的陆军旅撤出了，取而代之的是由国民警卫队和陆军预备役人员组成的杂牌军，而且人手不足。艾肯伯里说："我们无法继续推进……这成了非常严峻的挑战。"[22]

许多人都没有训练外国士兵的经验，在他们到达阿富汗之前根本不知道应该做什么。陆军上士安东·贝伦德森说，2003年他正准备被派遣到伊拉克，但在最后一刻接到命令，要求他改道前往阿富汗，加入凤凰特遣队。他在接受军队口述史采访时说："面对阿富汗的乡村，你会想：'我们现在该怎么办？'这中间经历了很多麻烦。"[23]

2004年夏天，加利福尼亚州国民警卫队工程师里克·拉贝少校抵达了喀布尔军事训练中心，负责监督基础训练。在培养更多阿富汗士兵的压力下，他在为期12周的计划中将招募新兵的人数增加了两倍。但招募标准受到了影响。事实上，根本就没有什么标准。[24] 新兵可能经常开小差或无法通过认证考试，但他们不会被踢出新兵训练营。

拉贝在接受军队口述史采访时说："基础训练不可能通不过。只要他们能扣动50次扳机，击中什么东西都无所谓。只要子弹是朝着正确的方向，他们就没问题。"[25]

美国军方预计，即使在理想条件下，阿富汗军队也需要数年时间才能独立行动。在战场上，阿富汗军队与美国部队合作，但美国人承担了大部分战斗任务。美国作战顾问和教官在阿富汗部队中提供指导，但他们经常发现阿富汗人缺乏基本的战斗技能，需要不断地再训练。

2005年，步兵军官克里斯托弗·普卢默少校抵达美国驻喀布尔的总部，负责协调阿富汗军队的训练和部署。在听到关于阿富汗军队枪法不佳的诸多抱怨后，他参观了喀布尔军事训练中心，在靶场视察新兵。

普卢默在接受军队口述史采访时说："当我带着报告回来，说这些家伙无法在10米外击中谷仓宽阔的外围时，大家表示已经见怪不怪了。"[26]当时接受基础训练的800名新兵中，只有80人通过了射击考试——尽管如此，他们还是全都毕业了。他说："他们只是走过场罢了。"

起初，五角大楼为阿富汗军队配备了AK-47步枪，这是一种简单、易于使用且坚固耐用的自动步枪。许多阿富汗人对这种武器很熟悉，但他们没有仔细瞄准，而是使用了一种被美国军事顾问嘲笑为"扫射和祈祷"的射击方法。2005年一名被派驻阿富汗的枪械教官格尔德·施罗德少校说，阿富汗士兵经常在交火中浪费掉所有弹药却没有杀死任何人，美军还要被迫前去救援。[27]

施罗德曾经率领阿富汗军队的一个营在坎大哈附近的射击场进行"回炉训练"。施罗德在军队口述史采访中说，他相信躬身示范的作用，他用长棍子串起一个西瓜，然后把棍子竖起来插在地上。"当你下令说：'好了，阿富汗士兵，开枪打那个西瓜。'士兵只会胡乱开枪"[28]，西瓜仍然完好无损。

然后施罗德让美国士兵来做示范。"他一枪就击穿了西瓜。"课程的内容逐渐被阿富汗士兵理解。他说："在此之前，他们根本不懂射击。他们只是在射程范围内尽可能多地打出子弹，看看能否击中什么东西。"[29]

曾与阿富汗部队打过交道的堪萨斯州国民警卫队军官迈克尔·斯卢谢尔中校说，部分阿富汗士兵是在战斗中表现出色的老兵。但许多阿富汗人在子弹四射时就蒙了，忘记了他们训练的内容。[30]斯卢谢尔在接受军队口述史采访时说："他们直接跑出去迎着火力冲锋。让人感到疯狂的是'敌人'就坐在防守位置上，让这些家伙直接冲向他们。他们会追在'敌人'身后跑上山坡，一路大喊大叫地射击。他们是勇敢的小伙子，但这不是我们想要的作战方式。"[31]

另一位担任教官的国民警卫队成员约翰·贝茨少校称赞他的阿富汗连队是一支"精锐部队"，已经团结作战了3年。[32]但对于一些基础知识，这些士兵还是很难学会。贝茨说，美国顾问必须让阿富汗人学会照顾属于自己的武器，而不是随便拿一个方便的武器就用。

他在接受军队口述史采访时说："实际上，我们在武器上写下了他们的名字，这样士兵们就可以从一排武器上看到他们的名字。"[33]阿富汗人另一个让人出乎意料的地方是，制服有多种尺寸，左脚的鞋与右脚的鞋形状也不同。贝茨说："我们收到一批靴子，但这些阿富汗人从来没有测量过他们脚的尺寸，所以他们不知道自己穿多大号的靴子。"

他说："第一天，在任务进行到一半时，靴子的底部就完全脱落了。"[34]这与他们经常收到的有缺陷的靴子无关。

第五章 "涅槃重生"的军队

教阿富汗人驾驶军车是另一项冒险的任务。指挥师杰夫·扬克中士是威斯康星州国民警卫队的教官，他说："要么油门踩死，要么刹车踩死。如果他们撞坏了什么，也不认为有什么责任。他们的想法是'这个坏了。（教官）会给我带一个新的来'。"[35]

2004年春季，凤凰特遣队的教官丹·威廉森少校需要向阿富汗士兵展示如何操作配备6速手动变速箱的2.5吨货运卡车。他在喀布尔附近的军事基地找到了一处偏僻的地方，那里没有任何东西需要避让。首先，阿富汗人尝试学习如何驾驶汽车直线前进和直线后退。美国教官坐在副驾驶的位置上，口译员则紧贴着货车侧板坐。随后他们又在环形土路上练习转弯。[36]

威廉森在接受军队口述史采访时说："这些家伙简直是'马路杀手'。他们会松开方向盘，双手抓住变速杆，眼睛盯着变速杆，而不是路面。他们似乎无法挂好挡位，而卡车则不受控制地乱跑。"[37]他补充说，坐在货车侧板的口译员真是"勇气可嘉"。

随着阿富汗军队规模的扩大，美国人开始为他们的伙伴大举建造基地和军营。这些项目遵循美国的规格，但西方的设计经常让阿富汗人感到困惑。

一名美军官员在"吸取教训"采访中说，阿富汗人误将小便池当作饮水机，[38]坐式马桶则成了另一种危险的新奇事物。陆军工程兵团军官凯文·洛弗尔少校在一次口述史采访中说："（我们）意识到马桶坏了是因为士兵们习惯性地试图蹲在马桶上，还有的士兵因为蹲在马桶上滑倒而撞伤了膝盖。"[39]

毛巾架也撑不了多久。阿富汗人将湿衣服缠在毛巾架上拧干，结果将毛巾架从墙上扯了下来。他们把湿透的衣服披在电暖器上，导致设备短路。洛弗尔说，这样的问题本来是可以避免的，"如果我们能少一点傲慢，想想这些人通常是如何生活的，并按他们的标准提供建筑设施"[40]。

美国人设计的厨房和食堂也没有很好地教授阿富汗人如何使用。阿富汗人更喜欢用明火煮大锅饭，把米饭、肉和其他配料放在一起炖。另一位陆军工程兵团军官马修·利特尔少校在接受军队口述史采访时说："他们光着脚站在里面，用一个大勺子翻炒大米。这看起来不是很卫生。"[41]

在一个基地里，阿富汗厨师没有意识到承包商安装的通风口的用途，将室内火源从通风口移开了。利特尔说："整个厨房烟雾弥漫。烟雾弥漫到用餐区，米色的墙壁被熏黑，你进去走一趟就必须得把制服洗了。"[42]

利特尔又补充了一个例子，一名阿富汗军队领导人要求在厨房的地上挖一条沟，以便厨师可以将垃圾扔进沟里，"然后垃圾将冲到下游的排水系统中。我猜可能有点像古代西方修建的河渠或者小河道的作用"[43]。

美国作战顾问和训练人员在战斗意愿这个最重要的问题上对阿富汗士兵给出了褒贬不一的评价。一些人称赞他们的奉献精神和决心，而另一些人则抱怨他们的懒惰和冷漠。美国的阿富汗战略取决于阿富汗军队的表现，然而，五角大楼却出人意料地很少关注阿富汗人是否愿意为他们的政府奋战到底。

缺勤是一个长期存在的问题。新兵训练结束后，士兵们通常会休几天假，然后才到新地点报到。许多人拿到他们的第一笔薪水，然后就消失了。还有一些人虽然回来了，但他们却把自己的制服、装备或武器卖掉换钱了。大量士兵缺勤或迟到。阿富汗军队没有一个营的兵力能接近满员，这加剧了招募和训练后备人员的压力。

查尔斯·阿贝亚瓦德纳少校是堪萨斯州莱文沃思堡的战略规划官，他于2005年抵达阿富汗，采访了美国作战顾问和阿富汗高级官员。他决定顺便问问底层阿富汗士兵为什么入伍。他说，他们的回答与美军通常给出的答案是一致的："这是一份薪水可观的工作。""我想为我的国家服务。""这是我在生活中尝试新事物的机会。"[44]

但当他接着问美国撤离后他们是否会留在阿富汗军队时，答案让他大吃一惊。阿贝亚瓦德纳在接受军队口述史采访时说："与我交谈过的绝大多数人或者说几乎所有人，都说'不'。他们打算回去种植罂粟或大麻之类的东西，因为那是他们的生财之道。这让我震惊。"[45]

不仅训练阿富汗军队很困难，建立国家警察部队的尝试也遇到了更严重的失败。德国于2002年初同意负责阿富汗警察部队的培训，但很快就不堪重负。德国政府在该计划中投入的资金不足，难以找到愿意前往阿富汗担任教官的德国警察，并将那些派去阿富汗的警察限定在北部的和平地区。最终，美国介入并承担了大部分责任。

2002—2006年，美国人在培训警察上的花费是德国人的10倍，却没有取得更好的结果。美国国务院将该计划外包给私人承包商，后者收取了高额费用，但效果不佳。新警察的培训时间很短，通常只有 2~3 周，而且他们的薪水很低。

许多警察成了收保护费的勒索贿赂专家，部分原因是他们挣的钱很少。曾与阿富汗安全部队合作的国民警卫队军官德尔·扎姆少校在接受军队口述史采访时说："他们太腐败了，如果你报警说你家被抢劫了，警察就会过来再抢一次。"[46]

五角大楼的官员抱怨说，美国国务院糟糕的警察培训计划正在破坏战争战略。2005 年 2 月，拉姆斯菲尔德向国务卿康多莉扎·赖斯转交了一份关于阿富汗国家警察部队的机密报告。这份报告的标题是《阿富汗国家警察部队令人发指的故事》，报告中描述了大多数警察是文盲，并且装备和训练不足的情况。[47]

拉姆斯菲尔德在报告中随附的一份"雪片"文件中写道："请看看吧，这就是阿富汗国家警察的状况。这是一个严重的问题。在我的印象中，这两页内容是用优雅而非煽动性的方式写的。"[48]

到 2005 年夏天，美国军队接管了训练阿富汗警察的大部分任务。虽然五角大楼比国务院拥有更多的资源和人员来解决这个问题，但也无法满足美国政府过高的期望。

一方面，美国及其盟友想强推西方式的执法体系，以维持稳定和秩序。另一方面，五角大楼希望阿富汗警察部队像军队一样打击叛乱分子，并将警察训练为准军事力量。无论哪种方式，对于大多数阿富汗人，特别是农村地区的人来说，靠身着制服、携带警徽、手持枪支的警察来执行国家法律是一个陌生的概念。

国民警卫队的扎姆少校说，阿富汗人习惯了用另一种不同的方式解决争端。他说："如果你有问题，你不要去找警察，要去找村里的长者。村里的长者会随意地制定规则。这里没有法治。如果他喜欢你，他会说：'嘿，这没问题。'如果他不喜欢你，他会说：'给我一些山羊或绵羊，否则我们会当场毙了你。'"[49]

在这种情况下，世代相传的部落或宗教行为准则通常决定了结果。警察介入这些问题会引发混乱和麻烦。

扎姆说："阿富汗人很难想象我们想用警察部队做什么。他们不明白这些如何融入他们的文化。美国人正试图把自身理解的，但阿富汗人无法想象的东西强加给他们。"[50]

这是美国一直在重复的错误。

第六章　文化隔阂

美军进驻阿富汗后，便动员特种部队开展行动以影响阿富汗平民及其领导人的情感、思想和行为。这种战术被称为"心理战"，是一种长期存在的非常规作战形式，旨在营造支持美国的大众舆论并削弱敌人的战斗意志。在心理战团队中，"绿色贝雷帽"部队和军事承包商深入研究外国文化，以便利用宗教、语言和社会的细微差别来塑造有利态势。

但是空降到阿富汗的心理战专家和其他士兵处于"两眼一抹黑"的状态。战争开始多年后，美军仍然几乎没有能流利地说达里语或普什图语的军事人员。很少有军队对阿富汗的历史、宗教习俗或部落动态有深入的了解。

2003年7月，北卡罗来纳州布拉格堡第8心理战营的军官路易斯·弗里亚斯少校被派驻阿富汗，他在飞机上阅读了《伊斯兰教入门》(*Islam for Dummies*)一书。他自学了几句达里语，但由于发音混乱，阿富汗人只好恳求他还是继续使用英语。他在接受军队口述史采访时说："我感觉自己像个傻瓜。"[1]

弗里亚斯领导了一个在美国大使馆工作的小型心理战团队，该团队负责分发广播稿件和宣传单，以争取当地人对民主原则和阿富汗安全部队的支持。但该团队最大的项目是编写一本漫画书。这个想法来自弗里亚斯在食堂遇到的一名士兵，他建议用这个方法来影响阿富汗青年的思想。[2] 因此，心理战团队决定设计一本用于宣传投票的重要性的漫画书，书中以一个孩子踢足球为主要内容。正如弗里亚斯所说："在阿富汗，足球是一件大事。"[3]

在漫画书中，一群来自不同部落和民族的孩子正在踢球，这时一位睿智的老者拿着规则手册出现了。[4] 作为阿富汗新宪法的象征，这本规则手册不仅规定了孩子们应该如何玩游戏，而且规定了选出队长的新流程——投票。

弗里亚斯说："我们让所有的孩子争先说出自己想成为队长，而这个睿智的老者会适时地说出：'你们需要投票选出一个人来担任足球队的队长。'这就是我们这本漫画书所讲的故事。"弗里亚斯表示，该团队向在集市上闲逛的少年和年幼的孩子展示了漫画的草稿，他们"反响热烈"。[5]

但该项目遇到了官僚主义障碍和拖延。美国驻喀布尔大使馆的外交官和巴格拉姆的军事指挥官都坚持要审查漫画书中的插图。弗里亚斯说："每个人都想在其中发表意见。"[6] 当他结束6个月的服役期并返回布拉格堡时，漫画书仍未印刷，他也没能看到最终版本。他说："我后来被告知漫画书已经交付印刷了，但我不知道它传开后会产生什么样的效果。"

阿富汗文件

驻扎在巴格拉姆的第二个心理战团队也将足球作为宣传工具。从 2002 年开始，该团队分发了 1 000 多个足球，上面印有黑、红、绿三色相间的阿富汗国旗，以及分别用达里语和普什图语写的"和平与团结"字样。[7] 这些足球受到这个国家年轻人的欢迎，心理战团队认为该计划取得了巨大的成功。

其他人对此表示怀疑。2005—2006 年担任驻巴格拉姆美军指挥官的陆军少将贾森·神谷有一天偶然发现了这些足球并决定进行一项实验。他在去阿富汗东部的帕克蒂卡省旅行时带了几个足球。[8] 当一群孩子围在他的悍马车周围时，他扔出了一个足球。当孩子们兴高采烈地踢球时，神谷注意到他们当中没有人费心去看印在足球上的国旗或"和平与团结"几个字。

回到巴格拉姆后，他建议心理战团队重新考虑他们的策略并运用常规方法。他在接受军队口述史采访时表示："我说：'听着，伙计们，我们在阿富汗的工作不是训练阿富汗奥运足球队，好吗？'足球是传达信息的一种手段，但足球本身不是信息。"[9]

但是，心理战团队的将士们并没有放弃足球宣传，而是重新投入其中。他们设计了另一款印有几个国家国旗的足球，其中包括沙特阿拉伯的国旗，该国国旗上印有用阿拉伯文写的《古兰经》经文。心理战团队预计这些新物品会非常受欢迎，于是开始广泛分发这些足球，甚至将它们从直升机上扔下来，结果却引发了愤怒的阿富汗人的公开抗议，他们认为在足球上印经文是在亵渎真主。

阿富汗议员米尔瓦伊斯·亚西尼对英国广播公司说："在任意一个伊斯兰国家，在你用脚踢的东西上印一段《古兰经》经文都是一种侮辱。"美军被迫公开道歉。[10]

并不是只有心理战团队难以理解阿富汗人。对阿富汗文化的无知和误解使美军在整个战争期间都感到苦恼，并妨碍了他们开展行动、收集情报和做出战术判断的能力。大多数部队部署到战区的时间是6~12个月。当他们开始适应周围的环境时，通常已经到了自己该回国的时候。他们未经培训的接替者又开始年复一年，循环往复。

被派驻阿富汗的部队在离开美国之前应该接受一些关于阿富汗语言、习俗和文化等注意事项的指导。但在许多军事单位，基于一种错误的假设（即所有遥远的伊斯兰国家的人都是一样的），军官们表示，这种训练毫无价值或者只适合前往伊拉克的大部队。

2005年，田纳西州国民警卫队野战炮兵军官丹尼尔·洛维特少校描述了在谢尔比营地接受部署前训练的情况，该营地是密西西比州南部一个庞大的基地，其历史可追溯到第一次世界大战时期。教官说："好吧，等你到了伊拉克……"洛维特打断教官，说他的部队要去另一个战场，但教官回答说："哦，伊拉克、阿富汗，这都一样。"[11]

这种无所谓的态度惹恼了洛维特，他被派去担任驻阿富汗美军的顾问，因此他希望能够更深入地了解情况。"我们的使命完全是关于文化意识领域的，"洛维特在接受军队口述史采访时说，"我们的任务是发展人际关系……所以我们试图与合作对象建立契约关系和可信度。我告诉你，这很难。这是一项艰巨的工作。我们准备好了吗？我当时不得不说，绝对没有。"[12]

其他基地的培训情况通常也好不到哪里去。陆军少校詹姆斯·里斯被派往阿富汗特种部队服役,他说佐治亚州本宁堡的教官试图教授他的学生阿拉伯语,而不是达里语或普什图语。[13] 阿拉伯语在伊拉克广泛使用,但在阿富汗却是一门外语。他说:"整个培训就是在浪费时间。"

克里斯蒂安·安德森少校说,在堪萨斯平原上的陆军基地赖利堡的训练"非常可怕",并没有让他准备好去担任阿富汗边防警察部队的顾问。仅从地理角度来看,他认为部署前的战术训练是愚蠢的。[14]

安德森在一次军队口述史采访中说:"我想说的是,当你的人员准备去战斗前,要对他们进行训练。阿富汗有很多山,对吧?托拉博拉、兴都库什,这些地方都是山区。阿富汗没有沼泽,为什么我们要在路易斯安那州的波克堡训练部队?为什么我们要在赖利堡训练?那里的地势平坦得像餐桌一样。"[15]

与伊拉克相比,针对阿富汗文化特征的课程往往是过时的或十分可笑的。

曾在喀布尔的一所军事学院担任客座讲师的西点军校教员布伦特·诺瓦克少校,于 2005 年在本宁堡参加了部署前的培训。他不得不参加关于如何在核、化学和生物攻击中幸存下来的课程,尽管这种威胁在阿富汗并不存在。[16] 阿富汗文化只被粗略地提及。

培训中的一张幻灯片警告说,不要向任何人做竖起大拇指的手势,因为阿富汗人认为这是一种粗鲁的手势。诺瓦克在军队口述史采访中回忆道:"不过,当我到达那里时,孩子们对我竖起了大拇指，我想：'天啊，这些孩子是生我的气了吗？'"[17] 在忍受了一阵竖起的大拇指之后，这位毫无头绪的美国人问翻译他到底做了什么冒犯他人的事。翻译人员耐心地解释说，竖起大拇指意味着"干得好"或"行得通"。

回想起这些事，军官们说，他们希望有人能教他们良好的阿富汗礼仪：建立人际关系，学习几句阿富汗语言，拒绝大喊大叫或吹嘘自己，并学会接受一起喝茶的邀请。

于2003年和2004年在阿富汗东部指挥一个连队的陆军少校里奇·加里说，他花了好长一段时间才学会放慢脚步。他说："我们像强盗一样进来，寻找村里的长者，问他坏人在哪里。由于我们没有用正确的方式询问这些信息，所以我们总是被告知那里没有坏人，即使我们离巴基斯坦边境非常近，而且那里显然有坏人。"[18]

在另一次军队口述史采访中，尼古拉·安德烈斯基少校说，他很遗憾自己在2003年被派去训练阿富汗士兵之前没有更多地了解阿富汗社会的基本情况。他终于意识到，他需要按照阿富汗人的节奏工作，而不是期望他们适应美国人的做事方式。[19]

安德烈斯基说："如果你告诉我，在阿富汗没有一小时内能开完的会，我绝对不会相信。但去过那里后，我才知道这是真的。确实没有一小时能开完的会。如果你要开会，至少要三个小时。他们首先要感谢真主，然后感谢指挥链上的每个人员。每个发言的人都会这样做，所以如果你去掉这部分内容，可能会节省两个小时。我只是希望我对这些文化有更好的了解。"[20]

但通常来去匆匆的美军发现自己很难耐得住性子。阿拉斯加州国民警卫队军官威廉·伍德林少校在接受军队口述史采访时说："时间对美国人来说非常重要。不过，在那里，时间毫无意义。我们试图强迫他们按照我们的时间节奏做事，但他们根本不理解。在阿富汗，很多人没有手表，甚至看不懂手表上的时间。我们试图强迫他们在特定时间出发去执行任务，但他们不理解为什么要这样做。他们会问：'为什么我们必须在那个时候出发？'"[21]

美国军方强调了尊重伊斯兰教的重要性，这是阿富汗的国教，那里约85%的人口是逊尼派穆斯林。但由于系统性地缺乏文化和宗教教育，一些美国士兵对阿富汗人持有刻板印象或偏见。

2005年在阿富汗军队负责训练和部署的军官克里斯托弗·普卢默少校在接受军队口述史采访时说："他们有一种不诚实和腐败的文化，这似乎在几千年的伊斯兰文化中很普遍。"[22]

其他人则认为伊斯兰教不够宽容，并认为分歧不可能弥合。曾担任阿富汗国防部顾问的退役军官约翰·戴维斯在军队口述史采访中说："根据穆罕默德的说法，每个不是穆斯林的人都是异教徒。我们必须克服宗教方面的问题，但宗教与塔利班有关。塔利班说他们试图保持纯粹的伊斯兰教法和对国家的控制，他们想要摆脱异教徒。"[23]

然而，许多部队的看法更微妙。虽然阿富汗人强烈认为自己是穆斯林，但海军陆战队少校小托马斯·克林顿注意到，这并不一定意味着他们非常虔诚。他在接受军队口述史采访时说："他们就像美国的任何其他宗教一样。有些人是极端的天主教徒、浸信会教徒、新教徒，然而，还有一些人虽然从小信仰某种宗教，但现在却不再去教堂了。"[24] 在他训练的年轻阿富汗士兵中，只有少数人仍坚持一天 5 次祷告或定期去清真寺。

除了担任美国驻阿富汗大使近两年的阿富汗裔美国人扎尔梅·哈利勒扎德外，大多数美国外交官也进入了陌生领域。因为美国大使馆从 1989—2002 年一直关闭，所以在美国入侵阿富汗之前几乎没有美国人去过阿富汗。

根据美国国务院的统计，其团队中有许多曾在南亚和中亚其他地方工作过的地区专家，但没有多少人自愿前往喀布尔。为了填补空缺，该职位由参加外交工作的新人和退休后的老手共同承担。

2003—2005 年担任军事指挥官的戴维·巴诺中将在接受军队口述史采访时说："大使馆本身是非常小、非常基础的组织，人员非常有限，没有丰富的经验。"[25] 与军队一样，外交官通常也会在 6~12 个月的短暂工作后进行轮换。结果是，大使馆里经验丰富的智者永远短缺。

许多阿富汗人也发现这种文化隔阂令人不快，尤其是那些很少见过外面的世界、从未看过美国电视节目或好莱坞电影的乡下人。看到身着迷彩服、戴着反光护目镜、头盔上方伸出电线的全副武装的美国士兵，可能会让他们想起外星人。[26]

曾在坎大哈服役的陆军军官克林特·考克斯少校说："在我接触过的阿富汗人中，90%~95% 的人觉得我们就像是外星人。他们认为我们戴的太阳镜能看穿墙壁。"

曾两次随第 82 空降师部署到阿富汗的凯勒·德金少校表示，很难给阿富汗人留下良好的第一印象。他在接受军队口述史采访时说:"我坚信,如果你仔细观察全副武装的美军士兵,就会发现我们与《星球大战》里的冲锋队惊人地相似,而这个形象可不是赢得人心的最佳选择。"[27]

非洲裔美国军官阿尔文·蒂利少校回忆说,他穿过一个村庄,那里的人以前从未遇到过黑皮肤的人。"孩子们看看我就像在说:'天哪!那是什么?'他们开始揉自己的脸,我问我的翻译孩子们在做什么,他说:'哦,他们认为你的脸会褪色。'"[28]

蒂利是美国的城市居民,他表示看到阿富汗有这么多原始的泥房子,既没有电也没有水,感到很震惊。他说:"去那里,你以为会看到'摩西'走在街上。那更像是一种文化冲击。"[29]

那些让美军士兵联想到《圣经·旧约》场景的地方是阿富汗中南部的乌鲁兹甘省。乌鲁兹甘被山脉和干燥的土地环绕,夏季炎热,冬季寒冷。农民靠种植耐旱的罂粟维持生计。作为保守的普什图部落的家园,该省最有名的人物是塔利班的独眼精神领袖毛拉·穆罕默德·奥马尔。

陆军少校威廉·伯利是民政小组组长,2005年他向乌鲁兹甘的欣凯农村地区提供人道主义援助。他说,那里赤贫的村民几乎没有水源,而且与世隔绝,年轻人和他们的表亲结婚是很常见的事。[30]

他在军队口述史采访中说:"我不想这么说,但有很多近亲生育现象。这里的区长有3个拇指。"[31]

作为特种部队军官,伯利不受陆军正常仪容标准的约束,因此他尽可能多地留胡子以适应当地人的生活。他补充说:"如果我没有胡子,那将是一种严重的文化失礼。他们要能够抓到我的胡子,在他们的文化中，如果你能抓住一个人的胡子，你就可以信任这个人。"[32]

美国人更难接受其他建立信任的活动。在阿富汗各地，部落长老和阿富汗军官与其他人手拉手四处游走，以展示他们之间的友谊和忠诚。美军必须接受这种姿态，否则可能冒犯到当地人。

曾训练阿富汗边防警察的陆军军官克里斯蒂安·安德森少校说："对于美国男性来说，牵着另一个男人的手穿过小镇？是的，这简直……但我还是这样做了，因为不这样做是对当地人的一种侮辱。"[33]

从美国人的角度来看，很难判断这种做法是柏拉图式的，还是代表着其他什么东西。同性恋被塔利班禁止，并被视为成年人的禁忌，但有经济能力的阿富汗男子实施一种被称为"bacha bazi"（男孩游戏）的性虐待行为却并不罕见。

阿富汗军官、军阀和其他权力掮客通过将茶童或其他青少年男仆作为性奴隶来宣示自己的地位。美军将这种做法称为"男爱星期四"，因为阿富汗的男同性恋会强迫男孩们在阿富汗周末开始前的星期四晚上盛装打扮或跳舞。尽管美军士兵对这种虐待行为感到恶心，但指挥官指示他们对此睁一只眼闭一只眼，因为他们不想在与塔利班的斗争中疏远盟友。

阿拉斯加州国民警卫队军官伍德林少校说，当他在阿富汗军队担任为期一年的教官时，对"男爱星期四"感到震惊。[34]他说"仅仅是了解阿富汗人的整个生活方式"就是一个挑战。阿富汗男性对女性持有极端保守的观念，却又与其他男性调情，并炫耀与男孩发生性关系，这让美军士兵很难接受。

伍德林说："你真的必须把感情放在一边，要明白这不是你的国家。你必须接受他们的所作所为，不要植入你对他们文化的个人感受。别看女人。即使一个17岁的年轻人盯着女人看，他也可能因此而丧命。然而，在我们的任何培训中，都没有教过我们这些。你需要明白当地人可能会因此打你。"[35]

被求欢的风险因素包括年轻的外表和干净且无胡须的面庞——大多数美军士兵（近90%是男性）*都符合这些特征。

航空情报官兰迪·詹姆斯少校回忆起他在2003年的一次紧张遭遇，当时一名阿富汗男子走近他所在部队的一名娃娃脸美国男性士兵，并对他说："你是我的妻子。"幸运的是，这件事并没有演变成暴力事件。[36]

詹姆斯在接受军队口述史采访时说："事情并没有失控，没有导致糟糕的结果。但这件事对他或周围的人来说也谈不上愉快。"[37]

---

* 女性在战争中发挥了关键作用，许多女性担任过战斗角色。美国国防部称，截至2020年8月，美国有55名女性士兵在阿富汗阵亡，有400多名女性士兵受伤。

第六章　文化隔阂

第七章　两面派

到2003年，随着塔利班和基地组织对美国及其盟友"打了就跑"的行动不断升级，游击队员来自何处已经不是什么秘密了。他们在阿富汗与巴基斯坦1 500英里边境线的一侧重新集结。

他们大多数藏在巴基斯坦偏远的普什图部落地区，这些地区历来不服伊斯兰堡政府的管理，在此之前，此地还抵制过英国殖民地总督的管理。对于叛乱分子来说，这是一个被山脉和沙漠包围的完美避难所。美军被禁止进入巴基斯坦的主权领土，因此该地区超出了美国的控制范围。

对于驻扎在边境的美军来说，这些限制使他们陷入了一场无休止的"猫捉老鼠"游戏。但还有一个更根本的问题：巴基斯坦到底站在哪一边？

2003年4月25日，一个阳光明媚的春日，答案变得非常清晰，当时十几名身着黑衣、全副武装的男子经过海拔7 400英尺的巴基斯坦小镇安戈尔·安达。武装分子们消失在阿富汗边境线一侧山脊的灌木丛中。大约 4 英里外，在美国陆军一个名为"什金据点"的小型前哨基地里，时任第 82 空降师连长的格雷戈里·特拉汉上尉正喝着酒看着书。[1]

这是什金平静的一天，"什金"借用了附近一座阿富汗村庄的名字，战略位置靠近帕克蒂卡省的边境检查站。据点坐落在山坡上，所以驻扎在那里的大约 100 名美军士兵可以监视从南瓦济里斯坦偷偷潜入的塔利班分子。方形的据点占地大约有一个足球场那么大。除了每个角落的瞭望塔外，院子还被 3 英尺厚的壁垒保护着，这些由干泥、三股六角铁丝网和岩石填充的防爆墙组成的壁垒是"HESCO"（美国屏障方案提供商）屏障。[2]

特拉汉和他的第 3 营布拉沃连的士兵已经在什金待了 6 个星期，并且养成了例行巡逻的习惯。午饭后，一名士兵来到特拉汉的住处，说战术行动中心有事找他。上尉放下书，去查看发生了什么事。[3]

一架在空中盘旋的美国中央情报局"捕食者"无人机发现了身穿黑衣的武装分子。[4]情报分析人员推测他们是敌人。特拉汉认为，他们可能就是几天前从靠近阿富汗边境的山顶向什金发射 107 毫米火箭炮的游击队员。尽管没有人受伤，但火箭弹落点已经近到足以震碎窗户的程度。特拉汉知道很难抓住这些叛乱分子，但还是决定尝试一下。

特拉汉组织了由大约 20 名美军士兵和 20 名阿富汗当地民兵组成的巡逻队，并给他们配备了悍马车和卡车。[5]巡逻队检查了边境控制站，并在附近的几户人家停了下来，但没有当地人能作为目击证人。

第七章　两面派

特拉汉在军队口述史采访中说:"从我们出发到搜查这几座房子,大约过去了一个半小时——我准备结束这次巡逻,因为这里什么都没有。"[6]天快黑了,但他认为巡逻队应该侦察一下叛乱分子上次发射火箭弹的地点。他说:"那里是丘陵地带,但我们可以把车辆开到那里。"

当巡逻队沿着蜿蜒的土路爬上山坡时,其中一辆卡车抛锚了。[7]其他三辆车继续往上爬。巡逻队下车后,向三个方向缓缓前进。灌木丛中的植被和洼地遮蔽了他们的视线。特拉汉率领的小组发现了一个营地,里面有水壶、麻袋和107毫米火箭炮。[8]突然,传来了一阵轻武器射击的声音。他说:"我们似乎完全被包围了,我不知道子弹是从哪里打来的。"

当美国人和他们的阿富汗盟友慌忙寻找掩护时,敌人用AK-47、手榴弹和至少一挺重机枪从几个方向将他们压制住。[9]特拉汉躲过了一枚手榴弹,但AK-47的子弹击中了他的头盔,擦伤了他的头骨,他的右腿中弹两次,左腿中弹一次。在他被子弹击中的瞬间,其他士兵看到一团红雾从他身后喷出。[10]

美军通过无线电呼叫支援,并要求从什金据点发射榴弹炮,这样他们就可以设法突围。[11]这很危险,因为敌方的战斗人员距离他们的车辆已经不到30英尺了。

炮击奏效了,袭击者被迫后撤并让巡逻队有机会重新集结。当他们把倒下的人集结起来并从山上撤退到安全区域时,已有7名美国人受了重伤。

后来特拉汉活了下来,但有两个人不幸阵亡:19岁的二等兵杰罗德·丹尼斯，来自俄克拉何马州的安特勒斯，10个月前刚刚从那里的高中毕业；空军一等兵雷蒙德·洛萨诺，得克萨斯州德里奥的空中战术管制员，刚刚在什金庆祝了自己的24岁生日，留下了怀孕的妻子和两岁的女儿。

特拉汉和另一个受伤的人通过直升机从什金撤离。特拉汉接受了多次手术，但在战斗结束后很长一段时间里，那次被伏击的痛苦记忆都一直萦绕在他的脑海里：巴基斯坦在战争中扮演了非正式的敌对角色。

当山顶上一片混乱时，位于1英里外检查站的巴基斯坦边防警卫通过发射火箭弹加入战斗，将叛乱分子视为朋友，而将美军视作敌人。特拉汉说："我认为巴基斯坦人以为我们在向他们开枪，所以他们开始向我们的阵地开火。"[12]

巴基斯坦站在哪一边的问题困扰了美国人20年。无论五角大楼向阿富汗派遣多少军队，或者建造多少据点，从巴基斯坦流入战区的叛乱分子和武器仍在不断增加。阿富汗和巴基斯坦边境的长度相当于从华盛顿特区到丹佛的距离，这么长的边境根本无法封锁。兴都库什山脉比落基山脉还要高，这种地形是偷渡者的天堂。

除了地理上的挑战，美国军事分析家和中央情报局也很难找出巴基斯坦境内叛乱的组织根源，无法确定究竟是谁在为塔利班提供资金、武器和训练。但穿越边境的武装人员源源不断，巴基斯坦政府无法阻止，或者说不愿阻止。

特拉汉说："如果我们去那里是为了杀死或抓捕塔利班政权和基地组织的残余分子，那么最大的挑战是获得及时、准确的情

第七章　两面派

报。"[13] 他补充说，来自军事总部的情报"肯定会说，他们认为有人在某个地区来回穿越边境。好吧，那些家伙做的远远不止这些。他们以某种方式获得资金和设备，他们必须吃饭。换句话说，这是一个系统。我们要如何攻击该系统？我认为我们从来没有得到这些问题的答案"。

在2003年4月的交火中，特拉汉受伤，两名美军士兵阵亡。关于谁该为此负责的答案用了将近10年才浮出水面，而且是出于偶然。

2011年，意大利当局逮捕了一名来自北非的难民，他承认自己是基地组织的特工。此人40岁，名叫易卜拉欣·苏莱曼·阿德南·哈伦，在"9·11"事件发生之前曾前往阿富汗，并通过了基地组织训练营的培训。美国入侵后，他越过巴基斯坦边境进入瓦济里斯坦，在那里他成为本·拉登的高级副手阿卜杜勒·哈迪·伊拉基的手下，并帮助领导了在什金附近对美军的伏击行动。哈伦在伏击中受伤并逃回巴基斯坦。但他把一本袖珍版《古兰经》和一本日记遗弃在山顶上。调查人员后来证实，《古兰经》上的指纹与他的指纹相符。[14]

2012年，意大利将哈伦引渡到美国。他于2017年在纽约进行的联邦审判中揭露了基地组织的核心领导层如何在巴基斯坦避难，并在那里重整旗鼓的新细节。陪审员听取了关于基地组织指挥官如何奖励哈伦成功地组织了什金伏击战的证词，哈伦表示，基地组织还给了他更具挑战性的任务：在西非建立基地组织分支并炸毁美国驻尼日利亚大使馆。虽然炸毁大使馆的阴谋失败了，但陪审团裁定哈伦犯有几项与恐怖主义有关的罪行，包括密谋在什金杀害美国人。他被判处终身监禁[*]。

2003年，特拉汉的连队和第82空降师的其他部队轮岗撤离阿富汗，第10山地师接替了他们的任务。此后，在边境地区，人们更加怀疑巴基斯坦在叛乱中扮演的角色。

2003年8月，又有两名美军士兵在什金附近死于与越境叛乱分子的枪战。9月，另一名美军士兵在与数十名基地组织和塔利班游击队员的12个小时的交火中丧生，守卫边境的巴基斯坦政府军再次加入战斗并向美国人发射火箭弹。10月，两名为美国中央情报局工作的承包商在什金附近因被另一群从巴基斯坦越境的武装分子伏击而身亡。

巴基斯坦军队及其强大的间谍机构——三军情报局曾长期支持阿富汗的叛乱分子。20世纪80年代，巴基斯坦三军情报局与美国中央情报局合作进行秘密行动，将武器输送给与苏联军队作战的阿富汗叛军。在苏联人失败撤退后，巴基斯坦三军情报局继续支持阿富汗内战中的游击队，并帮助塔利班上台。到"9·11"事件发生时，巴基斯坦是与喀布尔塔利班政府保持外交关系的3个国家之一，另外两个国家是沙特阿拉伯王国和阿拉伯联合酋长国。

在美国遭到恐怖袭击之后，美国政府胁迫巴基斯坦领导人佩尔

---

[*] 该审判还凸显了在多次战斗中服役的美军的压力。特拉汉在因伏击受伤仅5个月后，陆军就将他派往伊拉克。上士康拉德·里德在什金被手榴弹击中后幸存下来，随后又被派往伊拉克3次，他告诉陪审员，他准备在2018年返回阿富汗。根据五角大楼的统计，已有超过2.8万名士兵被部署到阿富汗5次以上。

第七章 两面派

韦兹·穆沙拉夫将军与塔利班断绝关系。从表面上看，穆沙拉夫迅速转变，成为布什政府的重要盟友。

穆沙拉夫允许美国军方通过巴基斯坦的海港、陆路和领空到达阿富汗。在他的指示下，巴基斯坦三军情报局与美国中央情报局密切合作，逮捕了巴基斯坦的几名基地组织领导人，其中包括"9·11"事件的策划者拉姆齐·比纳尔希布和哈立德·谢赫·穆罕默德。为换取美国的赏金，巴基斯坦还拘留并移交了数百名塔利班嫌疑人。尽管许多人被抓捕的原因很可疑，但美国人还是将他们集体运送到美国设在古巴的关塔那摩监狱。

美国官员们知道穆沙拉夫在巴基斯坦国内面临着抵制合作的压力，但他们认为可以用金钱来左右他。拉姆斯菲尔德在2002年6月25日发送给五角大楼负责政策事务的道格拉斯·费思的"雪片"文件中写道："如果要让巴基斯坦人真的在他们国家的领土上打反恐战争，我们就需要一大笔钱，这样我们就可以让穆沙拉夫按照我们的意愿办事。"[15]

令伊斯兰堡高兴的是，这笔资金非常慷慨：6年内提供了约100亿美元的援助，其中大部分是军事和反恐援助。

然而，布什政府却迟迟没有意识到穆沙拉夫和巴基斯坦三军情报局是"两面派"。在"吸取教训"采访中，美国官员们表示，布什个人对穆沙拉夫的信任过了头。他们说，布什掩盖了穆沙拉夫领导的巴基斯坦军队使用20世纪80年代为帮助反苏游击队而发展出来的秘密渠道和战术来支持塔利班的确凿证据。

虽然巴基斯坦不想疏远美国，但其军事机构决心长期在阿富汗发挥影响力，并且由于地区政治和种族因素，巴基斯坦将塔利班视为其施加控制的最佳工具。

塔利班主要由阿富汗普什图人组成，他们与生活在巴基斯坦部落地区的2 800万普什图人有着文化、宗教和经济联系。相比之下，伊斯兰堡不信任组成阿富汗北方联盟的乌兹别克族、塔吉克族和哈扎拉族军阀，因为他们与其主要竞争对手印度关系密切。

拉姆斯菲尔德的文职顾问马林·斯特梅茨基在接受"吸取教训"采访时说："由于人们对穆沙拉夫个人抱有信心，并且他在帮助打击巴基斯坦的基地组织方面仍有所作为，所以人们未能意识到他在2002年底、2003年初就开始玩起了两面派。[16]你会发现安全事件开始升级，而且已经超出了承受范围。我认为阿富汗人和卡尔扎伊本人，甚至在2002年初就开始不断地提起这件事。然而，美国人并不感兴趣，因为他们相信巴基斯坦在基地组织问题上对我们帮助很大。"

其他美国官员承认，他们对巴基斯坦的意图视而不见，因为他们错误地认为塔利班已经被彻底击败了。曾在2001年协助组织波恩会议的美国外交官詹姆斯·多宾斯说："结果证明这是错误的，主要是因为低估了巴基斯坦继续将塔利班视为有用的代理人并从根本上帮助塔利班重整旗鼓的企图。我认为当时没有人发现这一点。在七八年的时间里，美国政府都没能真正认清巴基斯坦所扮演的角色。"[17]

巴基斯坦官员辩称，他们正在为美国做出巨大牺牲，并因此危及自己国家的稳定。2003年12月，穆沙拉夫躲过了两次暗杀，巴基斯坦将这两次暗杀归咎于基地组织。大约同一时间，迫于美国的压力，巴基斯坦向部落地区派遣了8万名士兵守卫边境。数百名巴基斯坦士兵在与武装分子的冲突中丧生，引发国内政治反弹。穆沙拉夫做出的牺牲和面临的挑战是真实的，这也让他及其军事领导层很轻易地驳斥了关于他们"两面三刀"或没有向美国提供足够帮助的说法。

对于谁应该为越境叛乱负责，每个人的理论都不一样。[18]曾于2004—2005年在阿富汗担任第25步兵师指挥官的埃里克·奥尔森少将在接受军队口述史采访时解释称有两种"思想流派"，他说："一种是阿富汗的所有问题都与巴基斯坦及其无法控制边境省份有关。另一种是巴基斯坦的所有问题都源于塔利班，而恰恰是我们让塔利班逃离了阿富汗。"

曾在21世纪的头10年3次被派驻阿富汗的特种部队军官斯图尔特·法里斯少校，定期参加美国、阿富汗和巴基斯坦军方官员的三方会谈，讨论边境安全问题。

法里斯在接受军队口述史采访时说："美国和阿富汗的看法是，巴基斯坦人没有在国内采取足够举措来追捕和打击这些恐怖分子，我们认为塔利班和基地组织就在那里。"[19]作为回应，"巴基斯坦人会说：'他们没有躲在我们国家。他们躲在阿富汗。'我想我们都知道真相。这是一个挑战"。

巴基斯坦的指挥官们都是职业军人，他们的职业风度和举止通常给人一种可信的感觉。他们中的许多人参加了美国的军事交流项目，讲着一口带英国口音的英语，在美国人听来既温文尔雅，又成熟老练。在这方面，他们与美国人每天打交道的未受过教育、缺乏经验的阿富汗军官形成了鲜明对比。

法里斯说："这些受过良好教育的巴基斯坦将军穿着得体、口齿伶俐，而他们的阿富汗对手则穿着大了3码的军装、不合脚的靴子，并戴着不合适的手套。我们以前一个月聚一次，会有这样一种感觉，即我们都是好朋友，每个人都会拍拍对方的背，告诉对方我们会尽快落实要做的事情。可在大家都走了之后，又恢复了原状，事情永远不会落实。这让我觉得整个过程只是在浪费时间，是'雷声大雨点小'的空谈。"[20]

尽管在战场上美军存有疑虑，但美军高级指挥官在公开场合却对巴基斯坦人大加赞赏。2004年6月，驻阿富汗美军指挥官巴诺将军对记者说："我对巴基斯坦政府和军队为消除恐怖分子庇护所而做的积极努力给予高度赞扬。"

7个月后，在接受美国全国公共广播电台的采访时，巴诺淡化了本·拉登藏匿在巴基斯坦的可能性，更不用说巴基斯坦官员可能会庇护本·拉登的问题了。他说："我认为，猜测他可能藏在哪里是难有定论的，但我可以告诉你，巴基斯坦政府已被证明是我们在该地区的伟大盟友。"[21]

拉姆斯菲尔德甚至更加热情。2004年8月在菲尼克斯的一次演讲中，这位国防部长称赞穆沙拉夫"勇敢""有思想"，并且"在这场全球反恐战争中是一个极好的伙伴"。他说美国政府对穆沙拉夫掌权感到"如此庆幸"和"非常感激"。他还补充道："毫无疑问，他肩负的任务是我能想到的所有政府领导人中最艰巨的。"

私下里，拉姆斯菲尔德的顾问告诫他不要轻信他人。2006年6月，国防部长收到了退役陆军上将巴里·麦卡弗里的备忘录。麦卡弗里刚刚结束了在阿富汗和巴基斯坦的实地考察。他报告说，对伊斯兰堡真实动机的猜疑正在增加。

麦卡弗里在备忘录中写道："核心问题是，巴基斯坦人是否在下一盘大棋？他们每年从美国接收10亿美元，假装支持美国的目标，建立一个稳定的阿富汗，实际上却积极支持（他们创建的）塔利班的跨境行动。"[22]

这位将军没有明确回答自己的提问。但他表示，他倾向于认为穆沙拉夫是无辜的。麦卡弗里补充说："很难判断关于边境问题的观点和讽刺言论。但是，我不相信穆沙拉夫总统正在故意玩两面派的游戏。"[23]

其他人并不赞同这个观点。[24] 在麦卡弗里提交报告2个月后，拉姆斯菲尔德收到了斯特梅茨基的一份长达40页的机密备忘录，斯特梅茨基刚刚访问了阿富汗，评估了战争状况。在报告中，斯特梅茨基罕见地批评了巴基斯坦。

他写道："佩尔韦兹·穆沙拉夫总统没有依从与美阿全面合作镇压塔利班的战略选择。自2002年以来，塔利班在巴基斯坦打造了一处庇护所，可以招募、培训、资助、装备和渗透武装分子。巴基斯坦三军情报局向塔利班提供了一些行动支持，尽管仍不清楚巴基斯坦政府进行的援助的规模。"[25]

在大多数官方会议上，巴基斯坦依旧否认与塔利班勾结。但偶尔，一些巴基斯坦领导人会露出马脚。

2002年曾短暂担任美国驻阿富汗最高外交官的瑞安·克罗克，两年后回到该地区出任美国驻巴基斯坦大使。在"吸取教训"采访中，他说接触过的巴基斯坦人经常抱怨美国政府在1989年苏联从阿富汗撤军后放弃了该地区，让伊斯兰堡去处理邻国爆发的内战。[26] 他们告诉克罗克，这段历史解释了巴基斯坦过去支持塔利班的原因，尽管他们保证，那已经是过去的事了。

但有一次，克罗克与巴基斯坦三军情报局负责人阿什法克·卡亚尼中将进行了一次异常坦率的谈话。这位巴基斯坦间谍机构领导人烟瘾极大，眼睛浮肿，说话含糊不清。他在职业生涯的早期就为美国人所熟知，当时他以交流军官的身份就读于佐治亚州本宁堡的陆军步兵学校和堪萨斯州莱文沃思堡的参谋学院。

克罗克回忆说，他像往常一样敦促卡亚尼镇压据传在巴基斯坦避难的塔利班领导人。卡亚尼没有否认他们的存在，并给出了一次坦率的回答。

"他说：'我知道你认为我们在两面下注，你是对的，因为有一天你们会再次离开，就像第一次抛弃阿富汗那样，你们会结束跟我们的合作，但我们仍然会在这里，因为实际上我们没法把国家搬走。对于我们来说，最不想要的就是把塔利班变成一个死对头，所以没错，我们正在两面下注。'"[27]

第七章 两面派

第三部分

2006—2008年:塔利班归来

第八章　谎言与反转

2007年2月27日上午晚些时候,一名自杀式炸弹袭击者驾驶一辆丰田卡罗拉轿车抵达巴格拉姆空军基地。[1]他通过了第一个由阿富汗警察守卫的检查站,继续沿着公路向正门行驶了0.25英里,快要接近美军士兵守卫的第二个检查站。在泥泞的水坑以及混乱的行人和车流中,他引爆了自己的炸弹背心。

爆炸造成两名美国人和一名被分配到国际军事联盟的韩国人丧生:美国陆军一等兵丹尼尔·齐尊博是一名27岁的芝加哥人,喜欢吃棒棒糖;美国洛克希德·马丁公司的承包商杰拉尔丁·马克斯刚刚过完自己的31岁生日;上士尹长浩是自越南战争以来第一位在海外战争中丧生的韩国士兵。爆炸还夺走了当天到基地找工作的20名阿富汗工人的生命。

当天,在巴格拉姆空军基地低调行事的贵宾——美国副总统迪克·切尼在爆炸中安然无恙。

切尼前一天刚刚秘密进入战区,并进行了一次暗访。从伊斯兰堡乘坐空军2号抵达后，他打算只在阿富汗待几个小时，看望哈米德·卡尔扎伊总统。但是恶劣的天气使他无法按时到达喀布尔，所以他在距喀布尔约30英里的巴格拉姆空军基地过夜。该基地本身就是美国政府不断深陷阿富汗的证明：自2001年以来，它迅速发展为一个拥有9 000名士兵、承包商和其他人员的主要军事设施。

爆炸发生后数小时内，塔利班就给记者打电话，声称对此事件负责，并称他们的目标是切尼。美军官员嘲笑并指责叛乱分子在散布谎言，说这是心理战的一部分。他们说，副总统在1英里之外基地的另一边，没有遇到任何危险。他们坚称塔利班不可能在短时间内计划对切尼发动袭击，因为切尼的访问行程没有提前公布，而且他的访问计划在最后一刻还发生了变化。

美国和北约部队发言人、陆军上校汤姆·科兰斯告诉记者："塔利班声称他们要袭击副总统是荒谬的。"[2]

但美军官员隐瞒了真相。

当时负责巴格拉姆安全事务的第82空降师连长肖恩·达尔林普尔上尉在一次军队口述史采访中说，有关切尼在场的消息已经泄露。[3]他还补充说，自杀式炸弹袭击者看到一支车队从前门出来后进行了自爆，因为他误认为切尼乘坐的车辆在车队里面。

自杀式炸弹袭击者离目标不远。[4]根据曾与特勤局合作制订切尼出行计划的达尔林普尔的说法，大约30分钟后，副总统本应随另一支车队前往喀布尔。[5]

达尔林普尔说："无论多么努力地保守秘密，叛乱分子还是知道情况，因为到处都是这方面的新闻。他们发现一支车队驶出大门,其中有一辆运动型多功能装甲车,他们认为车里面就是他(切尼)……这让很多人意识到巴格拉姆不是一个安全的地方。此地与叛乱分子有直接联系。"[6]

尽管发布了公开声明,但美军官员还是担心塔利班可能会在切尼前往喀布尔的路上继续发动袭击,因此他们最初制订了一项疑兵之计。[7]他们的计划是,从一个很少使用的大门离开巴格拉姆,切尼出访团队的成员将乘坐通常为高级官员保留的越野车作为掩护,切尼和达尔林普尔则一起乘坐一辆配备了机枪的笨重军用车。达尔林普尔说:"你可不要指望他会坐上那辆配有机枪的车。"[8]*

该计划在自杀式袭击发生后被取消。美军官员认为,对切尼而言,公路出行太危险了。他等待天气转晴,转而乘飞机前往喀布尔与卡尔扎伊会面。最终,当天下午切尼乘坐 C-17 军用飞机离开了阿富汗,没有再发生袭击事件。

但这件事标志着战争在两个方面的升级。通过在巴格拉姆戒备森严的基地袭击副总统,塔利班展示了其有能力在远离阿富汗南部和东部叛乱分子据点的地方发动可能导致大规模伤亡的袭击。

通过谎称叛乱分子差点成功袭击切尼,从离散事件到整体形势,美军开始在阿富汗战争的许多方面不断地欺骗公众。一开始是

---

* 在对切尼的袭击失败一年后,达尔林普尔上尉将帮助拯救注定要成为美国下一任副总统的人:约瑟夫·拜登。2008 年 2 月,载有参议院对外关系委员会 3 名成员——拜登、约翰·克里和查克·哈格尔 以及其他人员的两架黑鹰直升机,迫于暴风雪,不得不在距巴格拉姆约 12 英里的地方紧急降落。达尔林普尔率领一支地面车队前去营救与陆军少将戴维·罗德里格斯一起巡视战区的参议员们。5 小时后,车队载着这些重要人物安全返回巴格拉姆。

第八章 谎言与反转

选择性披露，后来是故意扭曲事实，最终变成了彻头彻尾的捏造。

对于美国及其北约和阿富汗盟友来说，无论以何种标准衡量，前一年都已经很糟糕了。但与2005年相比，2006年自杀式袭击的数量增加了近5倍，路边炸弹的数量翻了一番。塔利班在巴基斯坦的边境避难所正在加剧这个问题，而美国政府对此无能为力。在抵达巴格拉姆之前，切尼会见了巴基斯坦总统佩尔韦兹·穆沙拉夫，敦促他镇压恐怖分子。但这位巴基斯坦强人没有提供任何帮助，他称自己的政府已经"尽了最大努力"。

与此同时，美国在更大规模的伊拉克战争中的境况更糟。在伊拉克战争中，15万美军陷入了困境，这大约是部署在阿富汗人数的6倍。2007年1月，布什宣布将向伊拉克派出2.15万人的增援部队，并要求国会批准940亿美元的紧急战争开支。考虑到伊拉克的糟糕处境，布什政府非常希望在阿富汗能够避免失败。

因此，随着新一年的到来，驻阿富汗的美军指挥官在公开场合表达的乐观情绪达到新高，但这种乐观情绪毫无根据，甚至他们的言论就是一场虚假的宣传活动。

2007年1月9日，负责训练阿富汗安全部队的指挥官——陆军少将罗伯特·德宾告诉记者："我们占了上风。"他补充说，阿富汗军队和警察"每天都在取得巨大进展"。

几周后，第10山地师指挥官、陆军少将本杰明·弗雷克利给出了更加乐观的评估。他在1月27日的新闻发布会上说："我们赢了！"尽管前一年爆炸事件激增，但他宣称美国和阿富汗军队取得了"重大进展，并彻底击败了塔利班和反叛恐怖分子"。同时，弗雷克利说，叛乱分子"没有实现他们的目标"，并且"他们已经时日无多了"。他认为自杀式袭击的增加是塔利班"绝望"的表现。

三天后，已经是三星中将的卡尔·艾肯伯里访问了柏林，这是他第二次被派驻阿富汗，他此次前往柏林是为了增强欧洲民众对北约部队的支持。作为美国的战争指挥官，他说盟军在2007年"表现得很好"，并暗示塔利班正在陷入恐慌。艾肯伯里补充道："我们的评估结果是，历史不会站在他们那一边。"

将军们的欢声笑语和长达一年的情报评估完全不符，叛乱势力已经壮大了。对"塔利班已经绝望"的反复强调完全与机密报告相矛盾，塔利班游击队相信，"时"与"势"都掌控在他们手里。

2006年2月，美国驻阿富汗大使罗纳德·诺伊曼在一份机密外交电报中告诉美国政府人员，一位自信的塔利班领导人曾警告说："你们掌控着时钟，但我们掌控着时间。"[9]

一位未透露姓名的布什政府官员在接受"吸取教训"采访时表示，大量的自杀式袭击和路边炸弹——这种从伊拉克学来的叛乱战术——引发了美国驻阿富汗官员对可能发生坎大哈"春节攻势"的担忧。[10]他们指的是1968年越南民主共和国军队血腥的军事行动，这场行动成功削弱了民众对越南战争的支持。这位官员说："转折点出现在2005年底至2006年初，当时我们终于意识到，可能会发生一场让我们失败的叛乱。到2005年底，一切都在朝着错误的方向发展。"[11]

2005年7月，诺伊曼作为美国最高外交官抵达喀布尔，他是美国驻阿富汗前大使的儿子。1967年，当时他才结婚不久，在阿

第八章 谎言与反转

富汗度过了一个愉快的夏天。在那段和平时期，他一路露营、骑着马和牦牛游历了这个国家。[12] 38年后他再回到这里时，阿富汗已经连续25年处于战乱之中。他立即向美国政府报告，暴力事件明显呈进一步升级的趋势。

诺伊曼在外交口述史采访中说："到2005年秋天，我与艾肯伯里将军一起报告说，在接下来的一年，即2006年，我们面临的叛乱将急剧增加，而且情况会变得更加血腥、糟糕。"[13] 尽管他做出了可怕的预测，但美国政府仍不愿派遣更多军队和提供额外资源。诺伊曼称，他要求向阿富汗政府额外提供6亿美元的经济援助，但布什政府只批准了4 300万美元。

诺伊曼说："虽然从来没有人对我说'你拿不到钱，因为我们在伊拉克需要钱'，但事实就是如此。"[14]

起初，美国政府的许多官员很难相信塔利班会构成严重威胁。甚至阿富汗战争中的一些军事领导人也低估了塔利班，他们认为虽然塔利班可能控制着小片农村地区，但这对喀布尔政府并不构成威胁。在2004—2005年担任美军特遣队副指挥官的伯纳德·尚普准将在接受军队口述史采访时说："我们认为塔利班的能力被大大削弱了。"[15]

2005年在赫尔曼德省服役的特种部队上尉保罗·图兰说，许多美国官员错误地将这场战争视为维和与重建任务。他试图向能听得进去的人解释，战斗已经加剧，塔利班加强了火力。他警告说："如果我们处理不好，这些家伙将会和我们在这里苦苦缠斗很多年。"[16]

但布什政府压住了内部警告，并在公开场合粉饰战争。2005

年12月，在接受美国有线电视新闻网脱口秀主持人拉里·金的采访时，拉姆斯菲尔德表示，事情进展顺利，五角大楼很快就会把2 000~3 000名美国军人带回家。这大约占美国驻阿富汗部队人数的10%。

拉姆斯菲尔德宣称："这是阿富汗战争正在取得进展的直接结果。"[17]

然而，两个月后，拉姆斯菲尔德和美国政府的其他官员收到了美国驻阿富汗大使的另一份机密警告电报。在2006年2月21日一份令人沮丧的电报中，诺伊曼预测"暴力事件将在未来几个月内升级"，喀布尔和阿富汗其他主要城市将发生更多自杀式爆炸袭击。[18]他指责塔利班藏身于巴基斯坦的庇护所，并警告说，如果不加以解决，他们可能"导致美国再次面临同样的战略威胁，正是这些威胁使我们4年前发动了这场战争"。换句话说，就是美国可能遭遇另一次"9·11"事件。

在电报中，诺伊曼担心，如果和平期望落空，民众的支持就会下降。[19]他在外交口述史采访中说："我认为，重要的是让美国民众为此做好准备，这样他们就不会感到惊讶并认为形势出现了逆转。"[20]

但布什政府并没有坦白地告知公众实情。在大使发送电报后不久，布什在对阿富汗进行访问时没有提到暴力活动不断升级或塔利班正在重整旗鼓。相反，他吹嘘了阿富汗在各方面取得的进步，诸如普及民主和新闻自由、建立女子学校和企业家阶层不断壮大等。

3月1日，布什在新闻发布会上告诉卡尔扎伊："我们对阿富汗取得的进步印象深刻。"

第八章　谎言与反转

两周后，在巴格拉姆空军基地通过电话会议与五角大楼记者团举行的新闻发布会上，弗雷克利少将否认塔利班和基地组织正在变得越来越强。这位将军说，暴力事件激增的原因是天气越来越暖和，他的部队正在展开进攻。

第10山地师指挥官说："我们正在向敌人发起攻击。如果你在未来几周或几个月里看到这里的暴力事件有所增加，那很可能是阿富汗国民军、阿富汗国家警察和联军正在采取的进攻行动造成的。"他补充说："我告诉你，我们在阿富汗取得了稳定的进展，你能真切地看到这种进展。"

在5月的另一场五角大楼新闻发布会上，德宾少将提交了一份关于阿富汗安全部队状况的乐观报告。他说，阿富汗安全部队"有效地扰乱和摧毁"了他们的敌人，阿富汗军队在招募新兵方面取得了"显著的"的进展。

这位少将高度赞扬了阿富汗安全部队，并邀请记者访问该国进行实地判断。德宾说："我认为如果你这样做了，你就会和我一样对他们的进步印象深刻。"

5月晚些时候，确实有人来亲自看过。退役陆军上将巴里·麦卡弗里是第一次海湾战争的英雄，曾在克林顿政府担任国家缉毒官员。他已经退役10年了，但美国军方要求他访问阿富汗和巴基斯坦并进行独立评估，这一任务没有公开。

麦卡弗里在一周内采访了大约50名高级官员。在他那份长达9页的报告中，他赞扬了美军指挥官并强调了几个成功的方面，但他并没有粉饰结论，他认为塔利班远未被击败，战争正在"恶化"。[21]

他认为塔利班训练有素,"他们的战术非常积极和聪明",而且配备了"精良的武器"。[22]他还补充道,叛乱分子不仅不会恐慌,而且不会感到时间的压力,反而"很快采取了'等我们露头'的策略"。

相比之下,麦卡弗里说阿富汗军队"资源严重不足",其士兵的弹药和武器比塔利班少。他抨击阿富汗警察部队毫无价值。"他们身处灾难境地:装备简陋、腐败、无能、领导和训练不佳、吸毒成瘾。"[23]麦卡弗里预测,即使在最乐观的情况下,也还需要14年,即要到2020年,阿富汗安全部队才能在不依靠美国的帮助的情况下正常运转。

这份报告被传递给同一指挥战线上的拉姆斯菲尔德以及参谋长联席会议。麦卡弗里警告说:"在接下来的24个月里,我们将会遇到一些非常痛苦的计划外的情况。阿富汗国家领导层全都担心我们会在未来几年内悄悄撤离阿富汗,把担子留给北约来扛,那么这个国家的一切将再次陷入混乱。"[24]

如果说麦卡弗里的结论还不够让人警醒,拉姆斯菲尔德很快就接到另一份描写严酷现实的报告。2006年8月17日,深得国防部长信任的文职顾问马林·斯特梅茨基提交了一份40页的机密报告,题为《处于十字路口的阿富汗》,斯特梅茨基在麦卡弗里之后单独前往战区进行了实地调查,并得出许多相同的结论。但他更进一步地怀疑美国在喀布尔的盟友的可靠性和可行性。

他说,阿富汗政府处事不公又软弱无能,在阿富汗许多地区留下了可供塔利班利用的权力真空地带。斯特梅茨基补充说:"不是敌人太强大,而是阿富汗政府太软弱。"[25]这句话是他在访问期间经常听到的言论。

与此同时，美国驻喀布尔大使馆正努力应对新一轮的内部悲观情绪。大使诺伊曼于8月29日向华盛顿发送了另一份悲观的机密电报，开头是这样说的："我们没有在阿富汗获胜。"[26]

在大使发出警告两周后，艾肯伯里在"9·11"事件5周年之际接受了美国广播公司的新闻采访，并向公众提供了反转的战争言论。这位将军说："我们正在赢得胜利，但我也要说我们还没有胜利。"[27]当被问及美国是否会输时，艾肯伯里回答说："在阿富汗，失败不是一个选项。"

那年秋天，拉姆斯菲尔德的演讲撰稿人通过主旨为"5年之后的阿富汗"的系列谈话要点来扭转舆情。[28]这些谈话要点充满了乐观情绪，突出了50多个有希望的事实和数据，从接受"改善家禽家畜管理制度"培训的阿富汗妇女人数（超过19 000人），谈到"大多数道路上的平均速度"（提高了300%）。

这些谈话要点宣称："5年过去了，有很多好消息。虽然某些人称阿富汗是一场被遗忘的战争，或者说美国丢掉重心已经成为常态，但事实并非如此。"[29]

拉姆斯菲尔德对此非常满意。他在10月16日的"雪片"文件中写道："这些观点非常棒。我们该如何使用它们？把它们作为一篇文章吗？一篇专栏文章？一篇讲义？开一个新闻发布会？还是以上所有？我认为应该把这些观点传播给更多人。"[30]他向白宫递送了一份副本，同时他的工作人员向记者发送了一个版本，并将其发布在五角大楼的网站上。

阿富汗文件

如果五角大楼的领导人或喀布尔和巴格拉姆的将军们听取了战场上士兵的意见，他们会得到非常不一样的信息。26岁的美军士兵约翰·比克福德上士来自纽约州普莱西德湖村，2006年他在阿富汗东部的帕克蒂卡省度过了大部分时间。他与第10山地师的其他士兵一起驻扎在蒂尔曼据点，这个据点是以帕特·蒂尔曼的名字命名的。帕特·蒂尔曼是美国国家橄榄球联盟的运动员，在"9·11"事件后应征入伍，两年后死于友军炮火。这个孤立的据点位于什金以北约40英里处，处在阿富汗一小块巴掌大的可通往巴基斯坦境内的崎岖领土之上，距离敌军从北瓦济里斯坦渗透入境的两条路线仅1英里。

比克福德说，战斗比3年前他第一次部署到阿富汗东部时"严重10倍"。[31] 2006年夏天，他的部队每周与叛乱分子发生四五次冲突。敌人集结了多达200名武装分子，试图占领美军的观察哨。

他在接受军队口述史采访时说："我们声称打败了塔利班，但他们一直在巴基斯坦进行重组并制订计划，现在他们比以往任何时候都更强大。不论他们什么时候发动袭击或伏击，都是井井有条的，他们知道自己在做什么。"[32]

2006年8月，比克福德正在一辆装甲悍马车里率领巡逻队行进，叛乱分子用火箭弹伏击了他的车队。一枚RPG火箭弹炸掉了比克福德乘坐的车辆上的一部分装甲，另一枚击中了同一位置并穿透了悍马车。弹片撕裂了比克福德的右大腿、小腿、脚踝和脚掌。他的队伍抵挡住了袭击，但他的步兵生涯也因此结束了。

在华盛顿沃尔特·里德陆军医疗中心进行康复治疗时，比克福德坐着轮椅、拄着拐杖度过了3个月。康复期间，他反思了美国在阿富汗面临的情况。他说："他们非常聪明，他们是敌人，但应该受到充分的尊重，永远、永远、永远不要低估他们。"[33]

然而，战争爆发5年后，美军仍然缺乏对敌人的了解，也不清楚他们战斗的动机。

曾在赫尔曼德省服役的特种部队上尉保罗·图兰说，美军经常对谁向他们开枪以及为什么向他们开枪感到困惑。在某个地区，可能是毒贩在保护自己的地盘。在另一个地区，则可能是"真正反政府的强硬派理论家，这是他们唯一的关注点"[34]。在其他地方，又可能是听命于腐败的地方官员的敌对民兵组织。他说："这在阿富汗是一个大问题：你在和谁战斗？你是在和真正的敌人战斗吗？"

有些袭击的根源在于积累了几代或几个世纪的不满。达里尔·施罗德少校是来自加利福尼亚州雷丁的心理战官员，他在2006年担任阿富汗警察部队的顾问。他说他的部队可以在不开火的情况下穿越坎大哈的部分地区。但是当英国军队在同一条路线上紧随其后时，他们就会受到攻击。

"我们问阿富汗人为什么，他们会说：'因为英国人来了，他们杀了我的祖父和曾祖父。'"施罗德在接受军队口述史采访时说，"在那里，人们打仗的原因有很多。"[35]

* * *

然而，即使有所解释，美国人仍然没有掌握叛乱背后的力量。

最重要的是，这种无能使他们年复一年地陷入战争之中。

2006年部署到阿富汗的第10山地师副指挥官詹姆斯·特里准将认为，他的个人背景有助于他理解阿富汗农村的复杂性。他是佐治亚州北部山区的原住民，他告诉人们他的曾祖母是切罗基人，祖辈中有一个是农民，还有一个是走私犯。[36] 他在20世纪动荡的60年代和70年代长大，当时民粹主义煽动家莱斯特·马多克斯担任佐治亚州的州长，而另一位尖锐的种族主义者乔治·华莱士则担任亚拉巴马州的州长。

特里在接受军队口述史采访时说："所以你会认为，我很了解氏族、部落、非法毒品走私和腐败。"[37]

尽管如此，特里仍将敌人视为一个谜。一天，他与一位阿富汗陆军将军坐在一起，并请求对方指教一二。特里回忆道："我说：'跟我说说关于塔利班的事吧。'他打量了我一番，并通过翻译告诉我：'你在说哪个塔利班？'"[38]

特里重复道："塔利班，告诉我关于塔利班的事。"

阿富汗将军说："有三种塔利班，告诉我你想听哪种。"[39]

特里说："跟我说说这三种塔利班的情况，他们都是些什么人？"

这位阿富汗将军向他的美国盟友解释说，一种塔利班是"激进的恐怖分子"，另一种是"为自己而战"，其余的是"贫穷无知的人，他们受其他两个群体的影响"。

这位阿富汗将军说："如果你想做一些有意义的事情，你就把这两个群体从贫穷无知的人中分离出来，阿富汗就会变得稳定和

第八章　谎言与反转

繁荣。"

　　这是一个过于简化的解释，但特里认为这比他听到的任何其他解释都更有意义。他认为："这家伙很有见地。"

第九章　不连贯的战略

2006年11月5日是星期天,一名"冷战"时期的老兵不到凌晨5点就起床,开始执行他的秘密任务。[1] 63岁的得克萨斯农工大学校长罗伯特·盖茨,自从13年前卸任美国中央情报局局长之后,就没有再为美国政府工作过。但是白宫亲自找到他,这让他觉得自己有义务提供帮助。

盖茨是一位神秘的美国中西部人,拥有苏俄史博士学位,他悄悄地离开了他在大学城校园内居住的砖房,没有引起人们的注意。盖茨向西北行驶了2个小时,穿过得克萨斯州中部,来到一个不起眼的小镇麦格雷戈。按照指示,他把车开进了布鲁克希雷兄弟杂货店的停车场。他的联络人正在一辆装着有色玻璃的白色道奇杜兰戈里等着他。[2] 盖茨坐进车里,他们又向北行驶了15英里,到达草原教堂牧场,与召见他的布什总统会面。

这辆杜兰戈通过了安全检查站,将盖茨送到了远离牧场主要住宅的一栋单层建筑中。布什不想让参加妻子60岁生日聚会的其他牧场客人看到盖茨。[3] 距离 2006 年 11 月的国会选举还有两天。总统担心，如果盖茨出席的消息泄露，人们可能会发觉他正计划改组内阁。选民们可能会将其视为承认战争进展不顺利的表现。

布什决定秘密解除国防部长唐纳德·拉姆斯菲尔德的职务，并寻找一个替代者。拉姆斯菲尔德因处理伊拉克问题不当，疏远了国会和北约盟友，好斗的性格使公众对他的好感越来越少。布什听说盖茨曾经在他父亲乔治·赫伯特·沃克·布什组阁的政府中干得不错，他想听听盖茨关于如何解决伊拉克战争和阿富汗战争的想法。

他们聊了 1 个小时，主要谈伊拉克问题。[4] 盖茨表示，尽管战争的扩大会刺激公众情绪，但他支持布什向伊拉克增派 2.5 万~4 万人的支援部队的秘密计划。不过盖茨也告诉总统，他在阿富汗的行动有些过头了，需要制定新的战略。

盖茨在弗吉尼亚大学口述史采访中说："我认为我们没有意识到在阿富汗的目标过于宏大的问题，我们需要缩小这些目标。"[5] 他认为布什政府对阿富汗的民主愿望和国家建设计划"是一个白日梦"，需要几代人才能实现。

他赞成缩小规模的战略，"粉碎塔利班，尽可能地削弱他们，加强阿富汗安全部队，以便他们能够独自将塔利班拒之门外，并防止任何人利用该国作为再次针对我们发动袭击的老巢"。[6]

盖茨搭车回到杂货店，然后自己开车回到大学城。那天下午晚些时候，他接到了白宫办公厅主任约书亚·博尔滕的电话，要求他飞往华盛顿。[7] 总统想在选举后的第二天召开新闻发布会，介绍盖茨为五角大楼的"新老板"。

这位沉默寡言的前间谍头子代表了新的领导层，与脾气暴躁、偏激的拉姆斯菲尔德的性格大不一样。然而，盖茨会发现从阿富汗撤出美军同样困难。事实上，他会派出比拉姆斯菲尔德设想的还要多的军队去战斗直至牺牲。

尽管布什和他的国家安全团队在公开场合宣称取得了令人欣慰的进展，但他们知道在阿富汗的战略行不通。没有人清楚他们想要实现什么，更不用说实现目标的时间表或标准了。

2006年，由于伊拉克战事缠身，美国向其北约盟国施压，要求它们在阿富汗承担更多的责任。美军仍然掌控着阿富汗东部沿巴基斯坦边境的行动，但北约同意在塔利班的势力不断壮大的南部地区发挥主导作用。英国军队进入赫尔曼德省的沙漠，荷兰向乌鲁兹甘派遣军队，加拿大人接管了塔利班的起源地坎大哈。

同年5月，英国中将戴维·理查兹抵达喀布尔接管北约部队。几个月后，他还接管了美国在东部的军队，这是美国及其北约盟国第一次在阿富汗统一行动。作为一名在塞拉利昂、东帝汶和北爱尔兰久历战争的老兵，他掌管着来自37个国家的有着3.5万人的联合部队，名义上是一支强大的军事力量。

在公开场合，理查兹欣然接受了他作为北约指挥官的角色，这是北约首次在欧洲以外执行作战任务。但私下里，他对联军缺乏战略思维和无法就战争目标达成一致感到震惊。

他在"吸取教训"采访中说："没有连贯的长期战略。我们试图找到一个合适且连贯的长期战略，但我们却弄出了很多战术。"[8]

54岁的理查兹想要推行"平叛战略"，以赢得民众对阿富汗政

第九章　不连贯的战略

府的支持。按照这一计划，北约将针对特定地区清除游击队，并通过重建项目帮助阿富汗人稳定该地区。但事实证明，这一切都比北约预期的要困难。

2006年9月，在理查兹的命令下，加拿大和盟军发动了"美杜莎行动"，以夺取对坎大哈省内塔利班的据点潘杰瓦伊地区的控制权。但行动很快偏离了方向。

第一天，塔利班伏击了加拿大人，并迫使他们撤退。第二天，美国空军A-10"疣猪"（一种低空飞行的攻击机，机头上涂有可怕的牙齿图案）误用机炮扫射了加拿大的一个排，根据理查兹的说法，"完全把他们给打垮了"[9]。加拿大人想取消行动，但理查兹告诉他们这会令北约蒙羞，并说服他们坚持下去。

两周后，加拿大领导的部队终于赢得了这场战斗，估计打死了数百名塔利班士兵。但盟军遭受了异常惨重的损失：19名加拿大和英国士兵死亡，数十人受伤。更糟糕的是，盟军未能维持潘杰瓦伊地区的安全，叛乱分子逐渐卷土重来。理查兹说，加拿大人"疲惫不堪"且兵力不足，因为他们还需要确保坎大哈市的安全，这是一个更重要的任务。[10]理查兹说："加拿大人打了一场硬仗，差点被打败，所以他们都筋疲力尽了。"[11]

理查兹认为，为了使"平叛战略"取得成功，他需要更多的军队，以及进行重建的财政和人力支持。但盟军没有提供足够的资源。

在"吸取教训"采访中，理查兹回忆了在潘杰瓦伊溃败前后与冷酷无情的拉姆斯菲尔德的一次紧张交锋。五角大楼负责人问为什么南方的战争形势不断恶化。理查兹回答说他缺乏资金和人员。

"拉姆斯菲尔德说:'将军,你是什么意思?'我说:'我们没有足够的部队和资源,我们提高了目标期望。'他说:'将军,我不同意。继续推进下去。'"[12]

美国政府对其盟友有很多不满。作为加入阿富汗联军的条件,每个北约盟国都对其部队施加了不同的限制条件,有些条件近乎荒谬。

德国不允许其士兵参加战斗任务、夜间巡逻或离开基本处于和平状态的阿富汗北部。然而,却允许他们酗酒。[13] 2007年,德国政府向战区运送了26万加仑*自酿啤酒和1.8万加仑葡萄酒,供其3 500名士兵饮用。

相比之下,美军承担了大部分战斗任务,并且几乎没有饮酒。"1号通令"是美军最大的限制令,要求美军基地禁止饮酒,以避免冒犯当地禁酒的穆斯林。

布什政府时期的美国驻北约大使尼古拉斯·伯恩斯在"吸取教训"采访中说:"我们觉得已经全力以赴了,但其他一些盟友却并没有尽全力。因此,这是北约的一个棘手问题。"[14]

北约领导的联军的正式名称为国际安全援助部队(ISAF),总部设在喀布尔的瓦齐尔·阿克巴尔汗区的一座大型黄色建筑中,毗邻美国驻喀布尔大使馆。在高大的混凝土防爆墙后,联军总部成了阿富汗首都地区一片宜人的"绿洲",内有精心照料的花园。

然而,在总部大楼内,联军一直在与官僚主义障碍做斗争。来

---

* 1加仑≈3.8升。——编者注

第九章 不连贯的战略

自37个国家的代表必须协调行动、决定人员配置并解决政治矛盾。人员的不断更替让事情变得更加困难。各盟国成员通常将其人员的派驻时间限定在3~6个月，执行短期任务。新来的人刚跟上节奏，就不得不开始训练他们的替换人员了。

2007年，美国空军战斗机飞行员布赖恩·帕特森少校在ISAF总部度过了4个月，他负责空中支援作战中心的夜间运转。他可以召唤英国"鹞式"战斗机、荷兰F-16战斗机、法国"幻影"和"阵风"战斗机，以及美国的战斗机和轰炸机。但是，同时兼顾各种军事力量和作战限制需要勇气与耐心。例如，德国的"狂风"战斗机只能在某些紧急情况下使用。

帕特森将总部比作强调包容而非效率的"弗兰肯斯坦式组织"[15]。他在接受军队口述史采访时说："我们喜欢直线，但如果你去北约联军总部，它看起来像意大利面。这将会非常复杂。有点儿像幼儿园，每个人都可以玩耍，每个人都有发言权。"（同时，帕特森承认，为北约工作确实有一个好处：美国人可以喝酒。"基地上有几家酒吧，这非常棒。"）

美国人对联军有合理的抱怨，其他合作伙伴对美国也怀恨在心。"9·11"事件之后，北约的欧洲成员国和加拿大向阿富汗部署了军队以示团结。但盟国觉得，美国政府认为它们做出贡献是理所当然的，而且还贬低了它们的贡献，尤其是当这场战争演变成一项开放式任务，而五角大楼却越来越专注于伊拉克的情况时。

2006年12月，英国国防部长德斯蒙德·布朗致函拉姆斯菲尔德，强调了缺乏战争战略的问题，并要求召开一次盟国部长会议，以为军事任务"提供更好的政治共识"[16]。当时,已是"跛脚鸭"的拉姆斯菲尔德称这是一个"值得称赞"的想法,但表示他会听从盖茨的意见,此时盖茨仍在等待参议院的批准。[17] 两个月后,北约部长们会面了,但没有任何改变。盖茨后来回忆说,他有三个优先事项:"伊拉克、伊拉克,还是伊拉克。"没有美国的领导,阿富汗任务停滞不前。一位身份不明的北约官员在"吸取教训"采访中说:"没有中心,没有共同的目标。实际上,战略上的问题并没有得到及时解决。"[18]

美国领导人为度过艰难的 2007 年做好了准备,因为他们知道很难遏制叛乱的蔓延。增援部队供不应求。北约盟国拒绝了增兵的要求。五角大楼因为伊拉克问题而被掏空了。盖茨在口述史采访中说:"正如当时军方所说的那样,那时我已经'出局'了,我没有什么力量可派了。"[19]

然而,在公开场合,美国领导人对他们的做法表示完全有信心。2007 年 2 月,在对保守派智库美国企业研究所发表的讲话中,布什报告说,他的政府已经完成了"对阿富汗战略的全面评估",并宣布了一项新的"成功战略"。

然而,除了承诺扩大阿富汗军队和警察部队的规模之外,新战略实际上"换汤不换药"。布什没有说他在 3 个月前的牧场会面时听取了盖茨的建议,以及收缩战争的目标。相反,他宣称他雄心勃勃的目标不只是"打败恐怖分子",他还要将阿富汗转变为"一个尊重其公民权利的稳定、温和、民主的国家"。

布什说:"对于某些人来说,这似乎是一项不可能完成的任务。

但这并非不能实现。过去5年里，我们取得了实实在在的进展。"

然而，即使是总统的新任战争指挥官也很难理解所谓的"成功战略"。

在布什发表演讲的前几天，陆军上将丹·麦克尼尔抵达喀布尔接管美国和北约部队。这已经是这位来自北卡罗来纳州东部的银发战士在阿富汗的第二次指挥之旅。像他的前任——英国的理查兹一样，麦克尼尔很快就判断出美国和北约部队没有连贯的战争战略。相反，冲突变成了"自动巡航控制"，没有路线图或目的地。

麦克尼尔在"吸取教训"采访中说："2007年，北约没有什么行动计划。空话很多却没有计划。我们得到的指示是，击毙恐怖分子并建立阿富汗军队。另外，不要破坏联盟，就是这样。"[20]

战争持续了6年，人们仍然没有就目标达成共识。一些官员认为，目标应该包括解决贫困和儿童死亡率问题。其他人，比如布什，则谈论自由和民主。道德目标和缺乏明确性让这位四星上将感到无所适从。麦克尼尔说："我试图找个人为我定义胜利的含义，在我过去之前甚至没有人能做到。"[21]

战场上级别较低的士兵也感到缺乏战略。他们说，非官方的任务是控制阿富汗的局势，不要在美军大举入侵伊拉克时让事情失控。2007年，在阿富汗东部运营一家战斗支援医院的理查德·菲利普斯中校在接受军队口述史采访时说："伊拉克正在将资源、所有的时间和注意力吸走。阿富汗什么都不是。它对每个人来说都是死水一般的次要努力事项。"[22]

2007年担任阿富汗步兵部队作战顾问的艾奥瓦州国民警卫队

军官斯蒂芬·伯森少校,将美国为战争所做的努力描述为"只是在转动我们的车轮",却缺乏"任何形式的战略"。[23] 他认为高级指挥官未能明确地阐明期望或标准。

当回到家时,他准确地预测了战争将漫无目的地持续数年。伯森告诉军史学家:"我现在要说的是,如果我们不齐心协力,我们的孩子长大后可能会来执行同样的任务。"[24]

2007年春天,白宫意识到需要更好的战略建议。国家安全顾问斯蒂芬·哈德利说服布什任命一位白宫"战争专员",来协调伊拉克和阿富汗的战略和政策。布什选择了陆军中将道格拉斯·卢特,他是五角大楼联合参谋部作战主任,印第安纳州人,毕业于西点军校,曾在科索沃战争和第一次伊拉克战争中服役。

为反映布什政府的关注点,卢特估计在他的新职位上,花费在伊拉克上的时间占85%,花费在阿富汗上的时间仅占15%。[25] 在他的参议院确认听证会上,议员只问了他一个关于阿富汗战争的问题,还有一个关于塔利班在巴基斯坦避难所的问题。尽管布什公开宣布了他的"成功战略",但卢特发现,白宫中很少有人对阿富汗进行过认真的战略思考。

卢特在"吸取教训"采访中回忆道:"我们对阿富汗缺乏基本的了解。我们在这里想做什么?我们对我们所做的事情没有任何概念。"[26] 卢特坚称他没有夸张:"这真的比你想象的要糟糕得多。与前线的理解上存在根本性差距,目标被夸大了,对军队过度依赖,并且对必要的资源缺乏了解。"[27]

随着2007年接近尾声,来自前线的消息变得越来越糟糕。美军死亡人数创下年度新高。自杀式爆炸袭击造成的平民伤亡增加了50%。鸦片产量创历史新高，阿富汗的鸦片产量约占世界鸦片总供应量的90%。

然而，由于国会议员、白宫、记者和其他美国人都专注于伊拉克问题，阿富汗战争几乎没有受到多少关注。当阿富汗问题出现在公众面前时，军事指挥官们将塔利班死灰复燃轻描淡写到几乎可笑的程度。

在2007年12月美国公共电视网的电视节目中，麦克尼尔将军沿用了老套的军事观点，即暴力情况变得更糟不是因为塔利班变得越来越强大，而是因为美国和北约部队正在积极地追击敌人。他说："我们只是觉得我们不能再坐等他们上门了，我们要主动追击。"

美国公共电视网的记者格温·伊菲尔对此持怀疑态度。她说："但是我们一度认为，塔利班已经被我们打败了、被消灭了。他们现在还活得好好的吗？"[28]

麦克尼尔回答："嗯，那些话不是我说的。他们已经分散到一些我们难以到达的地区，现在我们正在进入这些地区。"[29]

* * *

尽管伊拉克战争耗尽了美国的可用资源，但2008年1月，五角大楼投入了更多资源，宣布将向阿富汗增派3 000名士兵，驻阿富汗美军的总人数达到了2.8万。

在2月的新闻发布会上，麦克尼尔从正面对严峻的形势进行了分析解读。他告诉五角大楼的记者，派遣更多军队的决定表明美国和北约正在取得胜利，而不是失败。

他说："有一句基本的军事格言说，在取得一些成功的时候要加强力量。我们希望在2008年取得更大的成功。"他坚称叛乱已经停止，尽管军事情报评估一致认为叛乱正在转移。

两天后，总统在政治演讲中强调了这一信息。在保守党政治行动会议上，布什再次嘲笑那些认为阿富汗已陷入泥潭的批评者。他说："我们坚守阵地，我们已经看到了成果。塔利班、基地组织及其盟友正在逃亡。"

然而，布什私下里很担心。虽然他的第二个任期还剩下不到一年的时间，但他认为是时候重新审视战争战略了。2008年5月，他的战争专员卢特和一队助手前往阿富汗为白宫进行评估。与此同时，美国国务院和五角大楼的参谋长联席会议也进行了独立的战略审查。

没有一个机构认为美军处于失败的边缘。塔利班虽然在反弹，但仍然太弱，无法占领阿富汗的主要城市或向喀布尔进军。但对卢特来说，很明显情况不利于美国，而且正在呈螺旋式下降。叛乱分子的袭击规模、地理分布和总体暴力水平连续3年上升。

在结束行程后撰写的报告中，卢特将许多失败归咎于在联军中根深蒂固的"意大利面式"指挥链。[30] 其中一张幻灯片展示了他的所谓"十大战争问题"。卢特的团队访问了塔利班的起源地坎大哈，发现联军中不同的单位——美国和北约常规部队、美国中央情报局、特种作战部队、阿富汗军队、阿富汗警察、作战顾问和教官及其他各类人员——任务目标也不同。

第九章 不连贯的战略

卢特在弗吉尼亚大学口述史采访中说:"总共有10种单位,问题是没有单位能与其他单位沟通。正所谓'鸡不同鸭讲'。"[31]

例如,他说来自海军海豹突击队或陆军三角洲部队的突击队员"会在夜间突袭一个院落,而常规部队却不知道他们的行动。太阳升起时,只剩下燃烧的废墟。常规部队只能去弄清楚发生了什么事,跟当地人赔礼道歉,这种事没完没了地继续着"[32]。

更宽泛地说,2008年的战争战略审查得出了许多与2003年、2006年和2007年的审查相同的结论。所有人都发现的冲突因伊拉克而被忽视,美国政府得到的建议是为阿富汗投入更多时间、金钱和其他资源。

在进行战略审查的同时,将军们继续在公开场合发表安抚人心的报告。2008年6月,麦克尼尔结束了他16个月的最高指挥官任期,他对美国和北约在他任内取得的所有成就表示乐观。他引用了"许多明显进步的迹象",比如新的道路、改善的医疗保健条件、更好更大的学校。

他在五角大楼的告别新闻发布会上说:"我只是想声明,阿富汗的局势已经取得了进展。安全领域肯定有进步,重建工作也取得了进展。所以,我再次看到了好的前景,进展将会继续下去。"

然而,几个月过去了,战争战略仍未确定。将军们乐观的态度与沮丧的现实之间的矛盾变得越发难以调和。

到2008年夏天,美军战地指挥官认为,当年早些时候抵达的3 000名增援部队是不够的。他们要求五角大楼提供更多增援。随着总统大选的临近,布什政府决定把该请求留给白宫的下一任主人。

尽管如此，没有哪位将军愿意承认自己无法打败塔利班。

9月，驻阿富汗东部的美军指挥官杰弗里·施勒塞尔少将举行了一场新闻发布会，强调他的部队正在取得"稳步进展"。他措辞谨慎地表示，"如果我们要继续及时取得良好进展"，就需要更多的士兵。

有记者直截了当地问他是否赢得了战争，施勒塞尔犹豫了。他说："你知道，事实是，我觉得我们正在稳步取得进展。我想这是一场缓慢的胜利。"

当月晚些时候，美国国防部长盖茨访问了喀布尔，会见了57岁的美国和北约驻阿富汗联军部队新任指挥官戴维·麦基尔南将军。麦基尔南是美国佐治亚州人，5年前曾在入侵伊拉克期间担任美国地面部队指挥官。现在，他也在敦促向阿富汗增兵。

在新闻发布会上，麦基尔南表示塔利班无法赢得这场战争。但他异常坦率地表示，美国也不能保证胜利。他说："我们没有输，但我们在某些地方赢得比其他地方慢。"

几周之后，他的公开言论变得更加悲观，并在10月访问华盛顿期间告诉记者："在阿富汗的大部分地区，我们没有看到进展。我不会说事情都在正确的轨道上。我们正处于一场艰苦的战斗中。因此，在情况好转之前有可能出现更糟的情况。"

麦基尔南发言态度的转变说明了一切。阿富汗战争指挥官第一次向公众坦率、诚实地说明了战局的转变。

他这份工作干不了多久了。

第九章　不连贯的战略

第十章　军　阀

2006年12月，人权观察组织公开敦促阿富汗正视其动荡的过去，设立一个特别法庭来调查涉嫌在20世纪90年代内战期间犯下暴行的军阀。[1]这家总部位于纽约的组织列出了一份名单，其中包括10名仍然在逃的战争罪犯。

对正义和问责的呼吁揭开了美国政府长期以来试图掩盖的伤口。名单上的几位军阀在阿富汗政府担任着高级职务，与美国政府关系密切。他们曾经的残暴行为在阿富汗众所周知，但这份名单让布什政府感到尴尬，并提醒人们布什政府曾与一群丑陋的角色联手对抗塔利班和基地组织。

然而，美国官员并没有因为负面宣传而与军阀保持距离，而是出面来安慰他们。在圣诞节的两天前，美国驻喀布尔大使馆外交代表团副团长理查德·诺兰德私下拜访了名单上臭名昭著的人物之一——阿卜杜勒·拉希德·杜斯塔姆将军，向他保证，美国仍然重视与他的友谊。[2]

杜斯塔姆是一位对威士忌情有独钟的冷血强人，他指挥乌兹别克民兵在 20 世纪 90 年代初炮击和抢劫了喀布尔，使首都成为废墟。2001 年，他麾下的武装分子将数百名塔利班囚犯关在集装箱里闷死。杜斯塔姆本人被指控绑架和性侵政治对手。但他也听从了美国中央情报局和五角大楼的命令，所以美国官员希望与其保持盟友关系。

诺兰德和其他美国外交官抵达杜斯塔姆位于喀布尔谢尔布尔区的用大理石建成的新豪宅，这里是一个受战争贩子欢迎的新富人区，他们发现这位军阀心情忧郁。[3] 由于受到人权观察组织批评的刺激，52 岁的杜斯塔姆抱怨他的反对者也在散播谎言，说他正在策划一场反对中央政府的政变，并与塔利班暗中勾结。

诺兰德撰写的机密外交电报显示，杜斯塔姆说："我背负了太多的骂名。我的罪过皆因我为国家而战。"[4]

职业外交官诺兰德坐在一张宽大的椅子上，尽最大努力安抚杜斯塔姆的"偏执情绪"，并告诉军阀"让他在塑造时事方面发挥积极作用，会是一个好主意"。[5] 然而，在电报中，诺兰德告诉美国政府官员，杜斯塔姆仍然像以往一样令人憎恶，有传言说他最近性侵了一名年轻的家仆，并命令自己的警卫殴打和性侵一名阿富汗议会议员。这位外交官补充道："关于他酗酒的报道经常出现。"

虽然杜斯塔姆否认了这些指控，但这一事件代表阿富汗军阀与美国政府之间漫长、罪恶和相互依存的关系出现了又一次尴尬的转变。

这种合作关系可以追溯到 20 世纪 80 年代，当时美国中央情报局秘密地向圣战者组织的指挥官运送武器和补给品，圣战者组织是

第十章 军 阀

与苏联军队和阿富汗共产党政权作战的伊斯兰武装。1989年，美国中央情报局与圣战者组织的联盟迫使苏联撤军。此后，1992年阿富汗政权垮台，国家陷入内战。

圣战者组织领导人互相攻击，武装派别进一步分裂了这个国家。通常以部落和种族为基础的各个团体的指挥官被称为军阀，并以地区独裁者的身份进行统治。尽管美国中央情报局在20世纪90年代减少了与这些军阀的接触，但美国政府在"9·11"事件之后重新拉拢了许多军阀以对抗塔利班。

将塔利班赶下台后，布什政府希望军阀们支持阿富汗新政府，因此只能搁置对他们人权记录的担忧。但美国政府对他们行为的容忍，疏远和激怒了许多阿富汗人，这些阿富汗人认为军阀是腐败的、不可救药的，是国家问题的根源。

塔利班也同样残忍和压迫群众。该组织在1996—2001年统治期间屠杀了数千人，将妇女视为奴隶并在公众场合斩首。但与军阀相比，相当多的阿富汗人认为，选择塔利班是两害相权取其轻的，并称赞他们宗教信仰虔诚，即使很严厉，也是基于伊斯兰教法的。

记者萨拉·查耶斯在21世纪初住在坎大哈，后来担任美国军方的民事顾问。她说，美国在"9·11"事件之后"痴迷于追捕"塔利班，甚至没有意识到与杜斯塔姆这样的暴徒合作的负面影响。她在"吸取教训"采访中表示，"敌人的敌人就是朋友，基于这样的认识，我们依靠军阀"，并帮助他们夺取权力，"但我们不知道的是，人们乐于见到塔利班驱逐军阀"。[6]

在布什政府内部，关于军阀的意见分歧很大。许多外交官——

哪怕不是全部——都不情愿与他们打交道。美国中央情报局不太看重个人道德和人权，将军阀视为重要的合作伙伴，用金钱维系他们的忠诚度。一些美国军事指挥官钦佩臭名昭著的军阀，认为他们有能力在家乡维持秩序。另一些人则认为他们应该被监禁或处死。

曾在布什政府担任五角大楼毒品政策高级官员的安德烈·霍利斯说，美国政府从一开始就对军阀采取了"精神分裂"的态度，但从未纠正过。[7] 他在"吸取教训"采访中说："在机构之间和机构内部的意见都不一致。"

杜斯塔姆在军阀的"万神殿"中占据着特殊的位置。20世纪80年代，他曾是一名身材魁梧的摔跤手，长着浓密的眉毛和胡子，曾与圣战者组织一起对抗苏联和阿富汗共产党人。苏联人离开后，他继续指挥数以万计的乌兹别克战士，还拥有坦克和少量的飞机。他在阿富汗北部城市谢贝尔甘和马扎里沙里夫扩大了他的权力基础，通过在广告牌上大肆宣传他的形象来培养个人崇拜。

在20世纪90年代的内战期间，他曾一度与几乎所有其他派系结盟，并欺骗了他们。他曾两次逃离阿富汗以避免被塔利班抓获。2001年5月，他重返阿富汗，加入了被称为"北方联盟"的军阀联盟，试图阻止塔利班夺取其尚未控制的阿富汗少数地区。

杜斯塔姆的运气不错。几个月后，由美国中央情报局准军事人员和特种部队士兵组成的小队抵达阿富汗北部，为美国发生的"9·11"事件报仇雪恨。他们作为战斗顾问加入了被围困的杜斯塔姆的部队，并在美国压倒性的空中力量的支持下，精心策划了一场攻势，迫使塔利班放弃了马扎里沙里夫和阿富汗北部另一个重要城市昆都士。

2001年11月下旬，数千名塔利班战士向杜斯塔姆的民兵投降，但这引发了一系列问题。杜斯塔姆将数百名塔利班俘虏囚禁在马扎里沙里夫附近一座破旧的堡垒中。囚犯们发动了一场持续数天的血腥叛乱。数十名杜斯塔姆的手下和一名叫约翰尼·迈克尔·斯潘的美国中央情报局官员，以及至少200名塔利班成员在叛乱中丧生。

随着叛乱的发展，杜斯塔姆的指挥官将大约2 000名在昆都士附近俘获的塔利班俘虏装入密封的集装箱中。一支车队将他们送到200英里之外的谢贝尔甘的另一所监狱。当集装箱运达时，大多数囚犯已经窒息或被杜斯塔姆的军队射杀。他们被杀一直是一个秘密，直到2002年初，记者和人权观察组织发现的证据表明，囚犯们被埋葬在谢贝尔甘附近沙漠的乱葬坑中。[8]人权观察组织敦促阿富汗和美国政府进行战争罪行调查。美国政府在布什卸任后开始了调查，但没有人被追究责任。[9]

美国官员们公开表示，尽管中央情报局和特种部队人员与杜斯塔姆及其工作人员关系密切，但在新闻媒体爆料之前，他们并不知道"车队死亡"事件。然而，文件显示，布什政府和杜斯塔姆竭尽全力保持最高级别的沟通渠道。在囚犯死亡几周后，杜斯塔姆从他的指挥所向白宫发出了一封温暖的庆贺信。

"亲爱的美国总统乔治·沃克·布什！"杜斯塔姆在信中写道，"请接受我元旦的问候！阿富汗人民在经历了长期的苦难之后正在经历和平，感谢你们在这方面所做的努力。"[10]信中列出了美国军方的邮政编码作为回信地址。

他补充说："我祝阁下身体健康、事业有成、万事如意。"[11]

五角大楼没有拦截军阀的信件，而是特别小心地投递了这封信。[12] 1月9日，美国中央司令部司令汤米·弗兰克斯将这封信直接传真给唐纳德·拉姆斯菲尔德，后者又口述了一份"雪片"文件，命令他的工作人员确保将杜斯塔姆的问候送达布什的办公桌。拉姆斯菲尔德的助手在这份"雪片"文件上潦草地写道："杜斯塔姆是北方联盟指挥官之一。事实证明他是一名出色的战士，我们的部队与他合作得很好。"[13]

然而，当阿富汗人在2002年和2003年试图巩固新政府时，杜斯塔姆却与他们作对。杜斯塔姆的军队与敌对民兵作战以争夺对阿富汗北部省份的控制权。他拒绝了国际上要求他遣散部队并向喀布尔政府交出重型武器的呼吁。

尽管杜斯塔姆采用了破坏性的方式，但美国政府对他的支持仍然坚定不移。2003年4月，来自南加州的共和党众议员达娜·罗拉巴彻在总统府拜访了哈米德·卡尔扎伊，并敦促他在新政府中赋予杜斯塔姆更多权力。[14]奇怪的是，根据一份机密的美国外交电报，这位美国国会议员还要求卡尔扎伊停止称杜斯塔姆及其同伙为"军阀"，而是使用"民族领袖"等不那么贬义的词来代替。

卡尔扎伊感到难以置信。[15]他称杜斯塔姆是"不法分子"，并指出他的武装分子几天前刚发生了枪战，造成17人死亡。他警告说，如果杜斯塔姆和其他军阀不停止杀戮、性侵和抢劫，阿富汗人就会希望塔利班东山再起。电报总结道："卡尔扎伊指出，人们真正想要的是在法律治理下生活，民众开始抱怨在塔利班统治下至少

第十章 军阀

还有法律和秩序。"[16]

其他美国外交官试图说服杜斯塔姆不要那么好战，但未能成功。2003—2004年在马扎里沙里夫担任政治官员的达里语发言人托马斯·赫特森特意每两周会见杜斯塔姆一次。他带着雪茄与被他形容为"长着娃娃脸的独裁者"的人建立了融洽的关系。[17]

赫特森希望自己能劝说杜斯塔姆自愿离开阿富汗，并提出了各种不成熟的想法。[18] 他提出聘请杜斯塔姆担任他参与的几部电影的执行制片人。当这招行不通时，他又建议杜斯塔姆这位出了名的抑郁症患者前往格林纳达岛接受治疗，希望这位军阀能找到他喜欢的加勒比海气候，永远不要回来。

在其他场合，赫特森采取了更强硬的立场并告诉杜斯塔姆，他需要认真地思考一下，像他一样曾经是美国盟友的人的遭遇，比如伊朗国王，以及海地总统让-贝特朗·阿里斯蒂德。[19]

赫特森在一次外交口述史采访中回忆道："杜斯塔姆从未听说过阿里斯蒂德，也从未听说过海地。我告诉杜斯塔姆，此人与美国达成了协议，这使他得以生存下来。然后我建议杜斯塔姆也考虑达成协议，让他结束军阀生涯。我认为他没有认真考虑我的任何建议，但我一直告诉大使馆的人，在某种程度上也告诉了美国政府的人，要给杜斯塔姆一个他无法拒绝的提议。"[20]

2004年4月，当杜斯塔姆的民兵无视喀布尔政府并暂时控制北部法利亚布省，迫使卡尔扎伊任命的省长逃离时，美国官员对杜斯塔姆失去了耐心。美军指挥官命令一架 B-1 轰炸机在杜斯塔姆位于谢贝尔甘的家的上方低空飞行了几次，警告他这一越线行为。[21]

阿富汗文件

尽管如此,几个月后,美国人还是忍不住向他们的老朋友扔出了救命稻草。2004年冬天,这名军阀的助手惊慌失措地给美国驻喀布尔的军事总部参谋长、陆军上校戴维·拉姆打了个电话。[22] 杜斯塔姆病得很重,他的医生认为他快死了。美国人能帮忙吗?

拉姆想过拒绝。[23] 他知道杜斯塔姆的死可能会解决很多问题。然而,他还是同意将杜斯塔姆从马扎里沙里夫运往美国巴格拉姆空军基地的医疗创伤中心进行检查。巴格拉姆的一位上校给拉姆打电话,告诉他检查结果:这位军阀因酗酒已经损坏了肝脏。他快死了。唯一的希望就是把他送到高级医院。那名上校推荐了华盛顿的沃尔特·里德陆军医疗中心。

拉姆在接受军队口述史采访时说:"我说:'要送他去华盛顿?我们必须在沃尔特·里德陆军医疗中心治疗一个军阀吗?大使不会同意这样做的。'"他们选择了另一个选项——兰施图尔地区医疗中心,这是一家位于德国的顶级美国陆军医院。"所以我们把杜斯塔姆送到了兰施图尔,他们治愈了他,并提供了让他活下去所需的设备。"[24]

杜斯塔姆回国后,邀请了拉姆和其他美国官员到他位于喀布尔的家中参加庆祝宴会,并感谢他们的救命之恩。[25] 但不久之后,他又犯了制造麻烦的老毛病,并且在未来几年里他仍是阿富汗政治中的一股不稳定力量。*

---

* 2014年,《华盛顿邮报》报道称,杜斯塔姆每月收到约7万美元的美国中央情报局资金,这些资金通过阿富汗总统府送到杜斯塔姆手上。在接受《华盛顿邮报》记者约书亚·帕特洛的采访时,杜斯塔姆否认收到过此类款项以及针对他的各种其他指控。他说:"这只是针对我的舆论宣传。"

第十章 军阀

在"吸取教训"采访中，布什政府的高级官员为美国的军阀政策进行了辩护，并表示他们已经尽了最大努力来解决这一难题。

在2001年击败塔利班后，他们说最艰巨的任务是说服军阀解散民兵并宣誓效忠以卡尔扎伊为首的新政府。军阀的军队和军火库是他们的力量源泉，也是他们个人生存的关键。

解除武装运动基本上取得了成功，但经过了多年的劝说。布什政府不想强行解除军阀的武装，因为这需要投入大量美军，会使阿富汗更加分裂。

在2002—2003年任美国驻阿富汗大使的罗伯特·芬恩说，这些军阀"结束了30年的内战，但他们不会因为美国人说这是个好主意就交出他们所拥有的一切"[26]。

这种方法有一个明显的缺点。作为解除武装的交换条件，美国和卡尔扎伊必须保证军阀在新政府中发挥作用，并赋予他们合法的政治地位。

拉姆斯菲尔德的文职顾问马林·斯特梅茨基说，美国五角大楼和国务院对军阀的可怕程度不抱任何幻想，并认识到他们"对我们正在帮助建立的政权的合法性构成了致命威胁"[27]。

斯特梅茨基说："我认为贬低该阶段取得的成就是不公平的。消灭私人军队是该国政治正常化的重要里程碑。"他指出，杜斯塔姆和其他军阀拥有"大量武器装备"，包括苏联制造的短程导弹。"当他们没有自己的私人军队时，这本身就是好事。如果他们继续行为不端，你就可以对付他们了。"[28]

但是，通过欢迎他们加入政府，美国人使军阀成为新政治体系的永久势力，同时也是永久的问题。许多军阀通过贩毒、收受贿赂等非法手段获得巨额收入，并随着他们成为高官，获利手段不断升级。结果，腐败很快成为阿富汗政府的一个重要特征。

到 2005 年，一些美国官员开始意识到他们帮助创造了一个"弗兰肯斯坦"怪物。9 月，美国驻阿富汗大使罗纳德·诺伊曼向华盛顿发送了一份机密电报，警告说阿富汗面临着"腐败危机"，"对该国的未来构成重大威胁"。诺伊曼承认美国政府应承担部分责任，因为美国政府"与一些令人讨厌的人物打交道"，但他希望卡尔扎伊"占据道德制高点"，并解雇"他的政府中一些最为臭名昭著的腐败官员"。[29]

在诺伊曼的名单中，最为臭名昭著的就是艾哈迈德·瓦利·卡尔扎伊，坎大哈的权力掮客，阿富汗总统同父异母的弟弟。还有古尔·阿加·谢尔扎伊，一位被称为"推土机"的圣战者组织前指挥官。

然而，这两个人在政治上的地位都是不可撼动的。[30] 除了是总统的弟弟外，艾哈迈德·瓦利·卡尔扎伊还与美国中央情报局密切合作，并从美军那里获得了利润丰厚的合同。*

古尔·阿加·谢尔扎伊帮助美国军队于 2001 年攻占坎大哈，后来他担任楠格哈尔省省长，该省是阿富汗东部省份，管辖着重要城市贾拉拉巴德。作为省长，他通过逃税和收取回扣积累了大量财富，而且他也在美国政府内部维持着一个支持他的网络。

他的支持者包括诺伊曼在美国国务院的上司——国务院前首席

---

* 2011 年 7 月，艾哈迈德·瓦利·卡尔扎伊在坎大哈被他的一名安全人员暗杀。

第十章 军阀

发言人理查德·鲍彻，鲍彻已成为负责南亚及中亚事务的助理国务卿。鲍彻欣赏谢尔扎伊通过资助工作和提供政府合同来维持他所在省的和平。[31] 他记得有一次访问贾拉拉巴德时，他询问谢尔扎伊是否需要更多的建设项目援助。

鲍彻在接受"吸取教训"采访时回忆道："他说：'我需要5所学校、5所大学、5座水坝和5条高速公路。'我说：'好吧，好吧。但为什么是5个？'他说：'我得分给4个部落，还有一个属于所有人。'之前我认为这是我听过的最有意思的事情，现在我认为这是我听过的最聪明的事情。"[32]

鲍彻说，最好将合同交给阿富汗人，他们"可能会拿20%的钱供自己或大家族和朋友使用"，而不是把钱交给"一群昂贵的美国专家，他们会把80%~90%的钱浪费在开销和利润上。[33] 他说："我希望钱用在阿富汗，而不是用在美国的环城公路上。也许这样最终会有更多的钱进入村民手中。也许会经过5层腐败官员的盘剥，但仍然会有一些钱进入村民手中。"[34]

但其他人表示，美国及其盟友推崇谢尔扎伊这样的军阀并鼓励腐败的行为是愚蠢的。曾在阿富汗服役的瑞典反腐败专家尼尔斯·塔克塞尔在"吸取教训"采访中嘲笑外国官员将谢尔扎伊称为"仁慈的浑蛋"，因为"他没有把一切全都收入自己囊中，还为别人留下了一点"。[35]*

---

* 谢尔扎伊仍然活跃于阿富汗政坛，并否认在2014年竞选总统失败时有不当行为的指控。他告诉美国全国广播公司的新闻节目："没有对我不利的证据。如果我参与腐败，我会在迪拜拥有高楼大厦，并在海外银行拥有数百万美元的存款！"

就像他们评价谢尔扎伊一样，美国官员对另一位军阀也是爱恨交织。谢尔·穆罕默德·阿洪扎达在2001—2005年担任赫尔曼德省省长，他以无情地执行命令而闻名，但同样出名的是他在赫尔曼德省猖獗的鸦片贸易中扮演的角色。

2004—2005年在赫尔曼德省服役的海军陆战队中校尤金·奥古斯丁表示，对阿洪扎达及其高级安全助手是否参与贩毒的怀疑使美国资助的重建项目难以推进。奥古斯丁在接受军队口述史采访时说："随着赫尔曼德省不断种植罂粟且不断生产毒品，腐败问题一直存在，这些人的背后是谁，这不仅是我的疑问，也是更高的总部和情报部门的疑问。其他人总是在想：'这些人是否涉及毒品？'每次谈话背后都是这个问题，在这场持续的腐败博弈中，谁在获利？"[36]

2005年，美国和阿富汗的缉毒人员突袭了阿洪扎达的办公室，发现了藏匿的9吨鸦片。他否认自己有不当行为。但迫于国际压力，卡尔扎伊解除了他的省长职务。在摧毁阿洪扎达铁腕力量的情况下，赫尔曼德省很快成为叛乱分子的聚集地，贩毒问题也爆发了。一些美国官员对阿洪扎达的离开感到遗憾。

曾两次担任美国驻阿富汗军事指挥官的麦克尼尔将阿洪扎达描述为"头脑简单的暴君"，但表示他作为省长卓有成效，因为他"将其他坏人挡在了外面"。[37]在"吸取教训"采访中，麦克尼尔称罢免阿洪扎达是"巨大的错误"。他说，作为新的北约指挥结构的一部分，英国要求在他们接管赫尔曼德省的安全责任之前将阿洪扎达撤职。

麦克尼尔说："阿洪扎达是一个肮脏的家伙，但他保持了地区稳定，因为人们害怕他。这不好，我不提倡与魔鬼共舞，但也许可以和阿洪扎达这个魔鬼的门徒共舞。"[38]*

对美国人来说，最强大和最具挑战性的军阀可能是塔吉克民兵指挥官穆罕默德·卡西姆·法希姆。作为北方联盟的高级将领，法希姆在2001年协助美军推翻塔利班方面发挥了关键作用。之后，他在阿富汗新政府中获得了国防部长的职位。

在公开场合中，布什政府将法希姆视为贵宾，并盛情邀请他来到五角大楼。私下里，美国官员们认为他腐败、破坏稳定，并担心他会发动暴力政变。

这位黑胡子军阀与卡尔扎伊有过一段不愉快的过往。[39] 1994年，法希姆负责阿富汗政府的秘密警察队伍，并以涉嫌从事间谍活动为由下令逮捕当时的外交部副部长卡尔扎伊。卡尔扎伊被抓获并接受审讯，他的前景看起来很不乐观。但幸运的是，一枚火箭弹击中了他被拘留时所在的建筑物，使他得以逃脱。

在2001—2004年担任阿富汗国防部长期间，法希姆将他的支持者安插在阿富汗军队中，并控制了喀布尔的安全部队。美国官员们非常担心他可能会击败没有民兵保护的卡尔扎伊，以至于他们为这位阿富汗领导人配上了美国保镖。

---

* 阿洪扎达后来成为省参议员，他对自己的冷酷策略毫无懊悔之意。在接受英国新闻媒体《每日电讯报》的采访时，他说在他被撤了省长职务之后，他的3 000名追随者转而加入了塔利班，"因为他们已经失去了对政府的尊重"。

*　*　*

法希姆的名声令人生畏，他并没有隐瞒自己参与贩毒活动的事实。2003—2004 年在喀布尔担任北约部队情报负责人的退役美国陆军上校拉塞尔·塔登说，这位国防部长在得知美国和英国军队联合轰炸了阿富汗北部的一个大型毒品实验室后大发雷霆。[40]

塔登在接受军队口述史采访时说："法希姆对此感到非常生气，直到他知道是哪个毒品实验室被炸。那个实验室不是他的，所以他接受了这个事实。"[41]

在 2002 年初担任美国驻阿富汗代理大使的瑞安·克罗克回忆起一次令人毛骨悚然的遭遇，当时法希姆漫不经心地告诉他，另一名阿富汗政府部长在喀布尔机场被暴徒杀害。

克罗克在"吸取教训"采访中说："当他谈到这件事时，他咯咯地笑了起来。后来，很长一段时间之后，根据未证实的消息，正是法希姆杀死了那个部长。但在最初的几个月里，我确实觉得即使按照阿富汗的标准，我面对的也是一个完全邪恶的人。"[42]

几年后，克罗克回到阿富汗，在奥巴马执政期间第二次担任大使。到那时，法希姆已经重新掌权，成为阿富汗副总统，他仍然让克罗克感到毛骨悚然。克罗克说："当我回来时，我对他的感觉是，他没有直接参与重大战略或作战的决策，他对赚取更多非法收入更感兴趣，但卡尔扎伊必须非常小心地对待他，因为他可能很危险。在我看来，毫无疑问，他任何坏事都干得出来。"[43]

第十章　军　阀

法希姆于2014年自然死亡。但克罗克在两年后的"吸取教训"采访中表示，他对这位军阀的记忆仍然挥之不去。

克罗克说："我几乎每隔一天就要核实一下，以确定他确实死了。"[44]

第十一章　罂粟战争

2006年3月,一支马西·弗格森农场的拖拉机车队在赫尔曼德省干旱的平原上往返作业,那里有世界上最肥沃的罂粟田。[1]拖拉机拖着沉重的铁犁,碾压成排的嫩绿的罂粟,这些罂粟已经长到小腿那么高,但离收割还有几个星期。一小群挥舞着木棍的士兵充当工人,分散在拖拉机车队到达不了的地方,他们艰难地穿过由运河灌溉的田地,挨个敲打罂粟茎。

铲除罂粟田标志着"河舞行动"(Operation River Dance)已经开始。美国吹捧该行动是一场重大升级的罂粟战争。表面上看,为期两个月的铲除行动是由美国和阿富汗政府联合进行的。但是各自的分工和成本支出并不是对等的。阿富汗安全部队和私人承包商负责铲除罂粟,搞得满身泥泞;而美国的军事顾问、国务院和缉毒局的特工只是在一旁观看并提供指导。不过,美国的纳税人承担了这场行动的费用。

几十年来,阿富汗种植的罂粟一直主导着全球毒品市场。鸦片是由罂粟加工而成的，而鸦片可以提炼加工成海洛因。2001年，以美国为首的联军入侵阿富汗后，鸦片产量达到新高。贫苦的农民趁着塔利班统治下台，尽可能多地种植这种"经济作物"。美国官方估计，到2006年，罂粟收入占阿富汗整体经济增长量的1/3，阿富汗鸦片产量占世界供应量的80%~90%。

毒品的繁荣与塔利班的复兴是同步的，布什政府认为，毒品收入是叛乱组织卷土重来的基础。因此，政府推动了赫尔曼德省的打击鸦片行动，该省是阿富汗种植罂粟最多的地区。

"河舞行动"一开始，美国和阿富汗官员就宣扬其将取得巨大成功。赫尔曼德省新任省长穆罕默德·达乌德承诺，两个月内"该省将不再有鸦片"。第10山地师的指挥官本杰明·弗兰克利少将称该行动"非常令人鼓舞"，并说"这预示着未来的好兆头"。[2]

布什政府的禁毒专员约翰·沃尔特斯在"河舞行动"期间访问了阿富汗。回到华盛顿后，他在美国国务院对记者说，阿富汗正在"取得巨大进展"，"那里的情况一天比一天好"。他称赞赫尔曼德省省长站在罂粟战争的"最前线"，声称该省所有的农民、宗教领袖和地方官员都支持铲除行动。

然而，这些都不是真的。

"河舞行动"在各方面都适得其反。在外交电报和军队口述史采访中，美国官员称这是一场计划不周的灾难，从一开始就难以成功。"河舞行动"期间阿富汗士兵的顾问、肯塔基州国民警卫队军官迈克尔·斯卢谢尔中校说："他们说非常成功。我认为纯粹是胡说八道。"[3] 他补充说，整个行动"一文不值"。

阿富汗文件

拖拉机陷在沟里、地里，推土机和军用车辆经常发生故障。事实证明，这种粗暴的做法极其低效，导致领导者们很快就将其视为无用功。

4月24日，美国国务院租用的飞机在赫尔曼德省撞上了一排泥砖房屋，机上有16人，其中大多数是美国缉毒官员。当时，美国和北约官员只是说，2名乌克兰飞行员死亡；新闻报道则补充说，地面也有2名阿富汗女孩身亡。

但帮助协调"河舞行动"的美国陆军上校迈克·温斯特德说，损失要严重得多。他在接受军队口述史采访时表示，他赶到现场后帮忙将大约15名阿富汗人的尸体从其被毁坏的家中运走。[4]他还从被拆毁的飞机上找到了一个装有机密文件的公文包和一个装有25万美元现金的袋子，这是美国国务院寄来用于支付铲除罂粟行动的费用。[5]

温斯特德认为，那次撞机事故凸显了"河舞行动"的徒劳。他说："我不确定到最后我们做了多少好事。我们真的是步履维艰。"[6]

更糟糕的是，随着生长季节的到来，罂粟花盛开，出现了壮观的粉色和白色花海，许多阿富汗人从铲除罂粟分队中离开了。

一份美国外交电报显示，当大多数手持木棍的销毁者发现替农民收割罂粟比为阿富汗政府铲除罂粟挣得多的时候，他们就"抛弃了自己的工作"。[7]农民们给出的工资比阿富汗政府给出的价钱高出5倍，以现金或毒品的形式支付。在"河舞行动"结束时，销毁者的队伍从500人减少到不足100人。[8]

为了掩盖行动惨败的真相，阿富汗官员在公开报告中谎报了夷

第十一章 罂粟战争

平的罂粟田的英亩*数，将数据夸大了好几倍。[9]在2006年5月发给华盛顿的两份外交电报中，美国驻喀布尔大使馆承认，只有"少量"罂粟被销毁，这让人们对阿富汗官员的统计数据感到怀疑。[10]然而，美国国务院向国会证实了这些虚假数据的准确性，并将其作为行动成功的证据。[11]

与此同时，"河舞行动"明显激怒了赫尔曼德省的罂粟种植户。为了破坏铲除行动，他们在地下埋入自制炸弹或饵雷，放水淹没田地，使拖拉机陷入泥沼。许多人指责美国人毁了他们的生计。他们尤其愤怒的是，美国人正在破坏的是一种主要在西方消费的产品。温斯特德说："有很多村民问我：'上校，你为什么要铲除你的家人使用和想要的东西？'他们无法理解这一点。"[12]

让美国官员感到尴尬的是，阿富汗政府的盟友显然私吞了赫尔曼德省的大部分鸦片利润，并利用"河舞行动"打击他们在毒品交易中的竞争对手。美国人在行动中逐渐意识到自己正在被别人利用。

2006年5月3日，美国驻阿富汗大使罗纳德·诺伊曼签署的一份外交电报指出，赫尔曼德省副省长和警察局长是"非常腐败的人"。[13]电报承认，该省主要的罂粟种植区基本上没有受到影响，因为那里的土地处于"强大的部落领袖"和拥有"重大利益和影响力"的官员的控制之下。阿富汗警察还向农民索取贿赂，换来的是不再摧毁他们的罂粟田。这些行为导致美国官员可能成了一场大型

---

* 1英亩≈4 047平方米。——编者注

索贿活动的共谋者。

道格拉斯·罗斯少校是美国派驻阿富汗军队的军事顾问。他称"河舞行动"是一次"非法行动"，并担心这会引发针对美国和阿富汗军队的大规模叛乱。"如果有人在那里敲诈民众，而我们为其提供安全保障，那么我们就释放了错误的信号。"他在一次军队口述史采访中说，"相信我，这次行动成功时，我的头发都要变白了。"[14]

铲除行动主要伤害的是贫穷的农民，他们没有政治后台，也没有钱去行贿。孤苦无助的他们成了塔利班最理想的新兵。

"赫尔曼德省 90% 的人靠销售罂粟为生。现在我们要把它拿走。"威斯康星州国民警卫队军官多米尼克·卡列洛上校曾在行动期间担任阿富汗部队的顾问，他在接受军队口述史采访时说，"是的，他们当然会拿起武器朝你开枪。你夺走了他们的生计。他们要养家糊口。"[15]

那些不愿参加反政府叛乱的农民通常会被征召入伍。在种植罂粟之前，许多农民与毒贩签订了协议，承诺在种植季节结束时提供一定数量的风干的鸦片膏或"罂粟胶"。由于田地被夷为平地，他们难以偿还债务。

驻阿富汗美军副指挥官的助手约翰·贝茨少校在接受军队口述史采访时说："毒贩并不关心农民从哪里弄到罂粟胶，但他们说：'去年冬天我给了你 2 000 美元，你欠我 18 千克罂粟胶；如果你给不了我，那我要么杀了你和你的妻子、孩子，要么你可以拿起这把枪帮我打美国人。'"[16] 贝茨补充说："这引得全省群情激奋。赫尔曼德省要爆炸了。"[17]

第十一章　罂粟战争

"河舞行动"之前，在与塔利班的战争中，赫尔曼德省是一个相对平静的地区。但行动开始后，叛乱分子纷纷涌入。诺伊曼在5月3日的电报中说："铲除行动似乎吸引了更多塔利班分子在赫尔曼德战斗，也许是为了保护自己的经济利益，并通过'保护'罂粟来赢得当地人的好感。"[18] 两个星期后，美国大使馆的另一份电报说，该省首府拉什卡尔加的安全状况"非常糟糕，而且还在继续恶化"[19]。

在暴力事件激增的同时，英国军队于5月抵达赫尔曼德省，这是先前提出的北约部队重组计划的一部分。英国人发现自己准备不足，不知所措。肯塔基州国民警卫队的斯卢谢尔说："一周之内就把任务交给了英军，他们遭受了大量伤亡，情况非常糟糕。毒枭、塔利班也都介入了，形势变得非常严峻。"[20]

尽管美国和阿富汗官员公开赞扬了"河舞行动"，但它成了阿富汗战争中最大的战略失误之一。2006年赫尔曼德省的铲除行动不但没有帮助阿富汗政府建立信心，也没有让塔利班失去财政收入，反而帮助该地区变成了叛乱分子强大的据点。

美国、北约和阿富汗部队将在余下的战争中为这个错误付出沉重的代价。

* * *

阿富汗农民几代以来都种植一种名为"Papaver somniferum"的罂粟。这种罂粟只需稍加灌溉，就能在温暖干燥的气候中茁壮成长。它们在赫尔曼德河谷生长得特别好，这要归功于美国纳税人

阿富汗文件

资助的一个庞大的运河网络。20世纪60年代，美国国际开发署在"冷战"期间修建了这些运河，以推动阿富汗南部的棉花和其他农作物的生产。

盛开的白色、粉色、红色和紫色的罂粟花在烈日映照下看起来很繁茂。花瓣凋落后，茎上长出鸡蛋大小的荚果。在收获季节，农场工人切开荚果，提取乳白色的汁液，然后将其风干制成膏体。对阿富汗来说，它是一种理想的"经济作物"。与水果、蔬菜和谷物不同，膏体不会腐烂或吸引害虫。它很好储存，也便于长途运输。

毒品贩子把鸦片膏带到毒品实验室或精炼厂，在那里加工成吗啡和海洛因。阿富汗的鸦片供应到对海洛因有需求的欧洲、伊朗和亚洲其他地区。美国是为数不多的几个没有被阿富汗毒品占据主导地位的市场之一，美国的大部分海洛因都是从墨西哥输入的。

具有讽刺意味的是，唯一能够遏制阿富汗毒品产业力量的是塔利班。

2000年7月，当塔利班控制了阿富汗大部分地区时，其隐居的独眼领袖毛拉·穆罕默德·奥马尔宣布，鸦片不符合伊斯兰教义，并禁止种植罂粟。令世界其他国家大为惊讶的是，这项禁令奏效了。由于害怕激怒塔利班，阿富汗农民立即停止种植罂粟。联合国估计，阿富汗的罂粟种植量从2000年到2001年下降了90%。

这一法令在全球海洛因市场引发了骚动，并扰乱了阿富汗的经济。多年后，阿富汗人怀着敬畏的心情回忆起那一刻，说这凸显了美国及其阿富汗政府盟友在罂粟战争中的失败。

坎大哈省前省长图里亚莱·韦萨在接受"吸取教训"采访时

说:"当塔利班下令停止种植罂粟时,穆罕默德·奥马尔可以用他的盲眼强制执行。"[21] 法令通过后,没有人种植罂粟了。而现在,数十亿美元流入了禁毒部。罂粟种植数量实际上没有减少,甚至还增加了。"

塔利班曾希望 2000 年的鸦片禁令能赢得美国的支持,并希望美国能提供人道主义援助。但是,在基地组织发动"9·11"袭击后,这些期望就破灭了。

2001 年,美军刚入侵阿富汗并推翻塔利班政权时,阿富汗农民就开始播种罂粟种子了。美国官员及其盟友意识到,这个问题的严重性可能会像滚雪球一样越来越大,但他们无法就如何解决这个问题达成一致。

美国军方专注于追捕基地组织领导人,美国国务院则忙着巩固新的阿富汗政权。虽然罂粟与美国宣战的原因无关,但国会议员敦促布什政府优先处理罂粟问题。

2002 年,在伊朗人质危机中幸存下来的美国外交官迈克尔·梅特林科来到尚未开放的美国驻喀布尔大使馆时表示:"所有国会议员都立即提出了这个问题。"[22] 他在一次外交口述史采访中回忆起与一位未透露姓名的议员的交谈过程,后者选择回避这个问题。梅特林科表示:"我看着国会议员说:'议员先生,我们大使馆还没有一个能正常使用的厕所。我和上百个男人共用一个厕所。这种情况下,你想让我在阿富汗另一边的铲除罂粟行动中取得多大成功?'"[23]

布什总统说服了联合国和欧洲盟国,共同制定了一项铲除罂粟的策略。2002 年春天,已经同意接管的英国官员提出了极有诱惑

阿富汗文件

力的建议。他们同意给铲除罂粟的种植农户每英亩700美元的补偿，[24]对于这个贫穷且饱受战争蹂躏的国家中的人来说，这是一笔财富。

消息一出，这个耗资3 000万美元的项目反而引发了一场种植罂粟的狂潮。农民们尽可能多地种植罂粟，将一部分罂粟交给英国人销毁，其余的则在公开市场上出售。另一些人在罂粟田被毁之前制作了鸦片膏，也从中大赚一笔。梅特林科说："阿富汗人和大多数其他人一样，他们知道你会离开，当然乐于承诺任何事情，更何况还能捞到一大笔钱。英国人来了，拿出一笔钱，阿富汗人说：'好的，好的，好的，我们现在就烧掉。'英国人随后就走了。一来二去，阿富汗人从同一片罂粟田中赚了两笔钱。"[25]

英国农业专家安东尼·菲茨赫伯特在接受"吸取教训"采访时表示，"罂粟换现金"计划"完全是一种令人震惊的天真幼稚的想法"，并称负责人的确"毫不了解相关知识，我也不知道他们是不是真的在乎（铲除罂粟）"。[26]

2004年，随着阿富汗农民将更多的土地用于种植罂粟，以及英国疲于应对，布什政府开始重新考虑是否应该介入。但美国的官僚机构在如何解决这个问题上缺乏共识和方向。美国国务院国际毒品和执法事务局本应落实政策。但在2003—2005年担任驻阿富汗美军最高指挥官的戴维·巴诺中将透露，该事务局当时只向美国驻喀布尔大使馆派了一名雇员。[27]

美军拥有更多的资源，但指挥官们对铲除罂粟这个问题犹豫不决。他们没有把打击毒贩作为自己的任务，并担心惹恼农民会使他

第十一章 罂粟战争

们的部队处于危险之中。美国中央情报局不愿因为禁毒而危及其与军阀的关系。北约盟国也无法达成一致。

在军队口述史采访中，在2004—2005年担任巴诺助手的英国少将彼得·吉尔克里斯特说："实际上有很多跨部门的战斗，不仅是各机构内部，而且在机构之间乃至各国之间都没有进行协调。这导致功能失调，行动推进不下去，对于我们而言没有任何吸引力。"[28]

2004年11月，美国国防部长唐纳德·拉姆斯菲尔德向五角大楼负责政策事务的道格拉斯·费思发出一份"雪片"文件，抱怨布什政府漫无目的的做法。他写道："至于阿富汗的毒品策略，似乎并不同步——没有人对此负责。"[29]

随着2004—2006年自杀式爆炸和其他袭击的数量上升，美国国会议员和缉毒局，以及国际毒品和执法事务局的特工认为，鸦片利润助长了叛乱。其他美国官员反驳说，叛乱背后的资金来源和动机更为复杂。然而，这些官员的言论没有占据上风。布什政府决定对阿富汗的罂粟种植者采取更强硬的态度，并每年拨出10亿美元用于"河舞行动"等项目。

通过向罂粟宣战，美国实际上在阿富汗战争中开辟了第二条战线。

巴尼特·鲁宾是阿富汗问题的学术专家。他说，布什政府误解了塔利班复兴背后的因素。他在"吸取教训"采访中说："我们不知道所谓塔利班从毒品中获利，毒品助长了塔利班势力这个说法是怎么来的。"[30]

与此同时，除了塔利班之外，其他人也从毒品交易中获利。被视作美国盟友的阿富汗地方省长、军阀和其他高级官员开始瓜分鸦片利润，从在他们势力范围内活动的农民和贩运者那里收取一定的分成。美国和北约官员很久以后才承认，与毒品有关的腐败正在破坏更广泛的战争，并且有可能把阿富汗变成他们所说的"毒枭国家"。

在2004年10月的"雪片"文件中，拉姆斯菲尔德向美国国防部高层官员报告说，法国国防部长米谢勒·阿利奥－马里担心鸦片产业会削弱卡尔扎伊总统的权力。文件中写道："她认为尽快采取行动很重要，要避免出现毒品资金资助阿富汗议会选举，而阿富汗议会随后反对卡尔扎伊并形成腐败政权的局面。"[31]

一年后，诺伊曼也发出了类似的警告。诺伊曼在2005年9月发给华盛顿官员的一份机密电报中写道："我们的许多联系人确实担心，迅速发展的毒品行业可能会让阿富汗的腐败状况失控。他们担心种植罂粟、加工和贩运鸦片的大量非法资金，可能成为扼杀阿富汗这个合法国家的摇篮。"[32]

但美国官员在该怎么做这一问题上仍然存在分歧。

当"河舞行动"证明用拖拉机和棍棒铲除罂粟是愚蠢的做法之后，布什政府的一些官员和国会议员敦促政府，效仿并采取哥伦比亚政府打击毒品贩运的更激进的做法。这些举措的核心即"哥伦比亚计划"，通过在空中喷洒除草剂来消灭古柯植株。布什政府称赞"哥伦比亚计划"取得了成功，尽管有人担心这些除草剂可能导致癌症。

由于这样或那样的原因，一些美国官员怀疑"喷洒计划"在阿

第十一章　罂粟战争

富汗是否有效。布什政府的国家安全委员会工作人员约翰·伍德在接受"吸取教训"采访时表示，哥伦比亚当时的总统阿尔瓦罗·乌里韦是空中喷药做法的坚定支持者。他说："乌里韦是一位坚定禁毒的领导人，他将叛乱和毒品联系在一起。同时哥伦比亚军队是有能力的。"[33]

相比之下，阿富汗安全部队要弱得多。阿富汗总统卡尔扎伊也没有那么坚定。在公开场合，卡尔扎伊宣布对罂粟进行"圣战"，并称罂粟生意"比恐怖主义更危险"。但私下里，他其实很怀疑这一观念。

卡尔扎伊和他的内阁部长们抵制了美国的建议。他们担心除草剂会污染水源和食物，如果政府允许外国人从空中释放奇怪的物质，阿富汗农村地区的人会反抗。在2003—2005年担任美国驻阿富汗大使的扎尔梅·哈利勒扎德在接受"吸取教训"采访时说："卡尔扎伊认为这将被阿富汗人视为针对他们的化学战。"[34]

此外，阿富汗官员知道，如果"喷洒计划"起作用，它将摧毁阿富汗国民经济中蓬勃发展的组成部分，也将进一步疏远阿富汗农村居民。

曾担任美国国务院国际毒品和执法事务局阿富汗-巴基斯坦办事处负责人的罗纳德·麦克马伦在一次外交口述史采访中说："敦促卡尔扎伊发动有效的禁毒行动，就像要求美国总统停止美国在密西西比河以西的所有经济活动一样。而这就是我们要求阿富汗人做的重大事情。"[35]

尽管布什政府支持"喷洒计划"，但美军领导人同样持怀疑态度。大多数指挥官认为，鸦片是需要通过执法解决的问题，还担心自己的军队可能遭受健康风险。他们回想起了越南战争时美军在热带丛林喷洒的"橙剂"，那是一种毒性很大的落叶剂。

美国军方的沉默激怒了国会议员。从政治上讲，很难向选民解释为什么美国人要打一场战争来拯救一个鸦片产量居世界首位的国家。当报纸刊登了美军士兵徒步穿过盛开着罂粟花的田地的照片时（大多数美国部队奉命不得干涉罂粟种植），质疑声更多了。

2006年3月，"河舞行动"开始后不久，由密歇根州共和党众议员彼得·胡克斯特拉率领的国会代表团到访阿富汗，与美国、阿富汗和英国官员讨论铲除罂粟的工作。美国国务院国际毒品和执法事务局安排了一些议员乘坐直升机到赫尔曼德省中心地带考察。

根据总结此次访问的机密外交电报，目瞪口呆的国会议员们看到到处都是罂粟：在宅院附近，在土墙围墙内，甚至在该省首府拉什卡尔加周围。[36]电报中说："罂粟田真的无处不在。从直升机上可以很容易看到数百块处于不同生长阶段的大片罂粟田。许多田地里都盛开着罂粟花。"

然而，一些美国高级外交官表示，他们理解军方不愿将农民和田间雇工变成敌人的想法。在2004—2008年负责美国国务院南亚政策的理查德·鲍彻说："我同情军队。如果我穿着防弹衣，里面有罂粟花——我会说它们是漂亮的花。我们不会去砍掉这些花，因为那样做之后，就会有人向你开枪。"[37]

在诺伊曼2005—2007年担任美国驻阿富汗大使期间，他和美国驻喀布尔大使馆的其他官员试图说服到访的国会议员，美国需要采取长期策略。他认为，阿富汗人需要许多年的时间来改变他们的农村经济，并找到种植罂粟的现实替代品。

诺伊曼在一次"吸取教训"采访中表示："想在短期内取得成功可能面临巨大的压力。"[38]他补充说，地面铲除和空中喷药"是由美国国会推动的，国会议员希望看到一些切实有效的东西"，尽管显然没有简单的解决办法。"华盛顿不明白，一次成功的禁毒行动，取决于广泛调动农村的力量。"

到2006年底，"河舞行动"收效甚微。根据联合国的统计数据，那一年，阿富汗的鸦片产量创下纪录，罂粟种植面积增加了59%。第二年的收成更佳，种植面积又增加了16%。

2007年，白宫任命了一位新的美国驻阿富汗大使——威廉·伍德，作为美国驻哥伦比亚前最高外交官，他强烈支持空中喷洒行动。到任后，伍德敦促卡尔扎伊接受绰号为"化学法案"的一场大规模的喷洒行动。但是在当时，阿富汗领导人对美国关于除草剂安全的保证产生了怀疑。甚至在收到布什的个人请求后，卡尔扎伊还是拒绝了。这是他最终给出的答复。

2008年1月，美国驻联合国前大使理查德·霍尔布鲁克在《华盛顿邮报》的评论专栏中批评了布什政府的罂粟战争。他说，强力铲除阿富汗的罂粟"可能是美国外交政策历史上最无效的行动"[39]。

霍尔布鲁克写道："这不仅仅是浪费钱。它实际上增强了塔利班和基地组织的力量。"[40]他要求重新审查美国政府在阿富汗的"灾难性毒品政策"。

霍尔布鲁克很快就可以亲自动手试一试了。

第四部分

2009—2010年：奥巴马的不自量力

第十二章　加倍下注

2009年5月11日，罗伯特·盖茨一贯面无表情地走进五角大楼的简报室，参加一个仓促安排的新闻发布会。他左手攥着一份4页纸的声明，折起来故意不让任何人看到声明的内容。盖茨紧挨着参谋长联席会议主席、海军上将迈克·马伦，坐在一张桌子旁，面对着30多名被叫过来的茫然的记者，除了按下照相机快门的咔嚓声，房间里鸦雀无声。

这位从不闲聊的国防部长开始谈正事了。他简要介绍了当天的新闻：一名美国陆军中士在伊拉克的一家医疗诊所莫名其妙地枪杀了5名战友。盖茨一脸严肃，继续念着他的声明。仔细评估了在阿富汗的军事行动后，他的结论是，美军"能够而且必须做得更好"，这场战争需要"新思维和新方法"。

随后，他抛出了一个大新闻：5天前，美国和北约驻阿富汗联军部队指挥官戴维·麦基尔南将军被解雇。尽管五角大楼容易走漏消息是出了名的，但盖茨一直对这个重磅消息保密。就连一周前刚刚随盖茨前往阿富汗并会见麦基尔南的记者也毫不知情。

在五角大楼任职的两年半中，盖茨总是有过必惩，从而获得了冷漠无情的名声。然而，撤掉战争指挥官完全是另一回事。最近一次类似的事发生在1951年，当时的美国总统杜鲁门因道格拉斯·麦克阿瑟将军在朝鲜战争中不服从命令而解除了他的职务。

但是，盖茨没有解释为何采取如此激进的决策，他更善于隐藏自己的真实想法。他说"这没什么特殊原因"，麦基尔南没有抗命也没做错什么，撤换他只是"需要有新领导和新视野"。

马伦上将同样含糊其词。他说，他对阿富汗部分地区"取得的进展感到备受鼓舞"，但他认为"是时候做出改变了"。

记者们疑惑地看着盖茨和马伦。美国有线电视新闻网的芭芭拉·斯塔尔是一个精明的记者，也是五角大楼走廊里的常客，她敦促两位高官给出更全面的答案。她问道："只是因为失去信心吗？我很抱歉没有听到过关于你们对他的工作能力不满意的任何消息。"

盖茨再次表示：现在是时候改变了。他指出，奥巴马总统在6个星期前公布了新的阿富汗战争"全面战略"，并同意向阿富汗增派2.1万名士兵，使美军总数达到约6万人。盖茨认为，考虑到所有这些变化，他和马伦想提名陆军上将斯坦利·麦克里斯特尔担任新的指挥官，其曾是特种部队成员，并作为马伦的下属在参谋长联席会议中工作。

从表面上看，麦基尔南的突然离职没有过多含义。在11个月前，盖茨和马伦任命麦基尔南为阿富汗战争最高指挥官。接手工作后，麦基尔南就一直在请求增派部队和装备。现在，援军终于来

阿富汗文件

了，他也被解雇了。

事实上，麦基尔南触及了潜规则。在布什总统即将离任时，他成为第一个承认阿富汗战争进展不顺的将军。与其他指挥官不同，他没有用似是而非的语言欺骗公众，从头到尾都是实话实说。

2009年5月6日，麦基尔南在喀布尔举行了最后一次记者招待会。在会上，他描述阿富汗南部的战斗处于"僵局"，而东部是"一场非常艰苦的战斗"。几个小时后，在军事总部的私人晚宴上，盖茨告诉麦基尔南他被免职了。

不管盖茨或马伦是否有意为之，他们已经向全美其他武装部队透露了一个信息：说出真相的人将被免职。

麦基尔南在被免职的几天前，曾向其他驻阿富汗军官透露，他坦率的局势评估和多次增兵的要求已经让五角大楼的高官深感不安。坎大哈地区指挥官、陆军准将约翰·尼科尔森的助理弗雷德·坦纳少校说，麦基尔南在与尼科尔森会谈时讲道："我们可能在描述阿富汗局势有多糟糕时太过坦率了。"[1]

坦纳在军队口述史采访中说，回想起来，麦基尔南肯定已经知道自己的命运。"他说得非常客观，并没有生气。现在回想起来，他可能刚刚接到了命令。"[2]

最高指挥官的更迭成了头条新闻，但没能解决根本问题。相反，它使美国民众对政府在阿富汗的不确定战略产生了更多质疑和犹豫。

2008年，奥巴马赢得大选，竞选中他承诺结束不受欢迎的伊拉克战争，并加大对阿富汗战争的关注。因为"9·11"事件，当

第十二章 加倍下注

时大多数美国人仍然认为阿富汗战争是正义的事业。

奥巴马上任后，继续将共和党人盖茨留任为国防部长，并让他负责制定所谓新的阿富汗"全面战略"。奥巴马表示，他将加强与巴基斯坦的外交关系，塔利班和基地组织领导人在巴基斯坦找到了藏身之所，并恢复了势力网络。但在很大程度上，新旧策略极为相似。奥巴马坚持布什的阿富汗战略，将遏制叛乱和强化阿富汗政府作为目标，直至阿富汗当局能够自我保全。

在战场上，美军继续努力解决许多自2001年以来一直没有得到回答的基本问题，即他们的具体目标、标准和指向是什么，或者说他们到底为了什么而战。

至2009年，美国陆军、空军、海军和海军陆战队的许多士兵都在阿富汗执行过多次任务。每次返回阿富汗的时候，战争都会使他们变得疲惫不堪。多年来，对恐怖分子的追捕毫无结果，塔利班则继续坚守阵地。

陆军少将小爱德华·里德曾6次担任阿富汗特种作战部队的指挥官，他在接受"吸取教训"采访时说："当时，我看着阿富汗的局势在想，解决这个问题比杀人更重要，我们总是在杀人，但每次我返回阿富汗的时候，局势都变得更加糟糕。"[3]

2004年，出生在缅因州卡里布的乔治·拉基科特少校第一次被派往阿富汗担任步兵军官。5年后，他以队长的身份回到了第7特种部队，在里德手下服役。在一次军队口述史采访中，拉基科特少校说："局势要复杂得多，分辨敌我也尤为困难，即使今天是敌人，明天也可能变成朋友。"[4]

2009年，在拉基科特的部队部署到一半的时候，美军调动增援部队支援在阿富汗南部被围困的北约部队，在没有任何任务说明的情况下，拉基科特的特种部队突然从赫尔曼德省调派到邻近的坎大哈。拉基科特说："当时没有明确的战略。"[5]

亚拉巴马州人约瑟夫·克拉伯恩在2001年第一次被派往战区时，还是101空降师一名年轻的陆军中尉。2002年3月，他的部队参加了与基地组织的最后一场主要战役"蟒蛇行动"。当他在6年后回到阿富汗时，已晋升为少校。作为随英军驻扎在坎大哈的一名旅级参谋，他很难想象战斗将如何或何时结束。

克拉伯恩在军队口述史采访中质疑道："我们离开阿富汗的时候会是什么样子？如果我现在给你一张图纸，然后说'为了让我们离开，阿富汗必须是这个样子的'，那我们可能会在那里待很长时间。"[6]

奥巴马的新战略只持续了几个月。2009年6月，麦克里斯特尔接任阿富汗战争指挥官后，下令对总体战略再次进行评估。这是一个明确的信号，表明冲突进一步恶化，他认为新总统的计划不会奏效。

麦克里斯特尔是一名陆军少将的儿子，曾在阿富汗和伊拉克服役。在伊拉克执行任务期间，麦克里斯特尔领导着一个特别行动小组，曾成功追杀数百名叛乱头目。此外，他与驻伊美军最高指挥官、对伊反叛乱战略设计者、陆军上将戴维·彼得雷乌斯关系密切。彼得雷乌斯后来晋升为美国中央司令部司令，负责指挥美军在中东和阿富汗的军事行动。正是他推荐麦克里斯特尔出任阿富汗战争指挥官的。

第十二章　加倍下注

在公众心目中，这两位将军都是头脑清醒、一心多用的工作狂人。

56岁的彼得雷乌斯拥有普林斯顿大学博士学位，喜欢和记者进行俯卧撑比赛，并说如果记者们能跟上他每天5英里的跑步速度就回答他们的问题。

54岁的麦克里斯特尔则把自己描绘成一个苦力工头，一边听有声书一边跑8英里，并且没有时间吃早饭或午饭。《纽约时报》的一篇专访描述称："他无情地逼迫自己，每晚睡四五个小时，每天只吃一顿饭。"[7]

麦克里斯特尔和彼得雷乌斯刚从伊拉克战争中取得经验，想在阿富汗争取一项反叛乱战略。自2004年以来，其他将军也在阿富汗尝试过类似的方法，但只使用了麦克里斯特尔和彼得雷乌斯认为必要的一小部分军队。

一些在阿富汗驻扎的有经验的军官认为，麦克里斯特尔、彼得雷乌斯及其助手傲慢地认为，他们可以在无视前几任指挥官教训的情况下，让自己的反叛乱战略发挥作用。美国国家安全局情报官员约翰·波皮亚克少校在2005—2010年曾3次被派往阿富汗执行任务，他在接受军队口述史采访时说："2009年听到他们谈论在伊拉克的经验并说'现在我要解决阿富汗问题'时很令人失望。我个人认为，如果要说麦克里斯特尔将军抵达阿富汗后开展了有效的反叛乱活动，显然是不太恰当的。"[8]

2009年8月，麦克里斯特尔完成了对阿富汗战争的战略评估。他在长达66页的机密报告中呼吁，以"适当资源"镇压叛乱活动。[9]

作为战略计划的一部分,他希望增派多达6万名士兵,这几乎是现有人数的两倍。此外,麦克里斯特尔还希望获得大量援助来建立阿富汗政府并扩大其军队和警察部队的规模。与此同时,他推动了美军交战的限制规则,以此限制空袭行动并减少空袭中的平民伤亡,这已经是激怒阿富汗人的老问题了。

但麦克里斯特尔的新战略未能解决其他削弱美国在阿富汗战争中采取的举措的效力的基本缺陷。一个至关重要的问题是,美国及其盟友无法就他们究竟是在阿富汗作战、参与维和行动、领导训练任务还是做其他事情等方面达成一致。这种作战目的差异极为重要,因为一些北约盟国只被授权在自卫的情况下作战。

一位协助麦克里斯特尔工作的未透露姓名的北约高级官员在"吸取教训"采访中说:"根据国际法,称在阿富汗进行的是一场战争具有严重问题。因此,我们咨询了法律团队,他们不认同这是一场战争。"[10] 为了掩盖这个问题,麦克里斯特尔在其报告中补充了一句话,称这场冲突"不是传统意义上的战争"[11]。

美国和北约官方宣布的任务声明更加复杂。声明表示,目标是"降低叛乱的能力和意愿,支持和增强阿富汗国家安全部队的能力建设,并促进治理和社会经济发展的改善,以提供人们可以看到的安全和可持续的稳定环境"。

麦克里斯特尔的战略掩盖了另一个根本问题:谁是敌人?

协助评估的北约官员称,麦克里斯特尔的报告初稿中没有提到基地组织,因为该组织几乎已经在阿富汗销声匿迹。这位北约官员说:"2009年,大家都认为基地组织已经无关紧要,但事实上阿富汗全部问题的根源正是基地组织，所以第二稿中也把该组织加了进来。"[12]

就连阿富汗领导人也很难理解美国不断变化的战略逻辑。2009年，时任阿富汗总统哈米德·卡尔扎伊在喀布尔对前来会谈的美国国务卿希拉里·克林顿说："我很困惑。从2001—2005年，阿富汗战争就被定义为一场反恐战争。然后突然间，美国政府说我们不需要杀死本·拉登和毛拉·奥马尔。我不知道这是什么意思。"

麦克里斯特尔新的反叛乱战略主要基于一些立不住脚的假设，即如果阿富汗政府能够提供安全和可靠的公共服务，民众就会站在阿富汗政府一边。

但相当数量的阿富汗人，特别是在阿富汗南部和东部的普什图地区，普遍存有同情塔利班的情绪。许多人加入了反政府行列，因为他们认为美国人是异教徒和入侵者，阿富汗政府是外国的傀儡。

美国国际开发署一位未透露姓名的官员在"吸取教训"采访中说："塔利班的存在是一种症状，但我们很少试图了解这是什么疾病。"[13]当美国和阿富汗部队试图接管叛乱分子的据点时，有时只会让"病症恶化，因为我们不知道塔利班为什么会在那里"。

麦克里斯特尔在战略评估中还最小化了巴基斯坦对阿富汗战争的决定性影响。报告中虽然承认了塔利班藏身于巴基斯坦，但结论却是，即使塔利班得到巴基斯坦情报机关的保护和援助，美国和北约也有可能赢得战争。

这一判断使麦克里斯特尔与其他美国高级官员产生争执，其中就包括外交官理查德·霍尔布鲁克，他长期抨击布什政府发动阿富汗战争。奥巴马政府上台后，霍尔布鲁克被任命为阿富汗和巴基斯坦问题特使。

越南战争时期的霍尔布鲁克还只是平民百姓，他看到了越南战争和阿富汗战争的相似之处。他对美国全国公共广播电台说："两次战争最重要的相同点是，敌人都在邻国拥有安全的避难所。"

撇开巴基斯坦的因素不谈，霍尔布鲁克对麦克里斯特尔的战略是否奏效表示怀疑。美国国务院阿富汗问题专家巴尼特·鲁宾在"吸取教训"采访中说："他不相信这（镇压叛乱）能行，但他知道如果那样说了，会给自己惹麻烦。"[14]

新任美国驻阿富汗大使卡尔·艾肯伯里将军于2009年春天退役，成了奥巴马政府时期驻阿富汗的最高外交官。他也对麦克里斯特尔制定的战略的有效性表示强烈怀疑。艾肯伯里曾在阿富汗执行过两次任务，他对美国能否实现目标越发感到悲观。

2009年11月，艾肯伯里发了两份机密电报敦促奥巴马政府拒绝麦克里斯特尔的反叛乱战略。在电报中，艾肯伯里警告说："只要边境避难所依然存在，巴基斯坦仍将是阿富汗不稳定的唯一最大来源。"[15]他还预测，如果奥巴马批准麦克里斯特尔增派数万人的请求，只会导致更多暴力冲突，并"让我们陷得更深"[16]。

奥巴马总统试图调停军中的不和。2009年12月，他在美国西点军校发表演讲时宣布，将向阿富汗增派3万名士兵。这意味着，连同奥巴马和布什已经授权的所有部队，麦克里斯特尔麾下有10万士兵。此外，北约成员国和其他盟国同意将兵力增加到5万人。

与此同时，奥巴马也附加了一个条件，即严格设定了任务时间表，并表示增援部队将在 18 个月后开始回国。奥巴马的时间表震惊了美国国防部和国务院的许多高级领导人，他们认为提前制订并公开撤军计划犯了严重的战略错误。在美国和北约增援部队撤离之前，塔利班不得不谨慎行事。

彼得雷乌斯在一次"吸取教训"采访中说："我们突然被告知任务时间表。总统发表演讲前的一个星期日，我们接到通知，要求我们在当晚前往椭圆形办公室，总统将在两天后宣布一件大事。赶到之后，奥巴马把时间表文件摊放在那里，我们以前从没听说有这回事。"[17] 彼得雷乌斯接着说："然后我们被问道：'你们都同意吗？'奥巴马在房间里转了一圈，每个人都同意了。那种情况下要么接受时间表，要么选择弃权。"

阿富汗问题专家巴尼特·鲁宾为霍尔布鲁克工作，他在很多问题上与将军的看法并不一致。但鲁宾说的和彼得雷乌斯一样，当他听到奥巴马在西点军校演讲中宣布的时间表时，他惊呆了。[18] 鲁宾明白奥巴马想让阿富汗政府和五角大楼注意到，美国不会将这场战争一直打下去。鲁宾在接受"吸取教训"采访时说："但是最后期限和战略明显不匹配。有了最后的期限，就不应该采取这种战略了。"[19]

奥巴马政府的官员没有化解本质上的矛盾，而是选择搁置争议，在公众面前展现统一共识。他们承诺美国不会在阿富汗陷入困境，一些人则声称会取得彻底的胜利。2009 年 12 月，麦克里斯特尔在参议院听证会上做证说："接下来的 18 个月可能是决定性的，并最终使成功变为可能。事实上，我们会赢。我们和阿富汗政府会赢的。"

然而，前线部队的疑虑依然存在。

美军军需官杰里米·史密斯少校于2010年2月返回巴格拉姆空军基地执行为期一年的任务。战争刚开始不久，史密斯所在的部队就在巴格拉姆空军基地安装了第一个淋浴喷头。再次回来时，他几乎认不出已经变成一座中型城市的巴格拉姆空军基地，尽管它散发出同样"独特"的味道。史密斯在一次军队口述史采访中说："我无法描述这种味道，你只有亲身经历才能有体会。"[20]

然而，在阿富汗战争持续了近10年后，史密斯没看到一点儿战略成就。他自言自语地说："去过阿富汗，在那儿执行过任务。战争刚开始时我就在那儿，现在还在同一个地方。哇，整件事可能比现在的情况要严峻得多。"[21]

美军情报官杰森·利德尔少校于2009年11月—2010年6月在该基地服役。他说，自己和士兵们服从命令，毫不畏惧地完成了工作，然而，无论是他自己还是美军高级将领，都无法令人满意地解释为什么要把美军置于生死之地，以及战争的目的是什么。

利德尔在军队口述史采访中说："我很高兴和一群士兵一起工作，他们都是优秀的美国人。但这些年轻士兵问得最多的问题是：'嘿，先生，我们到底为什么要这么做？'"[22]

利德尔接着补充说："我很难回答这个问题，虽然可以给他们一个官方答复，但回过头来仔细考虑一下，就会发现官方答复没什么意义。如果一名领导者通过'不开玩笑'的自我反省和富有逻辑的批判性思考后，仍然说出一些我们无法理解的东西，那么我不得不质疑领导者是否进行了逻辑批判性思考。"[23]

第十二章 加倍下注

起初，奥巴马政府建议保持耐心，表示至少需要一年的时间才能确定增兵举措和麦克里斯特尔的战略是否奏效。但几个月后，他们忍不住宣布战略成功了。

2010年5月，奥巴马政府负责政策事务的国防部副部长米谢勒·弗卢努瓦在众议院军事委员会上表示："有证据表明，我们的战略转变正在产生效果。"她提到阿富汗安全部队"取得的进展"，并表示她持"谨慎乐观"的态度。弗卢努瓦还补充说，叛乱分子正在"丧失势头"。

众议院军事委员会主席、密苏里州民主党众议员艾克·斯凯尔顿问道："我们什么时候能宣布胜利？"

弗卢努瓦回答说："我相信我们正在取得成功，很长一段时间以来，我们第一次走上了正确的道路。"

发表这些乐观的声明还为时过早。美军伤亡人数激增并很快将达到顶峰，2010年有496名美军士兵死亡，这比前两年的总和还要多。

与此同时，2010年春季，美国、北约和阿富汗军队的1.5万名士兵在夺取赫尔曼德省的毒品走私中心城市马尔贾的控制权时，意外遭遇了小规模塔利班武装分子的猛烈抵抗。麦克里斯特尔称，这场旷日持久的冲突犹如一次"溃疡性出血"。确保坎大哈省安全的计划一再受挫，该省曾是塔利班的长期据点。

2010年6月，弗卢努瓦回到国会，在参议院军事委员会做证。她承认战争中存在"挑战"，但始终保持积极态度，并表示"我们相信，一直在取得缓慢但重要的进展"。

彼得雷乌斯也在参议院军事委员会听证会上做证。该委员会副主席、亚利桑那州共和党参议员约翰·麦凯恩质问彼得雷乌斯将军是否同意奥巴马18个月的撤军时间表。就在彼得雷乌斯准备回答时，他突然向前一倾，头朝前倒在证人席上。

麦凯恩惊呼道："我的天呀！"

彼得雷乌斯在短暂昏倒几分钟后恢复了过来。他说自己只是脱水，第二天就回来继续做证。但这似乎隐喻了战争的真正走向。

一周后，另一位将军也颜面扫地。

《滚石》杂志发表了一篇名为《失控的将军》的关于麦克里斯特尔的长篇人物专稿，并引用了他和他的幕僚对奥巴马、霍尔布鲁克及其他政府高级官员的一系列诽谤和刻薄言论。[24] 其中提到，麦克里斯托尔的一位匿名的助手嘲讽了副总统约瑟夫·拜登。此文一出，奥巴马以不服从命令为由将麦克里斯特尔免职，任命彼得雷乌斯接替其职务，使麦克里斯特尔成为13个月来第二个被免职的阿富汗战争指挥官。

彼得雷乌斯在两周内第三次出席参议院军事委员会有关战争的听证会，这一次他需要就出任美国和北约驻阿富汗联军部队指挥官接受质询。

彼得雷乌斯说，他仍然相信联军正在取得进展。但当他承认最近的战争挫折时，他语调平静地说："跌宕起伏的局势像坐过山车。"

第十二章　加倍下注

第十三章 "深不见底的吸金黑洞"

奥巴马知道，2009年12月1日关于阿富汗问题的演讲是他在总统任期内最重要的演讲之一。经过几个月的深思熟虑，他决定将驻阿富汗美军人数增至10万，是其刚上任时的3倍。奥巴马需要一个庄严的场合发表讲话，于是选择了位于纽约州北部的西点军校。这所有着207年历史的军校，是培养军官的摇篮。

晚饭后，大约4 000名身穿灰色羊毛制服的学员列队进入光线昏暗的艾森豪威尔礼堂（这里也是哈得孙河西岸的表演艺术中心），来聆听他们的最高司令的演讲。在33分钟的讲话中，奥巴马宣布了增兵计划，并尽量表现得坦诚相告而不让人感到绝望。他对学员们说："阿富汗战争并没有失败，但这几年来它一直在倒退。我知道，这个决定对你们提出了更高的要求——你们的军队和你们的家人已经承受了最沉重的负担。"

与此同时，奥巴马向通过全国电视直播观看演讲的数千万美国人传达了另一个信息，那就是经济脆弱的美国正在从20世纪30年代以来最严重的衰退中复苏，当时美国失业率达到了10%的峰值。奥巴马在扩大战争的同时也想让民众放心，他没有忽略费用支出。

奥巴马指出，布什政府已经在伊拉克和阿富汗战争上花费了1万亿美元。他说："我们不能只简单地考虑开销，而不考虑为这些战争付出的代价。应该看到的是，美国人民正集中精力重建经济，人们都在重返工作岗位。"

奥巴马还说，他反对旷日持久的"国家建设计划"，并承诺尽快削减井喷式的战争支出。他宣称："提供空白支票的日子已经结束了，我们在阿富汗的军事承诺不能是无限期的，因为我最关注的是建设我们自己的国家。"

然而，美国还将继续签下一张又一张空白支票。

奥巴马政府对阿富汗采取反叛乱战略的基石是强化阿富汗的政府和经济能力。奥巴马和高级将领们认为，如果阿富汗人民相信哈米德·卡尔扎伊的政府能够保护他们并提供基本服务，就会切断民众对塔利班的支持。

然而，该计划存在两大障碍。其一，18个月对于成功实现反叛乱战略而言并不长。其二，阿富汗政府仍未控制该国的大部分地区。因此，奥巴马政府和美国国会命令军方、美国国务院、美国国际开发署及其承包商尽快加强和扩大阿富汗政府的影响力。军队和救援人员建造了学校、医院、道路、足球场——任何可能赢得民众忠诚的东西，从未考虑过费用支出的问题。

在这个贫困的国家，物价飙升到令人难以想象的程度。两年之内，美国对阿富汗的年度重建援助费用几乎增加了两倍，从2008

年的60亿美元增加到2010年的170亿美元。同时，美国向阿富汗政府提供的资金援助，都快赶上这个不发达国家自己的经济产值了。

回顾过去，美国政府援助人员和军方官员均表示，这是一个巨大的战略误判。在匆忙花钱的过程中，美国政府用远远超出其吸收能力的资金浇灌着阿富汗。

美国国际开发署前官员戴维·马斯登在接受"吸取教训"采访时说："增兵期间，有大量人员和资金进入阿富汗，这就像把很多水倒进一个漏斗，如果你倒得太快，水就会溢出漏斗流到地上。在阿富汗，我们用'洪水'淹没了这片土地。"[1]

美国政府在阿富汗人不需要或不想要的项目上浪费了大量资金。大部分资金最终落入标价过高的承包商或阿富汗腐败官员的口袋，而由美国资助修建的学校、诊所和道路（如果这些设施果真修建了的话），也处于糟糕的建设或维护情况，并且年久失修。

一位未透露姓名的美国国际开发署官员估计，他们90%的投资都是过度支出。"我们失去了客观性。有人给我们钱，让我们花掉，我们就毫无理由地这样做了。"[2]

另一位援助承包商说，身居华盛顿的官员预计每天要为阿富汗一个面积相当于美国一个县的地区拨款约300万美元用于建设项目。[3]在接受"吸取教训"采访时他回忆说，有一次他询问一位来访的国会议员是否可以负责任地把这笔钱花在国内，"议员说绝对不行。他只好答道：'好吧，先生，这就是你刚刚要求我们花的钱，而服务对象是那些住在没有窗户、用泥巴糊的房子里的人。'"[4]

曾在白宫担任奥巴马的战争政策专员的道格拉斯·卢特中将说，美国在建设水坝和高速公路等项目上大肆挥霍，只是为了"表明我们付得起"。[5]他充分意识到阿富汗人是世界上最贫穷和最缺乏教育的人，一旦大型项目落成，不可能依靠阿富汗人去维护。

卢特在接受"吸取教训"采访时说："好吧，我们偶尔也会超支。作为一个富裕的国家，我们可以把钱倒进洞里，而不会让银行破产。但我们应该这样做吗？就不能更理性一点吗？"[6]

他回忆起自己参加一个剪彩仪式的场景，当天的仪式上他还拿着一把超大号剪刀，剪彩仪式主要是为了庆贺美国"在某个被上帝遗弃的省份"建造了漂亮的新区警察总部。[7]美国陆军工程兵团负责监督建造工作，新建筑有着玻璃外墙和天井前厅，很明显，美国人并没有费心思去了解阿富汗人对这种设计的看法。

卢特说："警察局长连门都打不开，他从没见过这样的门把手。而对我来说，这概括了在阿富汗的全部经历。"[8]

美国政府批准了如此多的项目，以至于无法跟踪所有项目的进展；美国国际开发署的工作人员及其承包商的流动如此之频繁，以至于制订计划的人很少留下来监督计划完成。后续的检查工作也很少，一部分原因是政府援助人员需要军队护送才能在阿富汗各地活动。

在经济问题上，美国常把阿富汗当作一个理论案例，而从不考虑常识性问题。尽管阿富汗是一个自给自足的农业国家，但美国政府坚持把大部分援助用于教育，哪怕当地几乎不能给毕业生提供工作岗位。

第十三章 "深不见底的吸金黑洞"

一位未透露姓名的特种部队顾问在接受"吸取教训"采访时说:"我们在空置的学校旁边建学校,这没有道理。"他还补充道,当地阿富汗人明确表示,"他们并不想要学校。他们想让孩子们出去放羊"。[9]

在某些情况下,美国机构把钱浪费在虚假项目上。

2009年10月,美国海军预备役上尉蒂姆·格拉泽夫斯基辞去了在硅谷商业软件公司财捷的全职文员工作,他被派往坎大哈监督阿富汗南部的经济开发项目。他的任务之一是,寻找一个只出现在纸上的面积达37英亩的项目。

在他抵达之前,美国政府已经签署了大约800万美元的合同,为坎大哈附近的48家企业建造一个工业园。但在查阅了前期文件后,格拉泽夫斯基无法确定工业园在哪里,甚至无法确定它是否存在。

在接受"吸取教训"采访时,格拉泽夫斯基表示:"这个项目启动的时候,我们对这个工业园知之甚少,这让我很震惊。没有工业园的信息,甚至也不知道位置在哪里。那是一片空白,什么信息也没有。"[10] 他花了几个月的时间才最终确定了工业园的位置并进行了检查。园区中没有建筑物,只有一些空荡荡的街道和下水道。

格拉泽夫斯基回忆说:"我不知道谁负责该项目,但它是存在的,所以我们试着继续推进。"[11] 尽管努力恢复该项目,但在2010年他离开后,该项目还是"土崩瓦解"了。[12] 4年后,美国审计人员访问了这个地方,发现工业园基本上被遗弃了,只有一家简易的冰激凌包装公司在此运作。

美国政府原本打算以更加雄心勃勃的国家建设项目支撑这个工业园,那就是阿富汗第二大城市坎大哈及其周边地区的电气化工程。

由于电力系统老旧,坎大哈电力严重短缺。美军指挥官看到了这个情况,从理论上认为如果能够提供可靠的电力保障,那么坎大哈将支持阿富汗政府,转而反对塔利班。

为了实现这一目标,美军希望重建位于坎大哈以北100英里的卡贾基大坝上老化的水力发电站。该大坝由美国国际开发署在20世纪50年代建造完成,并在20世纪70年代安装了涡轮机。但由于多年战乱和缺少维护,发电站早已不能用了。

2004年以来,美国政府一直试图启动该项目并增加电力产能,但进展甚微。塔利班控制了大坝周围地区和一些输电线路。维修人员需要借助武装车队或直升机才能进入现场。

尽管存在风险,但到2010年,美军将领们仍在游说政府向该项目追加数亿美元投资,他们称这是反叛乱战略的重要组成部分。一些发展专家认为,在敌方领土上资助大型建设项目是没有意义的。专家指出,阿富汗人缺乏长期维护该系统的专业技术知识,并且质疑这些努力是否真的有助于赢得那些习惯了没有中央集权管控的阿富汗人的支持。

美国国际开发署的一名高级官员在接受"吸取教训"采访时说:"为什么我们认为向坎大哈民众提供电力就能说服他们放弃支持塔利班?他们根本不知道应该用电做什么。"[13]

最后,将军们的意见占了上风。布什政府刚上台时,曾在阿富汗短暂服役的克罗克于 2011 年返回阿富汗，担任美国驻阿富汗大使。他对大坝项目深感疑虑，但还是批准了其中的一部分工程。[14]克罗克在接受"吸取教训"采访时表示："我决定继续做下去，但我确定这个东西永远不会奏效。对我来说，最大的教训是，不要做大型基础设施项目。"[15]

这不是将军们要学的第一课，事实上，大坝项目只是一个开始。

大坝上的涡轮机和发电站需要数年时间才能修好。随着美国反叛乱战略的实施，美军指挥官希望立即向坎大哈提供电力。因此，他们制订了一个临时计划，购买巨型柴油发电机，这些发电机可以在几个月内就开始运转而不是几年之后。为整个城市发电是一种极其低效和昂贵的方式，此后 5 年中，用于发电的开支高达 2.56 亿美元，主要费用花在燃料上。批评人士再次抱怨该计划不合逻辑。

一位身份不明的北约官员在"吸取教训"采访中说，他的任务是设法从国际援助者那里为发电机争取资金，但毫无进展。他表示："所有仔细研究这个问题的人都会发现，数学计算并不合理，这完全是胡说八道。我们去向世界银行寻求帮助，但世界银行的人完全不想参与……大家看到这个项目就觉得很疯狂。"[16]

根据联邦政府的审计报告，截至 2018 年 12 月，美国政府已经在坎大哈和邻近的赫尔曼德省的大坝、柴油发电机及其他电力项目上花费了 7.75 亿美元。[17]

大坝的发电量增加了近两倍，但从经济角度看，这个项目没有任何意义。2018 年，美国国际开发署承认，阿富汗坎大哈地区的公共事业始终需要外国补贴才能运转。

曾在阿富汗服役并在布什政府和奥巴马政府担任白宫工作人员的海军海豹突击队前成员杰弗里·埃格斯认为，这些项目没能达到目的。在一次"吸取教训"采访中，他提出了所谓"超限"的问题[18]："为什么美国要采取超出自己能力范围的行动？这涉及战略学和心理学方面的考虑，是一个很难回答的问题。"[19]

在布什和奥巴马执政期间，美国官员都坚决避免使用"国家建设"一词。虽然每个人都知道实际上他们就是在进行国家建设，但有一条不成文的规定是，不能在公共场合承认美国是在阿富汗进行国家建设。

戴维·彼得雷乌斯将军是少数几个打破规定的人之一。

奥巴马总统在西点军校发表演讲6个月后，彼得雷乌斯来到众议院军事委员会参加有关阿富汗战争进展问题的听证会。来自新罕布什尔州的民主党众议员卡萝尔·谢伊-波特直截了当地问他，美国是否在阿富汗进行国家建设？彼得雷乌斯回答说："确实如此。"

谢伊-波特对他的坦白感到吃惊。她说："我只想说，我已经一次又一次地听到人们说，我们不是在进行国家建设，我们来到阿富汗是因为其他原因。"

但彼得雷乌斯坚持自己的立场。他说："这是阿富汗战略的关键组成部分，显然可以定义为国家建设。我不会逃避，也不会玩修辞游戏。"

美军在阿富汗的战略原则是，将国家建设中最重要的资金作为一种强大的战争武器。战地指挥官认为，他们可以通过资助公共工

第十三章 "深不见底的吸金黑洞"

程项目或通过"现金换劳动力"项目雇用当地人来赢得阿富汗人的支持。

2009年,美军下发了一本手册,名为《指挥官如何将金钱作为武器》。引言中引用了彼得雷乌斯作为少将在伊拉克作战时说的话:"在这场战争中,钱是我最重要的弹药。"

从指挥官的角度来看,快速地投掷弹药比明智地使用弹药更好。通常情况下,美国国际开发署会对项目提案进行数月或数年的研究,以确保它们能带来持久的效益。但是美国军方等不了那么久,军队试图赢得战争。一位未透露姓名的美国军官在接受"吸取教训"采访时说:"彼得雷乌斯拼命砸钱来解决这个问题。在他任职时,最重要的事情是开支。他想让阿富汗人去工作。"[20]

在"吸取教训"采访中,彼得雷乌斯承认这是一种挥霍无度的策略,但他认为,鉴于奥巴马总统将在18个月后下令增援部队撤军,美军现在别无选择。

他表示:"增加投入的原因在于,我们需要尽快维持支出涨幅,因为马上就会削减开支。我们的支出速度要比自认为更有力量时快。"[21]

国家建设计划的实施依赖美国军方、美国政府官员和私人承包商的协作。在实际进行中,不同群体之间不断发生冲突。

美国军方坚持加快投入的意愿与美国国际开发署和国务院的其他部门产生了分歧,后者甚至难以找到足够数量的愿意前往阿富汗的工作人员。在战场上,军事指挥官经常把美国国际开发署的工作人员和承包商看作行动迟缓的官僚,认为他们只满足于领取薪水,而军队做了大部分工作。

在阿富汗东部的霍斯特省，美国陆军上校布赖恩·科佩斯领导印第安纳州国民警卫队开展农业综合经营项目，并向村民传授修剪果树的现代农业技术。他说，阿富汗农民已经落后了一个世纪，[22]但美国援助人员对他的抵制和批评比任何事情都更让他感到沮丧。

在军队口述史采访中，科佩斯说："援助队伍中的一些人带有某种精英偏见，真的看不起穿制服的人，认为他们是一群笨手笨脚的'尼安德特人'。"[23]

援助人员则抱怨说，军方将他们视为不了解任务紧迫性的、胆小怕事的办公室小职员，一位身份不明的美国国际开发署高级官员在接受"吸取教训"采访时说："我们一直在追赶巨龙，但总是被甩在后面，在军方眼中永远不够好。"[24]

他们还抱怨说，那些军人不理会他们对具体项目价值的看法。一位未透露姓名的美国国务院前官员表示，当他质疑在坎大哈敌对地区修建高速公路是否明智时，他被军方官员"狠狠地揍了一顿"[25]。他在"吸取教训"采访中说："所以我们就该推进项目，然后飞进去挨枪子儿吗？试想一下，我们在一个危险地区修路，但就连美军武装直升机都无法在那附近降落。"

阿富汗政府官员说，他们也对军事指挥官坚持在仍受塔利班影响、难以进入的地区开展建设项目感到困惑。

阿富汗负责地方治理的前副部长巴尔纳·卡里米说，美国海军陆战队清除了赫尔曼德省的叛乱分子后，美国人一直纠缠他，要求他派遣阿富汗政府官员到加姆塞尔。他说，美国海军陆战队并不在

第十三章 "深不见底的吸金黑洞"

乎塔利班仍然控制着通往该地区的主要道路。

在"吸取教训"采访中，卡里米表示："他们开始嚷嚷道：'我们已经肃清了加姆塞尔的反政府武装，你要来这里建立政府管理机构。'[26] 我告诉他们我到不了，因为我没法从公路通行。他们是坐直升机抵达的，但我不可能让所有下属都坐上飞机。我的手下怎么能到得了呢？他们会在路上被绑架的。"

曾在美国国际开发署担任项目经理的阿富汗人萨菲乌拉·巴兰表示，美国人如此热衷于建造东西，但他们很少关注谁能从中受益。[27] 他说，塔利班曾破坏阿富汗东部农业省份拉格曼的一座桥梁。美国人急于替换它，就雇用一家阿富汗建筑公司用不到一周的时间建造了另一座桥。

但是，这家建筑公司的老板有一个兄弟，在当地的塔利班分支组织工作。[28] 兄弟俩合力建起了繁荣的事业：塔利班的那个兄弟炸毁了美国的项目，然后不知情的美国人付钱给另一个兄弟重建项目。

美国国际开发署的官员指责军方过于心急，并表示所有方法都是落后的。他们说，更有效的做法是，首先把重点放在和平省份的建设项目上，以巩固那里的民众对中央政府的忠诚，然后将工作逐步扩展到动荡地区。

一位未透露姓名的美国官员在接受"吸取教训"采访时问道："为什么不把稳定地区作为让人羡慕的样板呢？阿富汗人是我见过的最容易嫉妒的人，但我们没有利用这一点。相反，我们在孩子们不敢出家门的危险地区建造学校。"[29]

庞大的市政工程导致了国家建设计划的失败。然而,规模较小的项目也助长了投资热潮,许多项目都来自"指挥官紧急响应计划"(CERP)。经美国国会批准,"指挥官紧急响应计划"允许战场上的军事指挥官绕过正常的合同规定,在基础设施项目上的最高权限可达100万美元,尽管大多数项目的成本都不到5万美元。

指挥官承受着巨大的开支压力,他们盲目地复制过去项目中的"指挥官紧急响应计划"文件,认为不太可能会有人注意到。一名军官说,同一家诊所的照片出现在阿富汗各地大约100份不同的诊所项目报告中。

一位曾在阿富汗东部服役的美军民政事务官员在"吸取教训"采访中说,他经常看到"指挥官紧急响应计划"的文件中提到"sheikhs",这个词是从伊拉克重建项目中剪切粘贴而来的。[30] "sheikhs"是阿拉伯语中的尊称,但在阿富汗通常不使用这个词。

这位美军官员回忆说,他曾告诉自己的士兵,如果他们不能证明项目是有益的,"那么最明智的做法就是什么都不做。但是我的话没人听。他们说'我们不能什么都不做',我告诉他们'我们还是把钱扔掉吧'"。[31]

曾在阿富汗东部的霍斯特省担任民政指挥官的印第安纳州国民警卫队军官科佩斯把大量援助比作"可卡因"[32],称其"让每个机构对此上瘾"。在"吸取教训"采访中,他说自己偶然发现了一个耗资3万美元建造的温室,由于阿富汗人无法维护它而废弃了。他的团队用钢筋建造了一个新的温室,效果更好,尽管迫于压力要花更多的钱,但实际上成本才55美元。[33]

第十三章 "深不见底的吸金黑洞"

科佩斯说:"国会给了我们钱,让我们花光。态度就变成了:'我们不在乎你怎么花钱,只要你花掉它。'"[34]

国防部的统计数据显示,尽管美军尽最大努力花钱,但只花了国会为其拨款的 37 亿美元的 2/3。[35] 根据 2015 年的审计报告,在国防部实际支出的 23 亿美元中,只有价值约 8.9 亿美元的项目能够提供财务明细账目。

在"吸取教训"采访中,其他机构的官员对这种浪费和管理不善的行为感到震惊。在 2011—2014 年担任美国国际开发署阿富汗项目主任的肯·山下说:"'指挥官紧急响应计划'不过就是四处撒钱。"[36] 他把这些钱比作换取选票的现金。一位身份不明的北约官员称,该计划是"一个毫无责任感的深不见底的吸金黑洞"[37]。

阿富汗国家建设计划存在着浪费、低效和想法不成熟等诸多问题,但美国政府官员最困惑的是,他们永远无法判断这些项目是否真的能帮助他们赢得战争。

一名在增兵期间被派往喀布尔美军总部的军官说,很难追踪"指挥官紧急响应计划"的项目是否真的建成了。在一次"吸取教训"采访中他说:"我们想用硬性的、量化的指标来告诉人们某个项目正在产生预期的结果,但我们很难去定义这些指标。我们不知道如何衡量一家医院的存在是否降低了当地民众对塔利班的支持。这个问题总是我们推进不下去的最后障碍。"[38]

美国政府很不熟悉阿富汗文化,即使是最善意的项目也注定要失败。2008—2015 年担任坎大哈省省长的图里亚莱·韦萨说,美国的援助人员曾经坚持开展一个公共卫生项目,教阿富汗人如何洗手。他在接受"吸取教训"采访时说:"这是对当地人的侮辱。在这里,人们每天进行5次祷告,每次都要洗手。"[39]他接着补充道:"即使不这样,也不需要教授如何洗手的项目。"

韦萨说,一个好的项目应该提供工作或赚钱的技能。但这类项目也可能适得其反。阿富汗问题专家、海军研究生院教授托马斯·约翰逊曾担任加拿大军队的反叛乱顾问,他说,在坎大哈的一个项目中,美国和加拿大军队每月向村民支付90~100美元,用于清理灌溉渠道。

但是到最后,军队发现这一计划间接扰乱了当地学校的秩序。约翰逊在"吸取教训"采访中说:"该地区教师的收入要低得多,每月只有60~80美元。所以一开始,所有学校的老师都辞职,加入了挖沟工人的行列。"[40]

在阿富汗东部,一个干劲十足的陆军旅决心改善公共教育,并承诺建造50所学校。然而,一位参与该项目的军官表示,这在无意中帮助了塔利班。这位未透露姓名的美国军官在接受"吸取教训"采访时说:"学校里没有足够的教师,所以校舍荒废了,其中一些校舍甚至成了炸弹制造工厂。"[41]

第十三章 "深不见底的吸金黑洞"

第十四章　从朋友变为敌人

2009年11月19日,在阿富汗喀布尔总统府举办的就职典礼上,哈米德·卡尔扎伊身穿一件蓝色和绿色相间的丝绸罩袍,头戴一顶灰色小羊皮帽子,看上去和往常一样光彩照人。自从5年前第一次宣誓就职以来,他那修剪整齐的胡须已经完全变白了。但这位51岁男子的就职感言使其听起来像是一个模范政治家,因为他赞扬了善政、妇女权利以及阿富汗与美国的友谊。

"阿富汗人民永远不会忘记美国士兵为了和平所做出的牺牲。"他说,"在全能真主的帮助下,阿富汗将在未来5年建立强大的民主秩序。"

当时约有800名外交官和其他重要人物聚集在总统府,为这一历史性时刻鼓掌。数百万阿富汗人再次不顾暴力威胁,投票选举了民主政府。

坐在前排的美国国务卿希拉里·克林顿身穿一件在阿富汗购买的绣有黑色和红色花朵的外套,看上去也很优雅。卡尔扎伊在演讲结束时向她鞠了一躬，她喜气盈盈地点头表示赞许。随后，希拉里对记者们说，她为卡尔扎伊的演讲感到"振奋"。她表示："这么多勇敢的美国人在这里服务，因为我们相信能够取得进步。"

然而，这些微笑和美好的情感都是一场表演。在幕后，卡尔扎伊和美国人愤怒地互相攻击。

每个参加就职典礼的人都知道，卡尔扎伊在3个月前就赢得了选举。尽管华盛顿方面称赞他是守卫自由人权的"楷模"，但其支持者却实施了大规模欺诈行为，他们向投票箱里塞选票以操纵投票总数。联合国授意的调查小组认定，卡尔扎伊获得了大约100万张非法选票，占全部选票的1/4。

卡尔扎伊和美国的决裂不仅危及了美阿联盟，而且发生在阿富汗战争可能最为紧急的时刻，此时奥巴马正准备向阿富汗增派3万名美军士兵。

经过8年的战争，已经很难证明扩大战争规模具有正当性了。现在，奥巴马希望美军和纳税人为这位通过欺骗手段赢得连任的愤慨的外国领导人继续做出牺牲。

但是奥巴马和美国政府是选举失败的帮手。

在2009年1月奥巴马就职时，美国民主党和共和党的许多官员都对卡尔扎伊表示不满。他们指责阿富汗领导人纵容腐败滋生，并贬低卡尔扎伊，称他软弱且优柔寡断。

奥巴马的阿富汗和巴基斯坦问题特使理查德·霍尔布鲁克尤其不喜欢卡尔扎伊，他从一开始就毫不掩饰自己对卡尔扎伊的蔑视。霍尔布鲁克的顾问、阿富汗问题专家巴尼特·鲁宾在接受"吸取教训"采访时说："理查德·霍尔布鲁克讨厌哈米德·卡尔扎伊,认为他腐败透顶。"[1]

卡尔扎伊在阿富汗拥有广泛的民众支持,并有望赢得连任。然而,霍尔布鲁克和其他官员公开会见卡尔扎伊的对手,并鼓励他们也参加总统竞选,从而让事情变得更加复杂。霍尔布鲁克希望大量的竞选者能阻止卡尔扎伊获得多数票,并迫使他进入决选。在决选中,卡尔扎伊将更容易受到单个挑战者的攻击。

美国的阴谋激怒了卡尔扎伊,他认为这是背叛行为,并意识到自己无法再信任美国人。卡尔扎伊急忙扩大自己的政治基础,与来自不同族群的宿敌达成协议。

与此同时,卡尔扎伊任命总是嘻嘻哈哈的塔吉克族军阀穆罕默德·法希姆为竞选伙伴,并通过谈判获得了被指控犯有战争罪的阿卜杜勒·拉希德·杜斯塔姆将军的支持,后者控制着大量乌兹别克人的选票。卡尔扎伊的举动令人权组织大为失望。为了增加竞选胜利的筹码,卡尔扎伊还将自己的亲信任命到阿富汗选举监督委员会中。

一些美国官员认为,奥巴马政府应该意识到,对卡尔扎伊使的小花招会适得其反。美国国防部长罗伯特·盖茨在弗吉尼亚大学口述史采访中说："卡尔扎伊之所以与军阀交易,在选举中舞弊,是因为我们不像上次选举时那样支持他。现在他知道美国已经抛弃他了,所以差不多就想让我们见鬼去吧。"[2]

卡尔扎伊就职一个月后,盖茨出席了在布鲁塞尔举行的北约国防部长会议。坐在他旁边的是曾担任联合国秘书长派驻阿富汗特别代表的挪威外交官凯·艾德，他们是相识多年的朋友。艾德在发表形势报告之前对盖茨说[3]："我会告诉部长们，阿富汗选举中存在明显的外国干涉。但我不会说那是美国和理查德·霍尔布鲁克做的。"[4]

* * *

一开始，华盛顿与卡尔扎伊的关系似乎是亲密无间的。

卡尔扎伊来自坎大哈省灌木丛林地带的波帕尔扎伊部落，父亲是阿富汗国会议员。20世纪70年代，他和其他阿富汗精英一起在喀布尔上高中，后来去印度深造，在那里，他的英语水平得到了提升。学成归来以后，卡尔扎伊开始进入政坛，他在20世纪90年代初短暂地担任过外交部副部长一职。不过，这位身材矮小、秃顶、热爱诗歌的知识分子在阿富汗内战期间基本没上过战场。

"9·11"事件发生时，卡尔扎伊已经流亡到巴基斯坦。由于他反对塔利班，美国中央情报局此前与他建立了一点联系，恐怖袭击发生后，美国与卡尔扎伊的关系很快升温。

虽然卡尔扎伊没当过游击队员，但当2001年10月美军开始空袭的时候，美国情报机构鼓励他越境进入阿富汗南部，去领导反对塔利班的武装起义。[5]几周后，卡尔扎伊在一次小规模冲突中被困，美国中央情报局派了一架直升机前往营救。此后，一名负责军事行动的中央情报局人员和一支特种部队留在卡尔扎伊身边负责保护他。

2001年冬天，塔利班政权倒台后，阿富汗迫切需要一位能够团结好各个武装派系的领导人。卡尔扎伊成了国内外势力的一致人选。他是普什图人，但北方联盟的塔吉克族、乌兹别克族和哈扎拉族军阀也接受他。

在德国波恩举行的阿富汗问题未来规划会议上，卡尔扎伊还得到了所有外国势力的支持。主持峰会的美国外交官詹姆斯·多宾斯说，巴基斯坦三军情报局率先将卡尔扎伊列为有潜在领导能力的人。[6] 俄罗斯、伊朗和美国也表示认同，这些竞争对手罕见地达成了共识。

多宾斯在外交口述史采访中说："卡尔扎伊上镜、善于合作、温和、广受欢迎。因此，他拥有一种不同寻常的能力，能够赢得各个国家和个人的信任。"[7]

卡尔扎伊也越来越感激美国人。波恩会议期间，卡尔扎伊留在阿富汗南部帮助扫荡塔利班残余势力。2001年12月5日，一架美国空军B-52轰炸机在坎大哈的营地误投了一颗炸弹。一个名叫格雷格、绰号"蜘蛛"的美国中央情报局特工扑到卡尔扎伊身上保护他免受爆炸袭击，[8] 虽然两个人都幸存下来，但有3个美军士兵和5个阿富汗人死亡。

爆炸发生几小时后，卡尔扎伊的卫星电话响了，[9] 是英国广播公司驻喀布尔的记者吕瑟·杜塞打来的，她和卡尔扎伊相识多年。此时，英国广播公司已经播报了波恩会议指定卡尔扎伊为阿富汗临时政府领导人的新闻简报。

杜塞在充满杂音的电话中喊道："哈米德，你对被选为新领导人有什么感觉？"[10]

这对卡尔扎伊来说是一个大新闻，他问道："你确定吗？"杜塞向他保证说她确定。

卡尔扎伊回答说："那太好了。"但是他没有提起自己刚刚死里逃生的事。

几周后，卡尔扎伊搬进了总统府。他知道自己完全依赖于美国人。在掌管一个已成废墟的国家时，卡尔扎伊没有安全部队、没有官僚机构，也没有任何资源。

2002年初担任美国驻阿富汗代理大使的瑞安·克罗克在接受弗吉尼亚大学口述史采访时说："那只是一个阴冷透风的宫殿。"[11]

卡尔扎伊几乎每天都邀请克罗克到宫殿吃早餐，食物是新鲜出炉的面包、奶酪、蜂蜜和橄榄。克罗克欣然接受了这些烹调美食，[12]美国大使馆里只有一袋袋不易腐烂的军用口粮。但克罗克也知道，卡尔扎伊需要对成千上万件大大小小的事做出决定，他非常希望得到指导。

一天早上，卡尔扎伊出人意料地提出了一个问题："我们需要一面国旗，你认为它应该是什么样子的？"[13]

克罗克回答说："这取决于你。"[14]

卡尔扎伊拿出一张餐巾纸，开始在中央画一面黑、红、绿三色的国旗，国旗上有一个清真寺的图案。

他一边画一边解释说："传统的色调对人们来说有一定意义，也必须认识到我们的国家是阿富汗伊斯兰共和国，所以需要在这个地方为真主服务。"

第十四章　从朋友变为敌人

你看！一个新生国家的新国旗就在餐巾纸上涂鸦完成了。

克罗克钦佩卡尔扎伊的个人勇气和他想要把阿富汗作为一个国家而不是互相争斗的部落联合体来治理的决心。但是，克罗克对卡尔扎伊是否具有政治素养和高超的治理能力持怀疑态度。

为阿富汗的34个省挑选新省长也是卡尔扎伊的职责之一。克罗克说："他有时会问我：'谁应该担任加兹尼省省长？'就好像我有想法一样。而且卡尔扎伊的有些任命很糟糕。"[15]

卡尔扎伊把自己的性命托付给了美国人。1999年，塔利班武装分子在巴基斯坦奎达的一座清真寺外暗杀了他的父亲。卡尔扎伊知道塔利班更加想置他于死地，但奈何他自己缺乏可靠的安全部队。在他上任的头几年里，美国政府派了一个安全小组24小时保护他。

卡尔扎伊的敌人总是暗中谋划杀死他。2002年9月，当卡尔扎伊在坎大哈街头从车里探出身子想向支持者致意时，一名身穿阿富汗警察制服的塔利班武装分子举枪瞄准卡尔扎伊，这名刺客在被美国特种部队杀死之前开了4枪，但均未打中卡尔扎伊，这真是千钧一发的时刻。

到2004年10月，阿富汗的局势已经稳定到可以举行第一次国家元首选举的程度。800多万人不顾塔利班的威胁，顶着喀布尔漫天的沙尘暴参与投票。卡尔扎伊以55%的得票率轻松获胜，击败了其他17名候选人。

国际观察员认为，这次选举是自由和公正的。从美国的角度来看，3年前布什政府发动的阿富汗战争不会有更好的政治结果。饱经苦难的阿富汗曾经跟随苏联，现在已经转变为民主国家，其领导人对美国感恩戴德。

2004年12月，拉姆斯菲尔德和切尼飞往喀布尔参加卡尔扎伊的就职典礼。之后，拉姆斯菲尔德向布什总统大加赞扬卡尔扎伊。他回顾了在宣誓就职前和切尼一起与激动的卡尔扎伊会面的情形，并写道："那是我永远都不会忘记的一天。卡尔扎伊说：'现在的生活就是工作。美国来到阿富汗之前，我们就像一幅静物画；你们一到，一切都活跃起来了。在你们的帮助下，我们大大向前迈进了。'"[16]

布什政府曾指定阿富汗裔美国外交官扎尔梅·哈利勒扎德作为卡尔扎伊的首席顾问。哈利勒扎德也是普什图人，他和卡尔扎伊在20世纪90年代就认识了。当布什总统于2002年任命哈利勒扎德为美国驻阿富汗特使并在一年后升任其为美国驻阿富汗大使时，两人的关系更加紧密了。

卡尔扎伊与哈利勒扎德每天都通话多次，哈利勒扎德几乎每天晚上都在总统府与他共进晚餐。与大多数阿富汗人不同，卡尔扎伊很守时。晚餐在晚上7点30分准时开始，他希望他的客人提前30分钟到达。菜品总是一成不变：鸡肉或羊肉配米饭，外加两种蔬菜。[17]晚餐后，他们会聊好几个小时。哈利勒扎德回到大使馆时，通常已经是午夜过后了。

2005年，布什政府决定派哈利勒扎德前往巴格达，以美国驻伊拉克大使的身份处理那里的动荡局势。卡尔扎伊亲自请求白宫官员把哈利勒扎德留在阿富汗，但是无济于事。当时，美国政府对卡尔扎伊充满信心，认为他是出色的领导人。

第十四章 从朋友变为敌人

哈利勒扎德在接受"吸取教训"采访时回忆说："当我去伊拉克的时候，卡尔扎伊在阿富汗非常受欢迎。白宫官员曾经半开玩笑地问：'你为什么不试着在伊拉克找一个卡尔扎伊式的人物？'"[18]

但是卡尔扎伊感到被抛弃了，他习惯于从美国人那里不断得到保证。布什政府则希望找一位不必每天与卡尔扎伊共进晚餐的大使，实现美阿关系正常化。双方都在努力调整。

美国国防部顾问马林·斯特梅茨基表示，卡尔扎伊通常要花几个小时来诉说领导中的困难，然后才能安心地做出艰难的决定。[19]他还需要很多帮助。

哈利勒扎德的继任者比他缺乏耐心，有时会提出欠考虑的要求。2005年，罗纳德·诺伊曼出任美国驻阿富汗大使时，曾敦促卡尔扎伊撤换腐败官员，其中包括卡尔扎伊同父异母的弟弟、坎大哈省议会主席艾哈迈德·瓦利·卡尔扎伊。

2006年1月，美国《新闻周刊》发表了一篇指责艾哈迈德·瓦利·卡尔扎伊的文章，指责他控制阿富汗南部的毒品交易。[20]这激怒了哈米德·卡尔扎伊，他召见了诺伊曼和英国大使。卡尔扎伊威胁说要提起诽谤诉讼，并要求知道美国或英国官员有没有任何不利于他弟弟的确凿证据。

美国驻喀布尔大使馆外交代表团副团长理查德·诺兰德在向华盛顿发送的机密电报中说："我们都说，现在有很多传言和指控说他的弟弟是一个腐败分子和毒品贩子，但我们还没有确凿的证据可以拿上法庭。"[21]同时，美国人没有退缩，他们告诉卡尔扎伊，这种看法就是现实情况，他必须解决这个问题。

阿富汗文件

TO: Steve Cambone

FROM: Donald Rumsfeld

DATE: September 8, 2003

I have no visibility into who the bad guys are in Afghanistan or Iraq. I read all the intel from the community and it sounds as though we know a great deal but in fact, when you push at it, you find out we haven't got anything that is actionable. We are woefully deficient in human intelligence.

Let's discuss it.

DHR/azn
090803.26b

Please respond by: 9/18

Response attached
w/ CDR Nosenzo
9/15

11-L-0559/OSD/18828

01 2001—2006年，美国国防部长唐纳德·拉姆斯菲尔德口述了数千份简短备忘录，被工作人员称为"雪片"。鉴于拉姆斯菲尔德的直率风格，许多关于阿富汗的"雪片"文件都预示出困扰美国军队多年的问题。

02　2001年10月6日，美军轰炸阿富汗的前一天，美国副总统迪克·切尼和国防部长唐纳德·拉姆斯菲尔德在华盛顿进行商谈。

03　2002年10月，在阿富汗东南部的一次清晨突袭中，第82空降师的士兵们正在寻找武器藏匿点。尽管基地组织的绝大多数头目已经逃离阿富汗或被击毙和抓获，但仍有大约9 000名美军士兵留在阿富汗搜寻基地组织目标。

04 2001 年 11 月 7 日，北方联盟士兵在前线战壕中与塔利班对峙。在接下来的几天里，北方联盟在美军的帮助下控制了马扎里沙里夫、赫拉特、喀布尔和贾拉拉巴德等阿富汗主要城市。

05 2001 年 12 月，在托拉博拉战役中，与美军结盟的阿富汗武装人员在白山附近驾驶坦克。经过几天的激战，基地组织领导人奥萨马·本·拉登逃离该地区。

06 2002年2月，在佛罗里达州达州坦帕市的美国中央司令部总部，陆军上将汤米·弗兰克斯（左）和高级军官们正在通过通信卫星与驻阿富汗美军进行每日会议。

07 2003年3月21日，美国军队开始入侵伊拉克之后，美国国防部长拉姆斯菲尔德在五角大楼为美军录制了一段视频讲话。布什政府几乎把所有注意力都转移到了伊拉克，阿富汗战争被忘到脑后。

2004年10月，阿富汗总统大选前，巴达赫尚省一个偏远村庄的女孩们身着国工作人员卸下选票。选举顺利举行，哈米德·卡尔扎伊赢得了总统选举。这一结果对布什政府来说是个好消息，因为美国正在努力应对伊拉克不断升级的叛乱和教派流血事件。

09 2004年10月，在喀布尔，身穿罩袍的阿富汗妇女从卡尔扎伊的肖像前经过。卡尔扎伊是一位衣着优雅、受过高等教育的普什图族领袖，他与布什政府建立了密切的关系。然而，美国政府对卡尔扎伊的态度逐渐转冷，美阿两国的关系出现波折。

![SIGAR logo] **SIGAR** | Office of the Special Inspector General for Afghanistan Reconstruction

LESSONS LEARNED RECORD OF INTERVIEW

Project Title and Code:	
LL-01 – Strategy and Planning	
Interview Title:	
Interview Ambassador Richard Boucher, former Assistant Secretary of State for South and Central Asian Affairs.	
Interview Code:	
LL-01-b9	
Date/Time:	
10/15/2015; 15:10-16:45	
Location:	
Providence, RI	
Purpose:	
To elicit his officials from his time serving as Assistant Secretary of State for South and Central Asian Affairs.	
Interviewees: (Either list interviewees below, attach sign-in sheet to this document or hyperlink to a file)	
SIGAR Attendees:	
Matthew Sternenberger, Candace Rondeaux	
Sourcing Conditions (On the Record/On Background/etc.):	On the record.
Recorded: Yes [x] No [ ]	
Recording File Record Number (if recorded):	
Prepared By: (Name, title and date)	
Matthew Sternenberger	
Reviewed By: (Name, title and date)	
Key Topics:	

- General Observations
- The State and DOD Struggle
- Building Security Forces
- Governance Expectations and Karzai
- Capable Actors
- Regional Economics and Cooperation
- General Comments on Syria & Iraq
- Lessons Learned

General Observations

Let me approach this from two directions. The first question of did we know what we were doing? The second is what was wrong with how we did it? The first question of did we know what we were doing – I think the answer is no. First, we went in to get al-Qaeda, and to get al-Qaeda out of Afghanistan, and even without killing Bin Laden we did that. The Taliban was shooting back at us so we started shooting at them and they became the enemy. Ultimately, we kept expanding the mission. George W. [Bush], when he was running for president, said that the military should not be involved in nation building. In the end, I think he was right. **If there was ever a notion of mission creep it is Afghanistan.** We went from saying we will get rid of al-Qaeda so they can't threaten us

Record of Meeting with Ambassador Richard Boucher 10152015

10 阿富汗重建特别监察长办公室采访了数百名在阿富汗战争中发挥关键作用的人。该机构试图对采访记录和文本保密，但《华盛顿邮报》发起诉讼并根据《信息自由法》要求公开这些文件。

11 2005年，一个女孩在苏联建造的剧院的废墟上玩晾衣绳。阿富汗极度贫困，基础设施破烂不堪，自1979年苏联入侵以来，阿富汗一直被接连不断的战争破坏。

12 2004年5月，喀布尔的一所警察学院中，阿富汗警察学员走回他们的房间。美国和北约建立阿富汗警察部队的初步尝试失败了。在2005年的一份备忘录中，拉姆斯菲尔德称培训计划一团糟，并表示他"准备认输"。

13 2006年5月，在阿富汗东部楠格哈尔省的一次行动中，阿富汗缉毒小组的一架直升机降落于此。2001年战争爆发后，阿富汗鸦片产量飙升。美国花了90亿美元在种类繁多的项目上，但没能阻止阿富汗向世界输送海洛因。

14 2007年3月，英国皇家海军陆战队队员对卡贾基大坝附近被塔利班控制的村庄实施突袭，在爆破围墙时寻找掩护。美国及其北约盟国花费数亿美元修复并升级水电站，尝试向赫尔曼德省和坎大哈省供电，但效果不佳。

15 2006年6月，在巴达赫尚省，一位农民看着阿富汗警察铲除罂粟田。美国及其盟友英国尝试推行一系列政策来减少鸦片产量，如出钱让农民停止种植罂粟，雇用武装人员摧毁罂粟，并计划从空中喷洒落叶剂。然而，这些措施收效甚微。

16 2007年9月，在阿富汗东部库伦加尔山谷的雷斯特雷波前哨基地，美国陆军特种部队士兵布兰登·奥尔森靠立在战壕中。2005年，美军士兵抵达库伦加尔山谷肃清基地组织和塔利班，在这里爆发了激烈交火和伏击行动。

17 2010年3月，阿富汗安全部队正在将一名受伤的士兵运送到美军医疗直升机上。此前塔利班武装人员在库纳尔省的塔斯内克附近发动了伏击。美军伤亡人数在2010年达到顶峰，当年有496名美军士兵丧生。

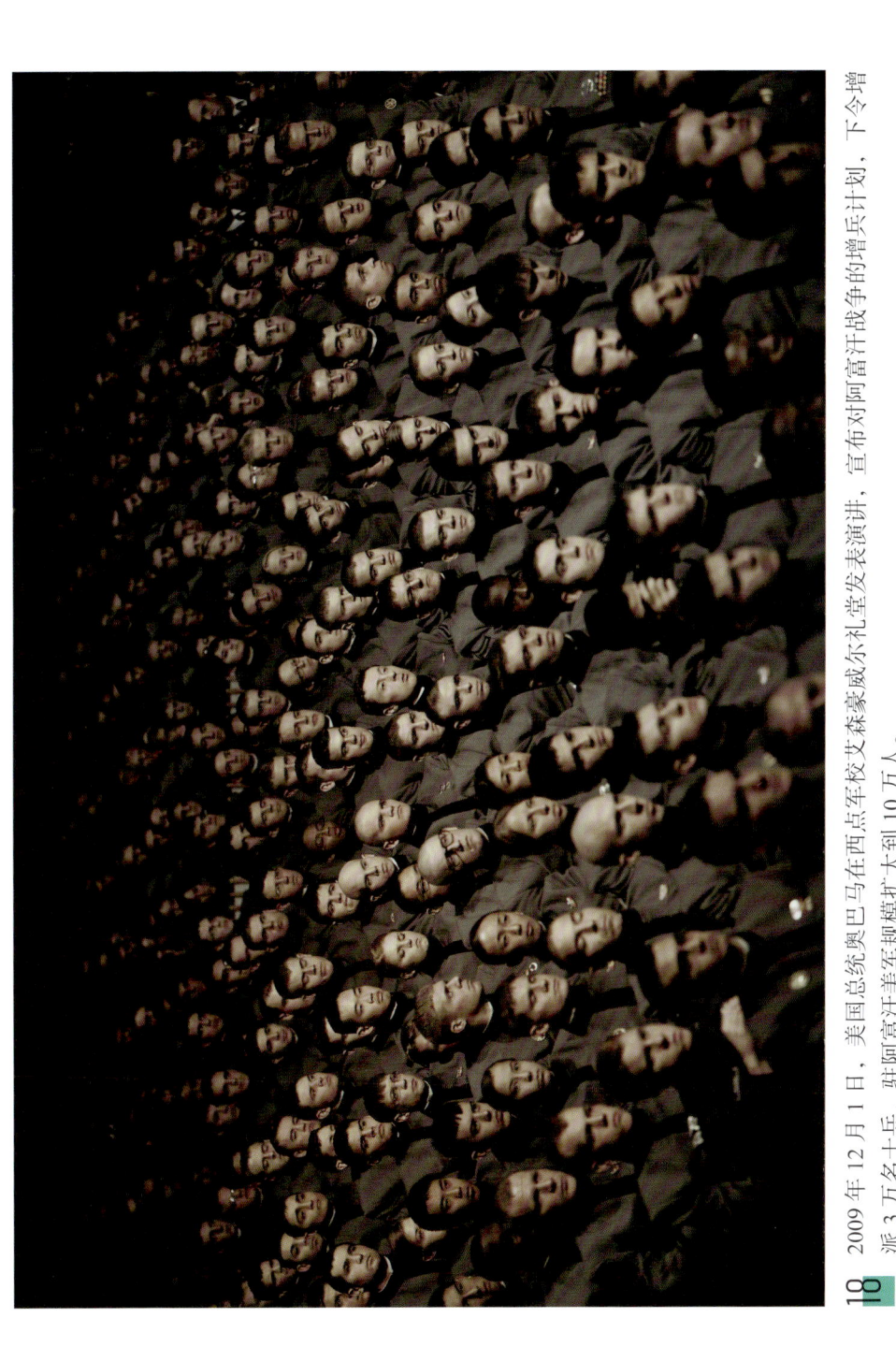

2009年12月1日，美国总统奥巴马在西点军校艾森豪威尔礼堂发表演讲，宣布对阿富汗战争的增兵计划，下令增派3万名士兵，驻阿富汗美军规模扩大到10万人。

19 2009年8月，在喀布尔体育馆举行的政治集会上，当阿富汗总统候选人阿卜杜拉·阿卜杜拉的支持者欢呼时，竞选传单从直升机上飘落到地面。哈米德·卡尔扎伊赢得了连任，但选举结果因大规模舞弊而缺乏可信度。联合国授意的调查小组认定，卡尔扎伊获得了大约100万张非法选票，占全部选票的1/4。

2010年3月，美国海军陆战队从塔利班手中夺取了地区控制权后，赫尔曼德省马尔贾镇的一位名叫哈吉·查希尔曼的官员与当地长老会面。最初被赞许为成功的和阿富汗政府的后续努力未能稳定该地区，叛乱武装分子随后占领了赫尔曼德省的大部分地区。

21 2009年5月，阿富汗货币交易员在位于喀布尔的货币市场上交换成堆的现金。奥巴马政府向阿富汗提供了数百亿美元的援助和国防订单，加剧了本已严重的腐败问题。

22 2009年10月，来自密歇根州金奇洛的美军士兵克里斯托弗·格里芬的遗体被送往特拉华州多佛空军基地。24岁的格里芬在大批塔利班武装分子袭击努尔斯坦省的基廷前哨基地时阵亡。他是阵亡的8名士兵之一。

SIGAR | Office of the Special Inspector General for Afghanistan Reconstruction

LESSONS LEARNED RECORD OF INTERVIEW

Project Title and Code:	
LL-07 – Stabilization in Afghanistan	
Interview Title:	
GEN Edward Reeder	
Interview Code:	
LL-07-71	
Date/Time:	
Location:	
Fayetteville, NC	
Purpose:	
Interviewees: (Either list interviewees below, attach sign-in sheet to this document or hyperlink to a file)	
SIGAR Attendees:	
David Young, Paul Kane	
Sourcing Conditions (On the Record/On Background/etc.):	
Recorded: Yes / No X	
Recording File Record Number (if recorded):	
Prepared By: (Name, title and date)	
Paul Kane	
Reviewed By: (Name, title and date)	
David Young	
Key Topics:	
Village Stability Operations	

Origins of VSO

This was before my deployment when I was the XO for Admiral Olson at SOCOM. At the time, I was looking at Afghanistan and I was thinking that there has to be more to solving this problem than killing people, because that's what we were doing and every time I went back security was worse. So, I decided that I would have to take a completely different approach, to better understand the tribes and how the Taliban does what they do.

(b)(1) - 1.4(D) "Tell me why they fight, tell me why there is a fighting season, tell me why there are so many problems in Helmand and Kandahar" and they described the influence of poppy and fruit harvests, and how that dictated the seasonal patterns. But they also described how the

---

23 在"吸取教训"采访中,美国高级官员承认,他们在阿富汗战争战略上存在致命缺陷,他们故意用乐观的描述并不停地谈论战争进展来误导公众。在采访中,陆军少将小爱德华·里德承认"每次我返回阿富汗的时候,局势都变得更加糟糕",他曾6次担任阿富汗特种作战部队的指挥官。

24 2018年7月，阿富汗北部强大的乌兹别克族军阀阿卜杜勒·拉希德·杜斯塔姆将军抵达喀布尔国际机场。杜斯塔姆被人权组织指控犯有战争罪，但他与美国政府保持着密切关系。一位美国外交官称他为"长着娃娃脸的独裁者"。

25 2011年5月1日，美国总统巴拉克·奥巴马、副总统约瑟夫·拜登、国务卿希拉里·克林顿、国防部长罗伯特·盖茨和国家安全委员会其他官员，聚集在白宫情报室观看在巴基斯坦阿伯塔巴德地区击毙本·拉登的实况视频。

2011年9月，美军士兵在库纳尔省观察哨一个临时搭建的露天健身房练习举重。这个哨所位于阿富汗东北部，邻近塔利班武装分子从巴基斯坦渗透到阿富汗的主要通道。

27　2011年7月，美国和北约驻阿富汗联军部队指挥官戴维·彼得雷乌斯将军在位于喀布尔军事总部的住所里锻炼。

2011年9月，阿富汗国民军的女军官们参加在喀布尔举行的毕业典礼。美国对阿富汗战略的重点是训练和装备阿富汗安全部队，以使这些部队可以保卫国家。但阿富汗军队和警察部队饱受腐败和民族矛盾的困扰。

29　2013年10月，阿富汗陆军中士马修拉赫·汉达尔在坎布喇赫·汉达尔红十字会矫形康复中心用他的新义肢迈出了第一步。汉达尔在坎大哈省的一次爆炸中失去了双腿和左前臂。

2014年11月，肯塔基州坎贝尔堡基地的美军士兵登上飞机，准备部署到阿富汗。次月，奥巴马总统宣布美国结束在阿富汗的战斗任务，但仍有数千名美军士兵驻留阿富汗继续战斗并在战斗中牺牲。

31　2019年12月，一架阿富汗军用直升机在喀布尔上空飞行时，一名机枪手向外张望。

32　2020年7月，一群塔利班武装分子在库纳尔省的马拉瓦拉地区展示他们的武器。该地区靠近巴基斯坦边境，多年来一直是塔利班的据点。尽管塔利班和阿富汗政府进行了和平谈判，但武装分子表示将继续为夺取阿富汗而战斗。

美国政府要求卡尔扎伊处理好自己制造的烂摊子。在幕后，美国中央情报局与艾哈迈德·瓦利·卡尔扎伊密切合作，帮助他成为地方权力掮客。多年来，美国中央情报局资助他招募和训练一支秘密的准军事部队，几乎可以肯定，哈米德·卡尔扎伊是知情的。[22] 鉴于这种特殊关系，美国大使馆官员才大胆地要求阿富汗总统就含糊不清的不当行为惩治自己的弟弟。这件事卡尔扎伊可不会忘记。

曾在阿富汗工作多年的外交事务官托德·格林特里在外交口述史采访中说："我们以艾哈迈德·瓦利·卡尔扎伊为目标，其实是在破坏美阿之间的关系。这种做法是否明智一直备受质疑。"[23]

随着叛乱活动不断增多，布什政府的官员开始批评卡尔扎伊的执政风格。政府官员抱怨说，卡尔扎伊的行为更像一个部落领袖，而不是一个现代国家的领导人。他们还担心塔利班正在利用民众对政府腐败无能的不满。

美国官员曾与卡尔扎伊一起努力削弱阿富汗军阀的影响，因此，当卡尔扎伊把那些军阀从阴冷的宫殿中拉回来结成联盟时，他们变得愤怒起来。对于白宫来说，曾经的民主海报上的主角正在失去光彩。

在布什的第二个任期内担任国家安全顾问的斯蒂芬·哈德利在"吸取教训"采访中说："卡尔扎伊从未接受过民主，也不依赖民主制度，而是依靠资助支持。我认为军阀卷土重来是因为卡尔扎伊希望他们回来。"[24]

然而，卡尔扎伊对美国的不满是合情合理的。

美军用战斗机、攻击直升机和武装无人机控制了阿富汗的天空。但即使有了先进的监视摄像头和传感器，精确定位地面上的单个目标同样很困难。叛乱分子利用村庄，通过小规模行动和躲藏战术掩盖行踪。

随着与塔利班的战斗升级，美军空袭造成无辜平民伤亡的人数也在增加。美军指挥官经常在没有确凿证据的情况下条件反射地将平民定性为恐怖分子，从而使事态恶化。卡尔扎伊多年来一直抗议过激的空袭行动。2008年，当美国试图掩盖一系列误杀平民的灾难性事件时，卡尔扎伊的反对声越来越大，也越来越公开。

2008年7月6日，阿富汗目击者报告说，美国战机误炸了阿富汗东部楠格哈尔省一个偏远村庄附近的婚礼庆典，造成数十名妇女和儿童死亡。美军马上公开否认，称他们是对山上的"一大群敌方武装分子"进行"精确"打击。

美军发言人、陆军中尉内森·佩里当时对美联社说："每当我们空袭后，他们做的第一件事就是哭诉'空袭杀死了平民'[25]，而实际上导弹击中了我们最初的目标——极端主义武装分子。"

卡尔扎伊命令阿富汗政府的一个委员会进行调查，其后证实这确实是一个婚礼庆典。空袭造成47人遇难，其中大部分是妇女和儿童，并且包括婚礼上的新娘。美军官员略有改口，他们说对平民的伤亡表示遗憾，并承诺进行调查。但自始至终都没有公布调查结果。

一个月后，又一次糟糕的军事行动加剧了卡尔扎伊的不满。美国和阿富汗地面联合部队中的一架低空飞行的AC-130攻击机和一架"收割者"无人机摧毁了阿富汗西部赫拉特省的阿齐扎巴德村。

美军说，这次行动的目标是一名"高价值"的塔利班领导人，

阿富汗文件

并表示没有平民死亡。但很快就出了严重的问题。一天之内，美军修改了此前的说法，承认有 5 名平民死亡。即便如此，这也被证明严重低估了死亡人数。

目击者称，多达 60 名儿童在长达数小时的袭击中死亡，许多人被埋在废墟下。[26] 联合国、阿富汗政府和阿富汗人权委员会分别根据照片、视频和幸存者声明进行了调查。他们得出结论，有 78~92 名平民被杀害，其中大多数是儿童。

愤怒的卡尔扎伊访问了该地区，并且抨击美国政府漠视阿富汗人的生命。他说："在过去的 5 年里，我夜以继日地工作，就是要防止这类事件发生，但我一直没有成功。如果我能做好，阿齐扎巴德的人民就不会血流成河了。"

尽管如此，美军还在为这次行动辩护，并指责阿富汗官员在为塔利班做宣传。美国国防部展开了调查。几个星期后，美军得出结论，有 22 名叛乱分子和 33 名平民被杀，但证明了对村庄发动袭击是合理的，称这次袭击是"出于自卫、必要和武力运用得当"[27]。

美国的调查草率地驳回了阿富汗和联合国收集的证据，认为这些证据未经证实，或被牵涉"金钱、政治及生存因素"[28] 的人玷污了。然而，军方的调查结果部分基于福克斯新闻摄制组拍摄的视频，该摄制组由以"伊朗门"闻名的奥利弗·诺思领导，在袭击阿齐扎巴德期间与美军一起参与了行动。*

---

* 美国军方一直对完整的调查报告保密，直到《今日美国》于 2018 年起诉国防部，才获取了近 1 000 页的文件。《今日美国》披露了 2019 年 12 月发生在阿齐扎巴德的袭击事件。

第十四章　从朋友变为敌人

除了恶劣的空袭误杀外，卡尔扎伊还谴责美国和北约部队对阿富汗居民住宅区进行了数百次夜间突袭，作为其逮捕叛乱分子行动的一部分。像空袭一样，夜间突袭有时会出错，特种部队可能会击杀错误目标。

一位未透露姓名的美国军官在接受"吸取教训"采访时说，误杀特别普遍，以至于一些部队"专门负责善后事宜，向阿富汗人支付赔偿款和慰问金"。这名军官曾在阿富汗东部的霍斯特省服役，他回忆起2008年在阿富汗发生的一件事，当时美军游骑兵特种部队错误地突袭了一名阿富汗陆军上校的家，杀死了他和他当教师的妻子。他说："我们杀死了自己的盟友。"[29]

布什政府的官员在公开场合对平民的伤亡表示遗憾，但在私下里却对卡尔扎伊的尖锐言论感到愤怒，并敦促他缓和批评言论。

但是卡尔扎伊想要体现出他的独立性，一部分原因在于，他敏锐地意识到塔利班嘲讽其为美国的傀儡。卡尔扎伊更多地谈到了美军淡化或忽视的其他敏感问题。例如，他谴责美国对巴基斯坦采取温和立场，从而没能消除塔利班在边境的庇护所。这些批评是有道理的，但他的公开抨击让美国官员感到愤慨。

"每次我们和卡尔扎伊大吵一架后，或者他在公开场合大发雷霆时，他都会用几个月的时间私下和我们讨论这个问题。"美国国防部长盖茨说，"我们没有给予关注……如果我们多倾听一些，很多事情其实是可以避免的。"[30]

一方面，美国官员期望卡尔扎伊成为一个自力更生、坚定果断的领导人。另一方面，他们想要一个顺从的伙伴来执行美国的命

阿富汗文件

令。盖茨补充说："我在政府内部反复强调这一点，人们只是在嘲笑卡尔扎伊说'他是个疯子''他什么都依赖我们''他是个可怕的盟友'。我会说：'我们也不是很好的伙伴。如果是好伙伴，就会更认真地倾听，因为他一直都在跟我们说这些事。'"[31]

奥巴马入主白宫的时候，美国政府已经决定对阿富汗总统采取强硬态度。

2009年1月，美国副总统约瑟夫·拜登访问喀布尔，并在总统府与卡尔扎伊及其内阁成员共进晚餐。拜登和其他美国官员对卡尔扎伊有质疑的选举结果、无力遏制的政府腐败以及他弟弟与地方武装的关系进行了诫勉。卡尔扎伊也用夜间突袭和平民伤亡等问题回击美国人。有一次拜登甚至扔了他的餐巾，整个晚上以激烈的争吵结束。[32]

一个月后，霍尔布鲁克飞往喀布尔，在总统府二楼的办公室会见了卡尔扎伊。霍尔布鲁克没想缓和拜登与卡尔扎伊在那次晚餐时的争吵，而是暗示美国要动用强硬手段了。卡尔扎伊发泄了不满。霍尔布鲁克一离开，卡尔扎伊就把联合国外交官凯·艾德叫到他的办公室，并告诉他："美国想除掉咱们俩。"[33]

霍尔布鲁克并不是唯一认为卡尔扎伊不再胜任阿富汗总统的美国外交官。2009年7月，新任美国驻阿富汗大使卡尔·艾肯伯里给华盛顿发了一份电报，对卡尔扎伊进行了"两种截然不同的描述"[34]，但都预示着卡尔扎伊的麻烦来了。艾肯伯里写道："一方面，卡尔扎伊是一个偏执、软弱的人，他不熟悉国家建设的基本知识，并且过于忧虑自己在国际社会热烈评论聚光灯下的时代已经过

第十四章　从朋友变为敌人

去；另一方面，他是一位精明的政治家，视自己为民族英雄。"35

不断酝酿的矛盾很快就爆发了。2009年8月20日，阿富汗人重新进行了该国历史上第二次总统选举。但投票率骤然下降，投票的可信度立刻遭到质疑。几小时内，有报道称，卡尔扎伊的支持者在有组织地往投票箱里塞选票。暴力事件在全国各地爆发，20多名平民被杀。

选举后的第二天，霍尔布鲁克会见了卡尔扎伊，并建议在计票之前就进行决选。卡尔扎伊指责霍尔布鲁克暗中使坏，便不再与他会谈。36

两个月后，阿富汗选举委员会公布了最终计票结果。卡尔扎伊以49.67%的得票率领先其他候选人，仅略低于避免决选所需的50%的得票率门槛。

没有多少人相信这些数字。卡尔扎伊声称他赢得了多数选票，并拒绝进行决选。竞选对手则指控他存在大量欺诈行为。美国官员感到绝望，试图通过谈判找到解决危机的办法。最终，主要竞争对手退出后，卡尔扎伊在默认情况下宣布获胜。

但这种难受的感觉依然存在。

11月就职之前，卡尔扎伊邀请美国公共电视网来到总统府进行电视采访。他指责美国在1989年苏联撤军后抛弃了阿富汗，并表示担心这种情况可能会再次发生。"我们不断听到美国的保证，但'一朝被蛇咬，十年怕井绳'，我们必须小心观察。"37

大约在同一时间，艾肯伯里给希拉里·克林顿发了一份电报，进一步质疑把卡尔扎伊作为战略伙伴是否明智。艾肯伯里写道："期望卡尔扎伊在他晚年时对其与我们的关系做出根本改变的可能性很低。"[38]虽然电报是机密级文件,但有人把它泄露给了《纽约时报》。

卡尔扎伊对美国的公开批评变得越发具有煽动性和阴谋性。在2010年4月的一次演讲中,他将充满欺诈的总统选举归咎于"外国人",指责外国势力想要诋毁他。几天后,在与阿富汗议员的会议上,卡尔扎伊威胁说,如果外国人继续对他施压,他就会加入塔利班。

马克·格罗斯曼在2011—2012年担任美国驻阿富汗和巴基斯坦的特别代表,他说,卡尔扎伊的爆发与其自身的狭隘利益相契合,却把奥巴马政府逼上了绝路。"卡尔扎伊把古怪的行为当作一种技巧,"格罗斯曼在一次外交口述史采访中说,"这就是他让其他人丧失掌控力的方式。他的这种方式非常有效,即使有时会让我们抓狂。"[39]

第十五章　腐败带来的内耗

哈米德·卡尔扎伊的连任加剧了2009—2010年席卷阿富汗的腐败浪潮。黑钱在整个国家泛滥成灾。洗钱者在离开喀布尔的航班上提着装有100万美元甚至更多钱的手提箱，狡猾的商人和政客这样做就可以将他们的不义之财转移至海外。大部分资金流向了迪拜，在那里阿富汗人可以用现金购买波斯湾周围的豪华别墅，而不会有人问起什么。[1]

在阿富汗国内，被称为"罂粟宫殿"的豪宅从喀布尔的废墟中拔地而起，里面住的都是毒枭和军阀。[2]这些庄园以粉红色花岗岩、大理石、屋顶喷泉和室内温水游泳池为特色。建筑师把酒吧隐藏在地下室中，以避免被宗教法官发现。一些"罂粟宫殿"的租金可达每月1.2万美元，对于那些勉强糊口的贫困的阿富汗人来说，这是一个天文数字。

2010年8月，阿富汗最大的私人银行变成了充满欺诈的"污水坑"。近10亿美元的伪造贷款进了有政治关系的投资者的口袋中，他们把银行经营得像个传销机构，而这些钱相当于当年阿富汗经济产值的1/12。恐慌随之而来，普通阿富汗人纷纷涌向银行的分支机构，要求取出他们的存款。

多年来，美国政府一直担心阿富汗的腐败问题。随着贪污蔓延，奥巴马政府担心，最糟糕的情况可能危及美国的阿富汗战略，此时美军正大量涌入阿富汗。在公开场合，美国官员承诺会消灭腐败并追究阿富汗领导人的责任。

"我想明确一点，我们不能对导致阿富汗人不再信任领导人的腐败问题视而不见。"奥巴马在2009年3月宣布扩大战争时曾表示，"我们将寻求与阿富汗政府达成一项打击腐败的新协议。"[3]

几天后，美国国务卿希拉里·克林顿表示："腐败是一颗毒瘤，对于我们能否取得最终胜利，它的危害不亚于塔利班或基地组织。"

2009年8月，美国陆军上将斯坦利·麦克里斯特尔警告称："权力掮客的恶意行为、大量的腐败和滥用权力的行为……几乎没有能让阿富汗人支持政府的理由。"

但事实证明，这些言辞是空洞的。当阿富汗的贪腐问题比以往任何时候都更加难以解决时，美国人退缩了，并装作视而不见。美国的官员们容忍了最恶劣的罪犯，只因为那些政治家、军阀、毒枭、国防部承包商是美国的盟友。最终，美国政府判断阿富汗的整个权力结构都是肮脏的，以至于不可能完成整肃任务。

与布什政府一样，奥巴马政府也没有直面更加痛心的现实。自从2001年入侵阿富汗以来，美国不顾后果地拨出巨额资金重建阿富汗，进一步助长了那里的腐败行径。由于美国的援助和国防合同支出远远超过贫穷的阿富汗可以承受的范围，所以贿赂和欺诈的机会大大增加。

美国国务院顾问巴尼特·鲁宾在接受"吸取教训"采访时说："最基本的假设是，腐败是阿富汗的问题，而我们要负责解决。但腐败有一个不可缺少的因素，那就是钱，而我们才是有钱人。"[4]

瑞安·克罗克在布什政府和奥巴马政府都曾担任美国驻阿富汗最高外交官，他认为美国和北约驻阿富汗联军部队的大量合同实际上滋生了勒索、贿赂和回扣行为。他说腐败问题变得如此普遍，甚至对美国的战争使命构成了比塔利班更大的威胁。

克罗克在"吸取教训"采访中说："虽然我们无意这样做，但令人遗憾的是，我们最大的成果可能就是大规模腐败的增长。"[5]他补充说："我们努力的最终点是失败的。"

美国人很随意地指责阿富汗人受贿，但他们自己的手也不干净。2001年战争刚开始时，贿赂契合美国人的目的，并且美国把贿赂作为一种达成目的的策略。

为了换取忠诚和情报，美国中央情报局向阿富汗军阀、省长、议员甚至宗教领袖提供资金。美军和其他机构为了盲目地追求稳定，还向令人讨厌的阿富汗权力掮客支付报酬或与其签订合同，从而助长了腐败。

2002—2003年，阿富汗领导人召开传统议会来商讨制定新宪法，根据当时在喀布尔工作的一位未透露姓名的德国官员的说法，美国政府向支持华盛顿在人权、妇女权利等问题上的立场的代表们提供了"大礼包"，其实就是一堆钱。[6]该官员在"吸取教训"采访中表示："那时大家都认为，如果要投票支持（华盛顿的）立场，不拿钱的话就太蠢了。"[7]

2005年，阿富汗的议会选举中有352名议员当选，这种拿钱办事的想法就更加深入了。这位德国官员说，阿富汗的议员们意识到，即使他们必须要投赞成票，这一票对美国人来说也值数千美元。

他说："人们奔走相告某人刚刚去美国大使馆拿到了一笔钱的消息，那么别人就会说：'好吧，现在我们也去吧。'所以从一开始，阿富汗的民主进程就深深根植于金钱之中。"[8]

曾在战争期间为多名美军指挥官做顾问的克里斯托弗·科伦达上校表示，到2006年，阿富汗已经"自发性实行盗贼统治"[9]，在这种统治下，当权者可以肆无忌惮地掠夺经济资源。

科伦达在"吸取教训"采访中说："随着时间的推移，腐败行为越来越多，以至于阿富汗政府的首要任务不是推进善政，而是维持这种腐朽政治。不管是完全出于天真还是有些粗心大意，是我们帮助建立了这种政治。"[10]

科伦达说，美国官员没有认识到腐败对阿富汗战争战略造成的致命威胁。他表示："我用癌症来打比方。轻度腐败就像皮肤癌，有很多方法可以治愈，你可能会没事。政府内部的腐败就像结肠癌，情况更糟，但如果你及时发现，可能也没事。然而，"盗贼统治"就像脑癌，这是致命的。"[11]

正是任由腐败滋生，美国间接摧毁了其努力支持的摇摇欲坠的阿富汗政府的合法性。由于法官、警察局长和官僚勒索贿赂成风，许多阿富汗人民对民主政府感到不满，转而求助于塔利班来维持秩序。

2009年，作为五角大楼强化反叛乱战略的一部分，美军指挥官姗姗来迟地开始了一场根除腐败和整肃阿富汗政府的运动。这唤起了许多美国官员的挫败感，他们认为自战争开始以来，军方一直在淡化腐败问题。

一位未透露姓名的美国国家安全委员会前工作人员在接受"吸取教训"采访时表示："就好像他们刚刚发现一些腐败会产生不良影响一样。"[12] 多年来，"了解内情的人对于军方向腐败妥协的问题都唉声叹气，但也会默不作声"。

美国政府组建了一支由反腐律师、顾问、调查人员和审计人员组成的军事特别工作组前往喀布尔进行调查。调查中发现的问题让工作组不知所措。

最大的腐败源头是美军庞大的供应链。五角大楼每月从阿富汗和国际承包商手中购买6 000~8 000卡车的燃料、水、弹药、食品和其他供应品送往战区。[13]

供应品的运输成本是很高的。大多数车队必须从巴基斯坦的卡拉奇出发，这是离战区最近的港口，行驶大约900英里才能到达托尔卡姆的开伯尔山口。然后，他们必须要穿越被敌方占领的土地，抵达散布在阿富汗各地的美军基地。

通常情况下，300辆卡车组成的车队需要500名武装警卫进行基本的随行保护。[14] 最重要的是，运输公司向军阀、警察局长和塔利班指挥官行贿，以确保可以安全通过他们的地盘。2010年美国国会报告称，该运输网络构成了一个由美国纳税人承担的巨额非法保护网。

格特·贝特霍尔德是一名法务会计师，2010—2012年在阿富汗的军事特别工作组服役。为了确定谁从供应项目中获益，他帮助评估了价值1 060亿美元的3 000份国防部合同。工作组得出的结论是，大约18%的资金流向了塔利班和其他叛乱组织。[15]贝特霍尔德在"吸取教训"采访中说："而且这个比例通常更高。我们与许多（阿富汗）前部长谈过，他们都说'你低估了这一数值'。"[16]

根据工作组的估计，阿富汗的腐败官员和犯罪集团还从中抽取了15%的回扣。[17]贝特霍尔德说，在如此确凿的证据下，几乎没有美国官员愿意听。他表示："没有人想要问责。如果你要反腐，就得有人负责……所以没有人愿意反腐。"

工作组的另一位法务会计师托马斯·克里尔说，美国各机构出于不同考虑而犹豫要不要采取行动。美国中央情报局不想得罪阿富汗承包商或受雇于该机构的军阀。军队指挥官则感觉挑起与狡诈的阿富汗盟友的冲突很不妥当。

克里尔说，他向美国驻喀布尔大使馆提起诉讼，想看看司法部是否可以启动民事案件庭审程序，从腐败的国防承包商手中夺回资金。但起诉没有什么结果。他在"吸取教训"采访中说："我们清楚资金的流向，但接下来我们该怎么办？政治因素妨碍了追缴资金。"[18]

即使是对涉案人员最缓和的惩罚也遭到了抵制。

奥巴马就任总统的第一年，外交官起草了一份"阿富汗不良行为者"的黑名单，并提议取消黑名单上的人参加7月4日在美国大使馆举行的年度宴会的资格。[19] 但其他官员表示反对。一位未透露姓名的美国官员在"吸取教训"采访中说："总有原因可以解释为什么有人不能被列入黑名单。最后，大使馆只取消了一个人的资格。"

还有一位未透露姓名的美国高级外交官在另一次"吸取教训"采访中说："为时已晚，这个体系根深蒂固了。"[20]

* * *

2010年1月，接受美国培训的阿富汗反腐特工突袭了阿富汗最大的金融机构之一的总部，带走了数万份文件。

美国人怀疑这个拥有政治关系网的机构，通过向迪拜和其他目的国转移大量现金的方式来为毒品走私犯和叛乱分子洗钱。调查人员核算，2007—2010年，新安萨里货币交易所从阿富汗转移了多达27.8亿美元。

时任美国和北约部队军事情报负责人的陆军中将迈克尔·弗林*说，美军在这次突袭行动中发挥了关键作用，并仔细研究了收缴的文件和数据。

2015年，弗林在"吸取教训"采访中说："我们包围了那个交易所，并形成了对峙局面。最终我们获取了所有数据。我认为这是

---

* 弗林于2014年从陆军退役，后来因在担任特朗普总统的第一任国家安全顾问期间陷入短暂的法律纠纷和发表极端主义政治观点而闻名。弗林承认，他曾在特朗普赢得2016年总统大选后向美国联邦调查局撒谎。特朗普于2020年11月赦免了弗林。

一次巨大的成功，无论是进行突袭还是利用 3 天时间分析这些资料。为了这次行动，我们暗中从全国各地抽调了差不多 45 个人。"[21]

弗林表示："新安萨里货币交易所非常腐败。它建了双重账本，他们只是想疯狂地窃取我们的金钱。"[22]

美国官员认为，大量的犯罪证据会构成起诉条件。但是对阿富汗的刑事调查很快就碰壁了。弗林问道："有人为此负责吗？不，没有人被追究责任。"[23]

壁垒在阿富汗总统府内。

突袭行动结束几个月后，调查人员窃听到一段对话，据称，在那次对话中，卡尔扎伊的一名高级助手同意暂停对新安萨里案的调查，以换取贿赂。阿富汗执法人员于 2010 年 7 月逮捕了这个名叫穆罕默德·齐亚·萨利希的助手。然而，在数个小时内，卡尔扎伊亲自出面干预，下令释放萨利希，并宣称调查人员越权了。阿富汗政府后来撤销了所有指控。在美国推动的反腐运动步履蹒跚之际，奥巴马政府再次做出让步。

当时驻喀布尔的一位未透露姓名的美国司法部官员在接受"吸取教训"采访时说："转折点是萨利希案。"[24] 这次逮捕引起了阿富汗总统府的"强烈反应"，总统府下令阿富汗执法人员停止与美国人合作。法务会计师格特·贝特霍尔德补充说："在萨利希案之后，人们似乎失去了对反腐的兴趣和热情。"[25]

阿富汗总统是一个更大的问题。卡尔扎伊对美国的反腐行动感到不满，并将其视为外国干预。在竞选连任之后，他没心情去安抚美国人。与此同时，卡尔扎伊任命的阿富汗总检察长阻止了许多公

第十五章 腐败带来的内耗

共腐败案的调查。

一些美国官员愤怒地说，是时候进行清算了。其他人则认为，更重要的是安抚卡尔扎伊，维持他日益减少的对美国和北约军事行动的支持。

科伦达上校说，奥巴马政府的一些官员认为腐败是"令人讨厌的"，但他们更关心的是必须加强阿富汗安全部队和削弱塔利班，而不是腐败。[26]但在萨利希被捕又获得释放后不久，一桩更大的丑闻考验着奥巴马政府在腐败问题上模棱两可的立场。

2010年夏日的一天，一位名叫谢尔汗·法尔努德的世界级赌客秘密访问了美国驻喀布尔大使馆。除了赌博天赋外，法尔努德还是阿富汗最大的私人金融机构喀布尔银行的董事长。49岁的他在6年前创办了这家公司，当时阿富汗还是一片银行业荒漠，没有什么监管政策。

凭借出色的营销活动，喀布尔银行迅速发展起来。这家银行不付利息，而是发放彩票。存款100美元的客户有机会赢得洗衣机、新车和公寓等各种奖品。每月的抽奖活动大获成功，喀布尔银行在阿富汗各地开设了分行。

法尔努德依靠银行业摇身一变成为大亨。他在迪拜大肆投资房地产，收购了一家阿富汗私人航空公司，并成为拉斯维加斯、伦敦和澳门赌场的常客。他曾向《华盛顿邮报》的记者吹嘘道："我现在做的事情远没达到我的能力，但这是阿富汗，只能做这么多事。"[27]

但2010年7月当法尔努德进入美国驻喀布尔大使馆时，他携带的大量文件暴露出喀布尔银行是一座摇摇欲坠的"纸牌屋"。[28]

阿富汗文件

包括法尔努德在内的一小群喀布尔银行的股东，利用那些对彩票狂热的客户的存款，给自己发放了数亿美元的贷款。[29] 大部分钱都不见了，银行濒临破产。法尔努德陷入了与银行共同所有者的权力斗争中。[30] 他告诉美国外交官，他想揭发整件事情。

美国官员对法尔努德揭露的事情感到恐慌。如果银行倒闭，可能会颠覆阿富汗的整个金融体系并引发民众抗议。[31] 喀布尔银行还拥有 25 万名士兵、警察和公务员的银行账户，充当了阿富汗政府的工资代发机构。如果银行倒闭，许多人将不得不失去自己的积蓄。

除了经济问题外，还有政治崩溃的风险。法尔努德的文件凸显了卡尔扎伊家族和其他阿富汗精英深深勾连在喀布尔银行的经营和所有权之中。

喀布尔银行的第三大股东是总统的哥哥马哈茂德·卡尔扎伊。[32] 另一个大股东哈辛·法希姆是塔吉克族军阀、卡尔扎伊的竞选伙伴穆罕默德·法希姆将军的兄弟。*

法尔努德指控这两人与他合谋侵吞银行的资产。最重要的是，他声称该银行为卡尔扎伊的连任竞选提供了 2 000 万美元。一位未透露姓名的美国财政部高级官员在"吸取教训"采访中说："如果这是一部作品，从 1 分到 10 分评价的话，我打 20 分。它包含的喀

---

* 马哈茂德·卡尔扎伊和哈辛·法希姆否认有不当行为。尽管阿富汗政府后来发现他们未能偿还数百万美元的贷款，但两人都没有被起诉。在一封写给作者的电子邮件中，卡尔扎伊怒称喀布尔银行的管理层、美国官员和国际货币基金组织要为这家银行的"毁灭"负责。

第十五章　腐败带来的内耗

布尔银行所有者和国家领导人之间的关系可以放进间谍小说里。"[33]

几周后，法尔努德和喀布尔银行的首席执行官被迫辞职。质疑该公司偿付能力的新闻报道引发了挤兑，数以万计的阿富汗人包围喀布尔银行的各个分行以"拯救"他们的存款。

卡尔扎伊总统召开新闻发布会，试图平息恐慌。他宣布，阿富汗政府将全面保证喀布尔银行的存款安全，因为中央银行已经控制了它的运营。然而在幕后，政府努力寻找足够的资金来兑现卡尔扎伊的承诺。阿富汗官员做出紧急安排，从法兰克福的一家德国银行空运了3亿美元，以缓解危机。[34]

起初，无论是在公开场合还是在私下，奥巴马政府都要求卡尔扎伊全面调查喀布尔银行的丑闻——不仅要追回被侵吞的钱，还要向阿富汗人民证明，没有人可以凌驾于法律之上。美国官员将这一事件视为反腐运动和阿富汗战争的关键时刻。

一位未透露姓名的美国前高级官员在"吸取教训"采访中说："我们有千百万件事情要做，而这一切都取决于卡尔扎伊是一个有能力的合作伙伴。但是，如果这件事（喀布尔银行丑闻）持续下去，那剩下的事情还有什么意义呢？那么多人存在愤怒和厌恶情绪，我们甚至都做不下去了。"[35]

这一丑闻也令美国政府感到尴尬，美国政府曾派遣大量财务顾问前往喀布尔，帮助阿富汗银行业官员监管新兴的金融业，却忽视了一个巨大的"庞氏骗局"。

这些警报已经很明显了。2009年10月，美国驻喀布尔大使馆向美国国务院发送了一份电报，报告称法尔努德在飞往迪拜的航班上携带了大量现金。一位未透露姓名的美国高级官员在接受"吸取教训"采访时说，美国情报机构大约在喀布尔银行崩溃的一年前就知道其内部的非法活动。[36]他说，美国特工追踪到了从该银行流向塔利班和其他叛乱分子的资金，并向阿富汗情报部门共享了这些信息。但没有一个情报机构通知执法部门，[37]他补充道"因为这不在他们的职责范围内"[38]。

2010年2月，《华盛顿邮报》在一篇报道中发表了对法尔努德的采访，报道了该银行的可疑业务，之后美国和阿富汗官员意识到他们需要采取行动。这篇文章震惊了阿富汗中央银行行长阿卜杜勒·卡迪尔·菲特拉特。[39]因为阿富汗监管机构的权力和资源有限，因此他请求美国财政部对喀布尔银行进行司法审计。

美国人说需要得到卡尔扎伊的批准。但卡尔扎伊几个月来拒绝与阿富汗中央银行行长讨论这个问题，称自己太忙了。[40]当阿富汗总统同意进行审计时，为时已晚。

尽管已经向阿富汗中央银行派遣了大量私人顾问，但美国政府依然没有注意到喀布尔银行欺诈事件的严重性。

另一位未透露姓名的美国财政部官员说，他在2010年夏天抵达阿富汗后不久，就会见了一位在阿富汗中央银行工作了至少3年的美国人。这位财政部官员想了解更多关于喀布尔银行的情况，但当时他们俩都不知道该银行正处于破产边缘。[41]

该官员在"吸取教训"采访中说："我们谈了1个小时。我问他：'你认为这家银行财务稳健吗？'他说：'没什么问题。'但是30天后，整个'纸牌屋'倒塌了。这是我职业生涯中最大的失误之一。一家规模达10亿美元的银行倒闭，但是这名美国顾问向我发誓，银行的财务状况良好。"[42]

阿富汗政府对这家银行的接管，在监管机构和银行中有政治背景的股东之间引发了一场互相指责的冲突。在整理银行财务问题的会议中甚至爆发了暴力冲突，与会者将盘子和椅子互相砸向对方。阿富汗中央银行行长菲特拉特表示，他的办公室必须停止提供热茶，以免双方人员在打斗时烫伤。[43]

2011年4月，菲特拉特在阿富汗议会做证时说，喀布尔银行的不良贷款总额接近10亿美元。许多议员和内阁成员从该银行收取了可疑钱款，但阿富汗执法官员拒绝起诉责任人，并且宣布中央银行将努力冻结喀布尔银行股东的资产。

阿富汗的权力掮客们抵制追回钱款的行动。两个月后，菲特拉特担心自己的生命安全，逃往了美国。他在回忆录中写道，阿富汗就像"一群被黑手党控制的政客手中的'人质'，这些政客掠夺宝贵的国际援助，以此来改善阿富汗人的生活"[44]。

3名曾在美国驻喀布尔大使馆工作的美国前官员在"吸取教训"采访中说，丑闻曝光大约一年后，在卡尔·艾肯伯里大使的带领下，大使馆优先处理此事，并敦促卡尔扎伊采取行动。但他们说在2011年7月瑞安·克罗克接任之后，大使馆就放弃了努力。

那位未透露姓名的美国财政部官员表示："这是体现美国政策有多么脆弱和善变的典型事例。一夜之间，我们的整个政策都改变了。克罗克的态度是，让这个问题消失吧，尽可能深地掩盖它，并且要求大使馆里任何想要把这个问题抖搂出来的人都禁言。"[45]

克罗克、彼得雷乌斯将军和奥巴马政府的其他官员不想冒进一步惹怒卡尔扎伊的风险，因为他们需要卡尔扎伊的支持，也因为美国正在向阿富汗增兵10万人。克罗克和其他观点相同的人不希望美国国会或国际捐助者把银行丑闻作为切断对喀布尔援助的理由。

一位未透露姓名的国际货币基金组织前官员在接受"吸取教训"采访时说："由于大使馆领导层的更替，美国开始减轻查处此事的施压力度。当形势变得困难时，我看到了力挽狂澜的趋势。"[46]

在一次"吸取教训"采访中，克罗克表示，他认同腐败是破坏阿富汗战争的一个重大问题。但当喀布尔银行丑闻发生时，为时已晚。他还表示，他对阿富汗总统的反驳表示同情，卡尔扎伊把腐败风气的责任扩大了。[47]

克罗克还说："我对卡尔扎伊在我任职期间多次说过的一句话感到震惊，那就是，在他看来，以美国为首的西方国家对整个腐败问题负有重大责任。"[48]

2014年卡尔扎伊离任后，他的继任者阿什拉夫·加尼重新对喀布尔银行丑闻展开调查。调查发现，有6.33亿美元的不良贷款仍未偿还。

而喀布尔银行的创始人、赌博高手法尔努德被判处15年徒刑。他于2018年死在狱中。

除此之外，几乎没有其他人受到审判。喀布尔银行的首席执行官也被判了15年徒刑，但执行得马马虎虎，政府允许他每天离开监狱去管理一个大型房地产投资项目。其他9名被告要么缴纳罚款，要么在监狱服刑不到一年。

第五部分

2011—2016年：分崩离析

第十六章　与真相作战

利昂·帕内塔坐在美国中央情报局位于弗吉尼亚州兰利的一间会议室里，手里捏着一串念珠。[1] 73岁的帕内塔双眼盯着实时视频，视频显示美国直升机在巴基斯坦上空的黑暗中飞行。在2011年5月1日上午的弥撒上，帕内塔向上帝祈祷，他策划的大胆的秘密任务将会成功。

帕内塔曾是美国国会议员和白宫办公厅主任，他在政府任职的时间足够长，知道自己的工作和声誉都岌岌可危。在过去的两年里，作为美国中央情报局局长，他一直监督着追捕世界头号恐怖分子本·拉登的行动。因为中央情报局推测，本·拉登就藏身在阿伯塔巴德市一个价值100万美元的大院落中。如果行动失败，负面影响将无法控制。

帕内塔通过在阿伯塔巴德上空盘旋的隐形无人机传输的实时视频，观看了两架直升机在基地降落。但机载摄像机无法看到院墙内的情况。当一队海军海豹突击队成员冲进建筑时，帕内塔只能一边听一边等待。漫长的15分钟过后，队员们用无线电回复说：找到并杀死了目标。

在特种部队安全返回位于阿富汗的集结基地并确认本·拉登的身份之前，这位情报头子都没有庆祝。帕内塔微笑着想起了老朋友特德·巴莱斯特雷里，[2] 他是加利福尼亚州蒙特雷的一名餐馆老板，曾承诺如果帕内塔能抓住"9·11"事件的主谋，他会拿出酒窖里最珍贵的1870年的拉菲红酒。帕内塔给家中的妻子西尔维娅打电话说："给特德打电话，让他打开美国有线电视新闻网，他欠我一瓶酒。"

本·拉登之死似乎标志着命运多舛的阿富汗战争迎来了真正的转折点。这次战争的全部目的是消灭本·拉登和他的组织。只要基地组织领导人还逍遥法外，就没有哪位总统能现实地考虑结束美国在阿富汗的军事行动。现在，漫长的10年之后，美国终于完成了对"9·11"恐怖袭击事件的复仇，机会似乎近在眼前。

两个月后，帕内塔前往喀布尔。奥巴马总统刚刚任命他为美国国防部长，这是他第一次出国会见军队。他有好消息要告诉大家。

奥巴马已经决定启动美军撤离计划。到2011年底，美军人数将从最高10万人下降到9万人，到2012年夏季将减少到6.7万人。从表面上看，美国的阿富汗战略可能会成功，这让帕内塔感到很放松。

不同于他的前任们，帕内塔在访问阿富汗期间，表现出了直率、即兴的语言天赋。他泄露了美国中央情报局在阿富汗的秘密存在，称本·拉登是个浑蛋，每到一站都对美军惊叹不已。[3] 帕内塔是一个来自加利福尼亚州的兼职核桃农，又是一个贫穷的意大利移民的儿子，最终执掌世界上最强大的军队是多么不可思议。

在与随行记者更加严肃的讨论中，帕内塔将本·拉登的死描述为所谓反恐战争结束的开始。由于美国中央情报局赶尽杀绝的无人机空袭活动，帕内塔估计基地组织在巴基斯坦、索马里、北非和阿拉伯半岛只剩10~20名"关键领导人"还活着。阿富汗没有留下任何人，美军官员猜测基地组织只剩50~100名"菜鸟"战士。帕内塔说："我们有能力从战略上击败基地组织，我认为现在是时候了……我们已经削弱了基地组织对阿富汗的威胁。"

突袭本·拉登的成功给了奥巴马巨大的政治助力，但也提高了公众的期望，加大了展示奥巴马的阿富汗政策正在奏效的压力。奥巴马第一次竞选总统时就承诺要扭转这场战争。然而在第二年，他就将面临选民的问责。

2011年6月，奥巴马在宣布撤军时说："我们感到欣慰的是，战争浪潮正在消退。"根据他的撤军时间表，3.3万名美军士兵将在2012年8月，也就是大选日的3个月前回国。

此外，奥巴马的高级将领们的声誉也岌岌可危。两年前，他们向总统和美国人民公布反叛乱战略。现在，他们信心十足，预测美国的战争战略将获得成功。

2011年6月，参谋长联席会议主席、海军上将迈克·马伦对电视访谈节目主持人查理·罗斯说："我们已经取得了很大的进展，我们的阿富汗战略确实如愿奏效了。"

然而，乐观的、宽慰人心的言辞掩盖了事实，那就是尽管投入

第十六章 与真相作战

了大量资金，但奥巴马的阿富汗战略正在走向失败。美国及其盟友无法解决一些根本问题。阿富汗安全部队几乎没有能力保卫自己的国家。塔利班领导人在位于巴基斯坦的避难所里睡得很香，正等待着外国军队决定撤军。阿富汗政府的腐败愈加严重，疏远并激怒了它本应服务的人民。

美国的官员想撤出阿富汗，但担心如果这样做，阿富汗会崩溃。本·拉登在策划"9·11"事件时曾希望出现的情况是：引诱超级大国美国卷入一场无法取胜的游击战之中，这将耗尽美国国库并削弱其全球影响力。

曾在布什政府和奥巴马政府的国家安全委员会中任职的海军军官杰弗里·埃格斯在接受"吸取教训"采访时说："奥萨马·本·拉登被击毙后，我说奥萨马如果知道我们花了这么多钱，他可能会在地狱里笑。"[4]

为了掩盖问题，美国官员一再淡化前方的坏消息，有时甚至扭曲到荒谬的地步。

2011年9月，当帕内塔前往国会山在参议院委员会做证时，一连串黯淡的头条新闻笼罩着他。一名刺客杀害了负责和平进程的阿富汗前总统[*]。塔利班还在喀布尔对包括美国大使馆和北约总部

---

[*] 此处的阿富汗前总统指布尔汉努丁·拉巴尼，时任阿富汗高级和平委员会主席。拉巴尼是塔吉克族人，1940年出生于阿富汗东北部巴达赫尚省，曾在喀布尔大学任哲学、宗教学教授。1979年苏联入侵阿富汗后，拉巴尼组建游击队，抗击苏联军队和喀布尔傀儡政权。1992年6月28日，拉巴尼出任阿富汗第二任临时总统，同年12月30日，当选为阿富汗过渡政府总统，任期两年。——译者注

在内的重要目标实施了一系列自杀式爆炸袭击和有组织的袭击。当时，喀布尔被认为是阿富汗最安全的地区。

即使是直言不讳的帕内塔，也必须坚持说阿富汗是成功的。他为美国国会议员描绘了一幅大致乐观的图景，称战争"正在朝着正确的方向发展"，并将"确凿的进展"作为引证，称暗杀和自杀式袭击是"叛乱分子软弱的表现"，认为塔利班采取这种策略只是因为他们的地盘正在被美军占领。

2012年3月，帕内塔重回阿富汗访问时，又发生了一连串公关灾难。当美国国防部长的C-17运输机在赫尔曼德省的北约基地降落后不久，一名阿富汗袭击者驾驶一辆偷来的卡车冲上停机坪，试图碾轧一名美国海军陆战队上将和迎接帕内塔的其他人员。袭击者撞毁卡车并自焚，后因伤势过重死亡。当时帕内塔还没有下飞机，其他人也没有受伤，但这是一场与死神擦肩而过的灾难。

和5年前一名自杀式炸弹袭击者在巴格拉姆空军基地袭击美国副总统切尼一样，美军试图掩盖这一事件。10个小时中，他们对与帕内塔同机的记者隐瞒了袭击的消息，直到英国新闻媒体爆料后才发布简讯。

起初，帕内塔和其他官员表示，袭击的时间只是巧合，没有理由相信袭击是针对他的。但他们随后承认，如果袭击发生在5分钟后，超速的卡车可能会撞上走下飞机的帕内塔。

帕内塔在访问期间，还必须处理阿富汗战争最严重的暴行事件惹来的麻烦。就在他来的前几天，一个名叫罗伯特·贝尔斯的美军上士，在半夜大步走进坎大哈省的两个村庄，无缘由地屠杀了16

第十六章　与真相作战

名熟睡的村民,其中大部分是妇女和儿童。暴行激怒了阿富汗人,塔利班把它作为宣传工具。

尽管如此,帕内塔称他的访问"非常令人鼓舞",并表示美国的使命"非常接近于完成"。他在喀布尔对记者说:"正如我以前指出的,我认为这场战争已经取得了重大进展。我们走在正确的道路上。我对此深信不疑。"

为了强化这个观念,奥巴马政府发布与现实严重不符的统计数据。布什政府也做了同样的事情,但在奥巴马执政时期,白宫、五角大楼和国务院的官员将其提升到一个新的水平,大肆宣传具有误导性、虚假或完全错误的数据。

2011年6月,美国国务卿希拉里对参议院的一个委员会说:"我们已经挫败了塔利班的势头。"她引用了一系列指标作为证据:阿富汗学校招收了710万名学生,数量是塔利班倒台以来的7倍;婴儿死亡率下降了22%;鸦片产量下降;数十万农民接受了"培训并获得了新种子和其他技术";阿富汗妇女获得了10余万笔小额贷款。

"这些数字和其他我能引用的数据告诉我们什么?"希拉里说,"大多数阿富汗人的生活变好了。"

但多年后,美国政府审计人员得出结论,奥巴马政府关于婴儿死亡率、预期寿命和入学率的统计数据,其中有许多都是不准确的或未经核实的。[5]

阿富汗重建事务特别监察长约翰·索普科在2020年1月告诉美国国会,美国官员"知道数据不准确",但还是吹嘘这些数字。他称这些谎言是弥漫在政府对战争的描述中的"虚假味道"的一部分。

在"吸取教训"采访中，美军官员和顾问明确地、持续地描述了政府故意误导公众的举措。他们说，在前线战场、喀布尔的军事总部、美国五角大楼以及白宫，歪曲统计数据以让人觉得美国正在赢得战争的做法很常见，但事实并非如此。

美国陆军上校鲍勃·克劳利在2013—2014年担任美军指挥官的高级反叛乱顾问，他在接受"吸取教训"采访时表示："每个数据都经过了修改，从而表现出可能是最好的一面。例如，调查结果完全不可靠，却强调我们所做的一切都是正确的，我们变成了'自己舔自己的蛋筒冰激凌'*。"[6]

克劳利说，在军事总部中"真相不怎么受欢迎"，并且"坏消息经常被掩盖"。[7]"如果不是很糟糕的消息，我们就有比较大的发布自由。例如，我们用反地雷伏击车（MRAP）碾过孩子这种事就可以发布，因为这些事情可以随着政策指令而改变。但当我们想对阿富汗政府的意愿、能力或腐败表示更多的战略担忧时，显然是不受欢迎的。"克劳利说。

2011年，曾在赫尔曼德省为海军陆战队提供咨询建议的海军战争学院战略家约翰·加罗法诺表示，阿富汗指挥官投入了大量资源来制作预示着积极进展的彩色编码图表。他在接受"吸取教训"采访时说："他们有一台非常昂贵的机器，可以像打印店一样打印

---

* "自己舔自己的蛋筒冰激凌"（self-licking ice cream cone），美式俚语，意为自我授命、自我消费。——编者注

第十六章　与真相作战

超大幅的纸张。但需要注意的是，这些实际上并不是科学的数字，或者说没有经过科学推导的过程。"[8]

但加罗法诺说，没有人敢问这些图表或数字是否可信或有意义。他表示："没有人愿意回答这种问题：你们建了这么多学校有什么意义？对你的目标有什么帮助？你如何将其作为成功的证据，而不仅仅是努力做过事的证明呢？"[9]

军官和外交官犹豫着是否将负面消息传递给指挥链，原因在于所谓的职业主义。没有人愿意将问题或失误归咎于自己的监督。结果就是，无论情况如何，他们都声称自己正在取得进展。

迈克尔·弗林中将在奥巴马政府增兵期间负责军事情报工作，他在接受"吸取教训"采访时说："从大使到普通工作人员，（他们都说）我们的工作做得很好。但是真的好吗？如果我们的工作做得如此出色，为什么会有失败的感觉？"[10]

阿富汗战争期间，美国陆军的旅和营一级指挥官在抵达战场时被赋予差不多相同的任务：保护民众，打败敌人。弗林说："不论他们的轮换周期是9个月还是6个月，都被赋予了任务，他们也接受并执行了任务。然后，当他们离开阿富汗的时候，每个指挥官也完成了使命。没有一个指挥官走的时候会说：'你知道吗？我们没完成任务。'"[11]

每次布什政府或奥巴马政府对阿富汗战略进行重新评估时，有关爆炸、袭击和其他暴力冲突的数据都变得模糊起来。要使阿富汗的不利形势与公众认为的乐观走势保持一致是不可能的，因此，美国官员对整个数据资料库保密。

曾在布什政府和奥巴马政府任职的一位未透露姓名的美国高级官员在接受"吸取教训"采访时说:"每次看到数据时都表明一切都在变得更糟,尤其在战略评估过程中。"[12]

一位未透露姓名的美国国家安全委员会官员在另一次"吸取教训"采访中表示,奥巴马时期,白宫和五角大楼向政府机构施压,要求提供数据,[13] 以显示 2009—2011 年的增兵计划正在奏效,尽管有确凿的证据表明事实并非如此。

这名官员说:"不可能造出好看的指标。我们尝试使用训练有素的部队人数、暴力程度、对领土的控制等数据指标,但都没能准确描绘阿富汗战争的场景。在战争期间,这些指标总被改写。"[14]

即使伤亡人数和其他数字看起来很糟糕,白宫和五角大楼也说成对他们有利。[15] 他们会说,喀布尔的自杀式炸弹袭击表明反叛分子弱到无法直接参与战斗,美军死亡人数上升表明美军正在向敌人开战。

白宫的工作人员说:"他们是这样解释的,比如:'袭击越来越严重?这是因为美军发现有更多的进攻目标,袭击增多并不是消极信号。3 个月后,袭击还在加剧吗?这是因为塔利班正在变得绝望,所以这实际上是一个表明我们正在获胜的信号。'"[16]

美军官员抛出了这么多不同类型的统计数据和衡量标准,以至于公众不知道哪一种才是真正有用的。

这个问题议员们也想知道。在 2009 年 4 月的参议院军事委员会听证会上,缅因州共和党参议员苏珊·柯林斯询问负责政策事务的国防部副部长米谢勒·弗卢努瓦,奥巴马政府如何知道增兵是否成功？柯林斯说："怎么知道我们赢了呢？你怎么判断新策略是否有效？在我看来，你需要一套清晰的标准和指标。"

弗卢努瓦的回答含糊不清。她说："如果我们已经评估很长时间了，就会有一整套更成熟的评价标准。现在我们正在努力做的是更仔细地梳理这些标准，其中有些还与录入的数据有关。我们真正关注的是战争的结果和实际影响。因此，我们不是什么都没做，而是正在完善阿富汗战争的指标。"

随着军队涌入阿富汗，指挥官们提高了按需选取统计数据的水平，从而证明他们的战略是有效的。2010年7月，在五角大楼举行的新闻发布会上，美军驻阿富汗东部指挥官约翰·坎贝尔少将说，与2009年上半年相比，塔利班在2010年上半年发动的袭击增加了12%。坎贝尔意识到这可能听起来很糟糕，他很快补充说："这些攻击的有效性已经下降了大约6%。"他没有解释军方是通过什么方式如此精确地评估"有效性"的。但他向记者保证，战争进行得很顺利。

坎贝尔说："胜利就是取得进步，我认为我们每一天都在取得进步。"

2011年3月，众议院军事委员会召见了彼得雷乌斯将军，要他提供阿富汗战争的最新情况。他连珠炮似的向议员们抛出杂七杂八的数据。彼得雷乌斯说，缴获的武器和爆炸物数量增加了4倍。美国和阿富汗突击队在90天内击毙或抓获了大约360名叛乱分子领导人。在曾被塔利班控制的赫尔曼德省的马尔贾地区，75%的登记选民在社区委员会选举中投票。自8月以来，在阿富汗全境，侦察机和监视塔的数量从114个增加到184个。

彼得雷乌斯最后总结道："总的来看，过去8个月取得了艰难但重要的进展。"

身处前线的指挥官知道狂甩数据的意义不大。陆军少校约翰·马丁曾在巴格拉姆空军基地担任规划师，他在接受军队口述史采访时说："不幸的是，你可以随心所欲地解读这些数据。"[17] 马丁补充道："比如，如果去年有100次攻击，今年有150次，这是否意味着情况变得更糟，因为发生了更多攻击？或者这也可能意味着现在你有更多的人去更多的地方，找到更多的坏人，所以导致了更多的攻击。但你让情况好转了，因为你找到了更多的坏人。"[18]

其他高级官员说，他们特别重视一项统计数据，尽管美国政府很少在公开场合提及它。2009年，美国外交官詹姆斯·多宾斯对参议院调查组说："我确实认为，我提出的那个指标很关键，就是有多少阿富汗人被杀害。如果数字上升，你就输了。如果数字下降，你就赢了。就是这么简单。"

然而，到那时为止，还没有人真正费心地跟踪阿富汗人的伤亡情况。对于五角大楼来说，这是一个敏感的话题。国防部官员不愿回答有关阿富汗平民死亡的问题，更不用说谁该为此负责了。统计挖井和建学校的数据更容易，也能产生更好的宣传效果。

在一次"吸取教训"采访中，一位未透露姓名的北约高级官员说，北约从2005年开始统计平民伤亡情况，并建立了自己的数据库，但是该统计项目不知为何被取消了。[19] 他说："这应该被认为是所有数据库的基础。从一开始，记录平民伤亡就该有标准的操作

第十六章　与真相作战

程序，但事实并非如此。"[20]

2009年，联合国开展了统计阿富汗平民伤亡人数的项目。这是第一个全面统计平民伤亡情况的项目，但是统计的数据令人沮丧且持续恶化。平均每周有数十人死亡。

随着美军在2009—2011年涌入阿富汗，这几年阿富汗平民的死亡人数从2 412人上升到3 133人。2012年，死亡人数有所下降，但2013年又开始增加并持续上升，2014年达到3 701人。

这意味着5年内，阿富汗平民的死亡人数激增了53%。用多宾斯的简易标准来看，美国及其盟友惨败。

联合国的调查指责叛乱分子造成了大部分伤亡。但是，不管谁该对此负责，伤亡数字表明，阿富汗正变得愈加不稳定和不安全，这与美国反叛乱战略的目标完全相反。

美国的情报评估也对阿富汗战争的进展产生了怀疑。美国中央情报局和军方的情报分析人员起草的报告，远比战地指挥官的声明要悲观。但情报官员很少公开发言，他们的报告仍属于机密。

国会每年都会召集高级情报官员在公开会议上就美国国家安全面临的全球威胁做证。他们用单调的言辞和专业用语发表观点，但对阿富汗的评论却都是消极的。

2012年2月，美国国防情报局局长、陆军中将罗纳德·伯吉斯向参议院军事委员会做了一份简短但沉郁的评估。他说，奥巴马的增兵计划和战争策略在遏制叛乱方面收效甚微。

伯吉斯表示，阿富汗政府受到"地方性腐败"的困扰，阿富汗军队和警察"一直能力欠缺"。相比之下，他将塔利班描述为"有韧性的",并表示其能够承受美军打击带来的损失。同时,他说:"藏身于巴基斯坦的塔利班领导人仍然对最终的胜利充满信心。"

在同一场听证会上,议员们要求国家情报总监詹姆斯·克拉珀解释,为什么美国的情报机构持有如此负面的看法,而军方却对阿富汗局势如此乐观?克拉珀回答说,越南战争期间也出现了同样的分歧。当时情报官员知道美国军方陷入了困境,但军方不想公开承认这一点。

克拉珀说:"请允许我讲一点历史。1966年,我在越南给威廉·威斯特摩兰将军分析简报。当我发现作战指挥官有时不同意情报官员对战争成功的看法时,我的那点职业天真就消失了。"

事实上,当一个月后轮到美军指挥官做证时,他们依然坚定地认为战争正在取得进展。

2012年3月,美国和北约部队指挥官、海军陆战队上将约翰·艾伦在参议院军事委员会上表示:"真的在取得进展,重要的是,这种成功是持续的。我们已经严重削弱了叛乱活动。"

缅因州共和党参议员苏珊·柯林斯指出,艾伦和其他将军多年来一直是同一个调子。"我记得,10年来,我从指挥官那里听到的都是极为类似的评价,说他们正在取得进展。"她说,"但是,你为什么要乐观地认为我们最终会成功并取得胜利呢?"

艾伦回答道:"夫人,如果我认为这是不可行的,我会告诉你,而且会很快说出来。因为如果真的推进不下去,我不会再在这场战争中浪费多余的生命。"

随着越来越多的美军撤出,关于取得进展的虚假叙述变得更加

第十六章 与真相作战

难以持续。2013年，驻阿富汗美军人数4年来首次降至5万人以下。阿富汗军队和警察部队努力填补美国人留下的空白。塔利班的力量得以恢复并扩展了新地盘。

但将军们在谈话要点上更加夸大，还接受了一个他们曾经回避的词：胜利。

2013年2月，当艾伦将军结束其作为美国和北约部队指挥官的19个月任期时，他的言论听起来比以往任何时候都更加乐观。他说，阿富汗安全部队已经增强，阿富汗政府已经准备好为自己的安全负责。

艾伦在喀布尔的卸任仪式上说："这就是胜利的样子。我们不应该回避使用这个词。这场战争是胜利的，阿富汗人民也是胜利的。"

在艾伦发表演讲之前，美军指挥官很少说将取得彻底的胜利。但其他将军很快就接受了艾伦的观点和虚张声势的架势。

2013年5月，艾伦的继任者、海军陆战队上将小约瑟夫·邓福德在喀布尔的就任仪式上说："这些天来，我经常谈论胜利，我坚信我们正在通往胜利的道路上。"

邓福德的副手、陆军中将马克·米莱在阅兵场向阿富汗部队发表讲话时也迎合了上司的言辞。米莱说："你们将赢得这场战争，我们将与你们并肩作战。"米莱宣称他们"在通往成功的道路上，在通往胜利的道路上，在通往建立稳定阿富汗的道路上"。

第十七章　内部的敌人

一支美国陆军小队在临时观察哨边缘通过热成像望远镜向下观察贫瘠的山谷，寻找敌人的踪迹。[1] 他们认为躲在由3英尺高的沙袋堆成的防护墙后面是安全的，这些沙袋藏在伪装物和阿富汗9月的暗夜之下。

凌晨1点左右，他们身后突然响起了枪声。[2] 携带AK-47突击步枪的阿富汗士兵从后方悄悄逼近，近距离伏击了这些士兵。

25岁的萨普罗·内纳中士是一名会弹吉他的太平洋岛民，他背部中了几枪。[3] 19岁的一等兵乔恩·汤森刚结婚，胸部被击中。22岁的约书亚·纳尔逊是一名来自北卡罗来纳州东部的信号情报分析专家，双腿遭到连环枪击。20岁的一等兵赫纳罗·贝多是得克萨斯州人，在阿马里洛的家中有个女儿，他脸部中弹。4名士兵无一生还。

袭击者并不陌生。他们是阿富汗警察部队的成员，在美军驻扎的扎布尔省执行任务，该地是叛乱分子穿越阿富汗南部和东部的门户。促使阿富汗警察向美国盟友开火的原因尚不清楚，但枪击事件加剧了一个令人担忧的趋势。

2012年9月16日发生的这起"叛变"，给过去两个月里阿富汗安全部队实施的16起类似的袭击事件画上了句号，[4]这些袭击造成22名美军士兵和北约人员死亡，29人受伤。

这种来自内部的袭击在战争初期很少发生。但随着奥巴马政府加紧训练阿富汗军队和警察部队，内部袭击现象爆发了。公开报道的阿富汗人对外国盟友的袭击事件数量从2008年的2起增加到2012年的45起，造成至少116名美国和北约人员死亡。这类袭击越来越多，似乎美军正在训练的是敌人。*

在一些袭击事件中，塔利班成员渗透到阿富汗军队或警察中，意图从内部制造混乱。但在其他情况下，已知的与叛乱分子没有联系的阿富汗士兵或警察，出于个人或意识形态原因对外国军队进行报复。通常而言，袭击动机都是模糊不清的。

内部袭击骤增危及了美国和北约的使命。为了赢得这场战争，西方盟国需要扩大阿富汗军队和警察部队的规模，并将其转变为一支有战斗力的部队，使其在未来几年里可以在外部支援很少的情况下击败塔利班，稳定阿富汗局势。

美军近乎24小时地训练、装备和指导阿富汗士兵及警察。在联合行动中，指挥官要求美国人和阿富汗人"肩并肩"（在达里语

---

* 外国军队并不是唯一的目标。2014年4月，一名阿富汗警察头目向正在霍斯特省进行报道的两名美联社工作人员开枪，摄影师安雅·尼德林豪斯死亡，记者凯茜·甘农受伤。

中称为"shohna ba shohna")战斗。并肩作战的体系需要建立在信任的基础上,如果美国人开始担心阿富汗伙伴会从背后向他们开枪,那么这个体系就有崩溃的危险。

不过,美军也犯下了破坏联盟稳定的罪行。2012年1月,一段海军陆战队士兵在塔利班的尸体上撒尿的视频在网上疯传。2月,巴格拉姆空军基地的美国人无意间烧毁了垃圾堆中的复印版《古兰经》,引发了公众抗议。3月,当一名陆军上士在坎大哈省枪杀了16名村民时,紧张形势达到了顶峰。

这些内部袭击威胁到了奥巴马政府的撤军计划。美军计划在2014年底之前将守卫责任逐步移交给阿富汗安全部队。届时,阿富汗人将负责全国的战斗,美国和北约部队将发挥顾问作用。

到2012年9月,美军驻阿富汗人数已经从最多时的10万人下降到了7.7万人。那年秋天,奥巴马在竞选连任时承诺,如果民众选他连任,他将彻底结束这场战争。

但当月在扎布尔省发生的4名士兵死亡事件,迫使美军减缓了撤军脚步。袭击事件3天后,美国和北约部队指挥官、海军陆战队上将约翰·艾伦下令暂时停止联合行动。从实际意义和象征意义上说,这是一次重大挫折。

通常而言,艾伦是一个保守的、说话温和的乐观主义者,但他对阿富汗安全部队无力阻止盟友自相残杀表示愤怒。他在哥伦比亚广播公司的新闻节目《60分钟》中表示:"我非常生气。我们可以为阿富汗战争牺牲很多,但不愿意因此被谋杀。"[5]

美阿双方在10天内恢复了联合行动,但像兄弟一样并肩作战

第十七章　内部的敌人

的念头并未恢复。美国和北约官员要求阿富汗人重新审查士兵和警察的背景。他们还制订了一个"守护天使"计划，派美国和北约士兵时刻监视阿富汗叛徒。

陆军少校克里斯托弗·塞巴斯蒂安是一名信号官，他在2011—2012年负责指导阿富汗军队。他回忆起在坎大哈的一所训练学院参加阿富汗人的毕业典礼时的事情。渗透者在一名澳大利亚上校的座位下放置了一枚小型炸弹。[6] 当军官站起来与毕业生握手时，装置爆炸了。令人惊讶的是，没有人受伤。但塞巴斯蒂安表示，这件事让每个人都感到不安，并加深了人们对美阿伙伴关系是否紧密的怀疑。

塞巴斯蒂安在一次军队口述史采访中说："当你开始日常工作时，总是会笼罩着一种持久的恐惧感，必须小心翼翼。因此，对于期待我们能够达到美军认为成功的程度，我感觉是不切实际的。"[7]

内部袭击在美国、加拿大和欧洲引发了一轮又一轮的负面新闻报道，质疑阿富汗人是不是值得信赖的盟友、是否值得支持。由于担心公众舆论会坚决反对战争，美军再次采用了旧策略：掩盖问题的严重性。

军方发言人将这些袭击淡化为"孤立事件"，这与五角大楼方面的评估并不一致。2011年，一名驻喀布尔的美国陆军行为科学家进行了一项名为"信任和文化不相容危机"的内部研究，结论是内部袭击"不再是孤立的，它们反映出一种不断上升的系统性威胁"。[8]

为了在公开场合进一步淡化这一问题，喀布尔军事总部的官员经常把士兵只是受伤或安全逃脱的内部袭击事件掩藏起来。甚至在致死性袭击事件中，官员也只是发布简短、敷衍的声明，不会阐明发生了什么或为什么发生。

2012年，对于4名美军士兵在扎布尔省被杀的事件，美国和北约驻喀布尔联合部队司令部发布了一份新闻稿，其中只有三句措辞模糊的表述。如果不是华盛顿州塔科马的《新闻论坛报》的记者亚当·阿什顿，这些士兵的死亡细节永远不会公开。

阿什顿与来自塔科马附近的刘易斯－麦科德联合基地的另一部分士兵一起进驻阿富汗。在15个多月的时间里，他写了一系列文章，将发生的事情拼凑起来。[9]他采访了陆军的相关人员，并利用《信息自由法》得到了一份经过大量处理的针对袭击事件的官方调查副本。

他在文章中透露共有6名袭击者，都是阿富汗警察。[10]这些阿富汗人陪同6名美军士兵前往观察哨进行48小时轮班，寻找向美军基地附近的米赞战斗前哨基地发射迫击炮的塔利班武装分子。

这些叛变的警察打死了4名美军士兵，打伤了另外两名。其中一位名叫戴维·马塔卡昂戈的26岁专家也刚结婚不久，他还有一个儿子。在AK-47突击步枪的子弹击碎了他的腿和肋骨后，他勉强活了下来。

马塔卡昂戈后来说，他从阿富汗人那里感觉到不好的气氛，并承认这次袭击并不出乎意料。他在接受阿什顿的采访时说："我们知道他们干得出来，我看着这些人心想：'你们会开枪打我的。'"[11]

另一名幸存者，专家德温·华莱士奇迹般地没受重伤。他在袭击发生后就装死，直到开枪的人跑了，他才用无线电求救。他告诉

第十七章　内部的敌人

调查人员，自己也怀疑过阿富汗人，因为在袭击发生前，那些人的脸色明显变得阴冷。

军方调查显示，阿富汗人开枪打死了第七个人——一名阿富汗警察的同僚。调查人员认为，他成为袭击目标，是因为他与美国人交好，并拒绝参与袭击。

袭击者逃跑并消失在山谷中。调查时找到了他们与叛乱分子联系的证据，并发现扎布尔省的阿富汗警察在加入时都做了可靠性担保。但军方对报告中发现的这些细节进行了处理，没有回答一些重要问题。

内部袭击的骤增刺激了阿富汗各地美军的神经。杰米·托尔里少校是一名陆军军官，曾担任北约驻马扎里沙里夫警察训练指挥部的联络员。2010—2011年，他一直担心一名阿富汗官员，即使该人值得信任，也可能突然变得不听话。[12]

他回忆起2010年8月的一次事件，一名阿富汗司机开枪打死了两名与他密切合作了6个月的西班牙警察。托尔里在一次军队口述史采访中说："这真是最让人紧张的时刻。当我们和学员们一起去靶场的时候，我就在那里。永远不知道他们什么时候会背叛你。"[13]

*　*　*

内部袭击只是阿富汗军队和警察一直面对的众多系统性问题之一。即使在得到美国和北约部队帮助的10年后，阿富汗武装部队仍难以独立行动。

国民军约占阿富汗安全部队的 2/3。它对国防部负责，包括阿富汗空军、突击队和其他部队。

警察部队对内政部负责。与其说它是打击犯罪的机构，不如说是准军事力量。阿富汗警察部队守卫着边境，在检查站配备了人员，并控制着被军队清除的叛乱分子的领地。

阿富汗军队在毫无计划的迅猛发展中壮大。最初为了将驻军人数限制在 5 万人，布什政府在 2008 年制定了一个长期目标，即在阿富汗部署 13.4 万名士兵和 8.2 万名警察。但当奥巴马在 2009 年上任时，美国政府认为这些雄心勃勃的目标仍不足以应对不断升级的塔利班的威胁。当时的驻阿富汗最高指挥官麦克里斯特尔将军建议，将阿富汗军队和警察部队的人数增加近一倍，达到 40 万人规模。奥巴马和国会最终确定的总数略低，为 35.2 万人。

在这样的规模下，阿富汗军队和警察部队从理论上看很强大。但有很大比例的人员变成了"幽灵"，也就是查无此人。根据美国政府的审计报告，存在"吃空饷"的现象，阿富汗指挥官夸大了人数，这样他们就能从美国纳税人支付的数百万美元的薪水中牟利。

在奥巴马第二任期结束时，美国官员认定至少有 3 万名阿富汗士兵不存在，并将他们的职位从军队工资名单中删除。一年后，阿富汗政府又清除了 3 万名"幽灵"警察。

美国最终坚决要求阿富汗政府采集生物特征数据，包括指纹和面部扫描数据，以验证身穿军装的人真实存在。但这些检查花了数年时间才到位，没能从根本上解决问题。

新兵的素质仍然是关乎生死存亡的挑战。退役陆军上校杰克·凯

第十七章　内部的敌人

姆在2009—2011年担任美军将领的副手,负责训练阿富汗安全部队。他估计,尽管美国在过去10年里努力让数百万阿富汗儿童入学,但只有2%~5%的阿富汗新兵能够达到三年级的阅读水平。[14]

凯姆在军队口述史采访中说:"他们的读写能力极差,一些阿富汗人还必须先学会数数。我的意思是,你问一个阿富汗士兵他有多少兄弟姐妹,他不会告诉你有4个。他可以告诉你那些兄弟姐妹的名字,但他不会说'1、2、3、4'。"[15]

招募人员的工作非常艰巨,因为阿富汗安全部队的人员流失率很高。2009年,当凯姆抵达喀布尔时,阿富汗军队和警察部队正在缩减,因为有太多人擅离职守。[16] 尽管采取了大量措施来控制人员流失,但问题依然存在。2013年,大约有3万名士兵从阿富汗安全部队中逃跑了,约占安全部队总人数的1/6。

那些留下来的人面临着很高的伤亡率。阿富汗士兵和警察面对的形势变得极为糟糕,阿富汗政府甚至对确切数据保密,以免打击士气。2019年11月,研究人员计算出,超过6.4万名阿富汗军人在战争中丧生,大约是美国和北约部队死亡人数的18倍。[17]

一些美国官员将战争惨败的责任归咎于白宫和五角大楼的政策。一位未透露姓名的美国国务院前高级官员在接受"吸取教训"采访时说:"认为我们可以又快又好地建立军队的想法是疯狂的。我们甚至无法于8个月内在美国建立一个长期性的地方警察部队。那么短的时间内,我们怎么能期望在阿富汗各地建立数百支安全部队呢?"[18]

庞大的培训计划并不是因为缺钱而失败的。在2011年战争最激烈的时候，华盛顿每年拨出近110亿美元用于援助阿富汗安全部队，差不多比邻国巴基斯坦当年的军费开支多30亿美元。相比之下，巴基斯坦拥有大量核武器，军队实力也强得多。

白宫的战争专员道格拉斯·卢特中将说，美国国会为阿富汗军队和警察部队拨款太多，以至于国防部不知道该怎么花光这些钱。他在"吸取教训"采访中称："我们不能只花一年的钱来解决这个问题，不可能那么快就建立起来（阿富汗安全部队）。"[19]

不过，在公开场合，美军指挥官对他们正在推进的计划表现得信心满满。他们一再宣称，阿富汗安全部队的能力正在增强，美军很快就不需要承担战斗任务了。

2012年9月，在五角大楼与记者举行的简报会上，走私犯的孙子、已返回阿富汗担任美军副指挥官的陆军中将詹姆斯·特里回避了有关内部袭击的一系列问题，并叙述了阿富汗军队和警察即将接管战斗的情况。他说："在我们的推动下计划取得了进展，阿富汗安全部队也稳步发展。"

然而，随着美军逐渐撤出阿富汗，并将任务移交给阿富汗人，塔利班乘虚而入了。叛乱分子扩大了他们在阿富汗南部和东部的控制范围，阿富汗军队一次又一次地收缩。

五角大楼的高级官员回避了阿富汗战场上的逆转形势，并继续宣扬阿富汗盟友所谓耀眼的成绩单。2013年9月，美军新任副指挥官、陆军中将马克·米莱吹嘘道："赢得这场战争的条件已经具备。"

他在喀布尔的新闻发布会上说："阿富汗军队和警察部队每天

都非常有效地打击叛乱分子。是不是有一两个前哨基地被占领了？确实是。但在阿富汗有 3 000 或 4 000 个前哨基地。所以最重要的是，阿富汗人成功地保卫了这个国家的大多数人。"

但实际上，阿富汗人以惊人的速度放弃了他们的前哨基地。美军将领喜欢装作什么也没发生，但在战场上的美军却把许多阿富汗部队描述为无能的、缺乏积极性的以及腐败的。

2011 年，陆军步兵军官格雷格·埃斯科巴尔少校一直在努力整顿阿富汗东部边境附近帕克蒂卡省的一支"无能"的阿富汗部队。埃斯科巴尔训练出来的第一个阿富汗营级指挥官因被指控性侵一名男性士兵而失去了工作。接替指挥官的人也被自己人杀死了。[20]

埃斯科巴尔表示，他开始意识到整个计划是徒劳的，因为美军推进得太快了，而阿富汗人在这个外国实验项目中没有提升。他在接受军队口述史采访时说："我们所做的一切都无济于事。在阿富汗政府能够对那里的人产生积极影响之前，我们是在浪费时间。"[21]

陆军少校迈克尔·卡普斯是一名宪兵，他训练的阿富汗警察在开伯尔山口边境地区巡逻了一年。2009 年他回到美国时，人们问他："我们在阿富汗能赢吗？"[22]

"我的回答是'即使你双臂展开*，在阿富汗的每一寸土地上都可能失败'。你可能会失去所有地方，阿富汗问题太多、太与众不同，也太落后了。"[23] 他在一次军队口述史采访中说。

其他训练阿富汗人的陆军军官讲述了混乱不堪的场景，这些场

---

* 此处的"双臂展开"指士兵两臂伸展开组成的队列，意为全力以赴。——译者注

景预示着他们在战场上的表现会很糟糕。马克·格拉斯佩尔少校是第 101 空降师的工程师，在 2010—2011 年担任阿富汗军队的训练官。他说，即使是简单的操练也会出问题。在接受军队口述史采访时，他回忆起曾试图教阿富汗东部城市加德兹的一个排的阿富汗士兵如何离开一架 CH-47 "支奴干"直升机，这是一种用于运送部队和补给品的重型直升机。因为没有真正的"支奴干"进行练习，所以格拉斯佩尔把许多折叠椅排成一排，并指导阿富汗人如何安全下机。[24]

格拉斯佩尔说："我们一直在研究这个问题，进展得很顺利。突然，一个阿富汗士兵走了过来，他和班上的一个同学开始争吵。"[25] 然后第三个阿富汗士兵拿起一把折叠椅打了第一个人的头。

格拉斯佩尔补充道："好吧，那就打吧。"他让阿富汗人一直打到累为止。他说："我的翻译看着我，摇了摇头说'这就是我们永远不会成功的原因'，然后他就走开了。"[26]

陆军预备役军人查尔斯·瓦根布拉斯特少校作为一名情报官员在阿富汗东部驻扎了一年，他说，经历了很多事情后，他知道美国人和阿富汗人的思维方式有很大不同。2010 年秋天，他和同事提醒阿富汗士兵冬天即将来临，建议他们尽可能做好准备，因为军营中没有稳定的热源。[27] 瓦根布拉斯特说："天气越来越冷了，你们想过找些柴火吗？让我来看看你们的取暖方式。他们却说：'没有，还不冷呢！'"[28]

瓦根布拉斯特说："但是会很冷，我很确定。"[29] 然而，阿富汗人不接受所谓天气注定会变冷的说法。"他们会说：'好吧，但你怎么知道的？'哎呀，你该怎么反驳呢？当你说'你们需要外套'的时候，他们就说'没事，现在还不冷。天冷的时候我们会穿外套的'。"

与此同时，阿富汗军队和警察部队从上到下都腐败了。政府部长通过任命将军或分派指挥任务，来换取现金贿赂或作为庇护网络的一部分。指挥官则反过来从部队薪水中抽取一部分，前线士兵和警察则敲诈市民以中饱私囊。

随着时间的推移，阿富汗民众特别厌恶安全部队，甚至许多人在争论塔利班和阿富汗政府两者谁更邪恶。

阿富汗国防部高级官员沙阿·马哈茂德·米哈赫尔说，他曾经从部落长老那里听到一大堆话，他们表示无法忍受任何一方。[30]

"我问部落长老，为什么500多人的安全部队打不过二三十人的塔利班分子？他们回答说，安全部队的人不是去保卫人民和打击塔利班的，他们是去赚钱的"[31]，通过出售美国提供的武器或燃料来赚钱。米哈赫尔在"吸取教训"采访中回忆道。

米哈赫尔说，他告诉部落长老："'好吧，政府没能保护你们，但你们手中有差不多3万人。如果你们不喜欢塔利班，那就要和他们战斗。'他们则说：'我们不想要这个腐败的政府，也不想要塔利班，所以我们等着看谁会赢。'"

在"吸取教训"采访中，美国官员不断地抱怨阿富汗警察，说他们的表现甚至比阿富汗军队还要差，对保护人民这件事根本不关心。

托马斯·约翰逊是阿富汗问题专家和海军研究生院教授，曾在坎大哈担任反叛乱顾问。他说，阿富汗人将警察视为掠夺成性的强盗，称他们为阿富汗"最该死的机构"[32]。一位未透露姓名的挪威官员估计，有30%的阿富汗新兵携带政府配发的武器离队，最终"设立自己的私人检查站"并抢劫他人。[33]

2011—2012年担任美国驻阿富汗大使的瑞安·克罗克在接受"吸取教训"采访时表示："阿富汗警察的无能并不是因为在武器或人员上处于劣势，而是因为从安全部队到巡逻队各个层级都腐败透顶了。"[34]

担任阿富汗警察部队联络员的美国陆军宪兵罗伯特·罗多克少校表示，阿富汗警察部队更像是一支服务于军阀或部落长老的私人武装，必须教给他们公共服务和执法的基本概念。

罗多克在军队口述史采访中说："当时水平低到什么程度呢？比如，你要对他们说：'这个手铐的含义在于，你不能认为某样东西是你的，你就去市场上偷。'"[35]

2009—2010年在拉格曼省服役的国民警卫队军官、陆军中校斯科特·坎宁安说，许多阿富汗警察整天无所事事地待在他们设立的当作检查站的集装箱里，或者用美国人的话说，他们是"盒子里的警察"。他说："没去巡逻，没去破案，什么都没做。"[36]

一天，阿富汗警察干了件好事：他们拦下了一辆满载几吨自制炸药的卡车。坎宁安估计，这批炸药的爆炸威力可能与1995年炸毁俄克拉何马城9层高的阿尔弗雷德·P. 默拉联邦大厦的卡车炸弹相同，当时那起爆炸事件造成168人死亡。

但是，当警察坚持要把卡车拖走并自己处理炸药时，坎宁安焦

第十七章　内部的敌人

虑起来，他说："我们根本不相信他们。"[37] 随后双方陷入僵局。后来一名美军士兵动手了，他抓起一个定时炸弹装置，当着阿富汗警察的面扔到了卡车后面。坎宁安回忆说："那些警察除了逃跑别无他法。"爆炸声响彻数英里之外，但没有人受伤。

在"吸取教训"采访中，美国官员对被称为"阿富汗地方警察"的部队格外不屑一顾。阿富汗地方警察是阿富汗国家警察部队之外的一个独立实体。他们是在地方一级组织起来的民兵组织，大约有3万人。美军负责训练地方警察，但这些地方警察很快就因残暴而声名狼藉，并招致人权组织的指责。

一位未透露姓名的美军士兵说，特种部队"憎恨"阿富汗地方警察，称他们"太可怕了，是阿富汗最差的人，而这个国家已经是最差的了"[38]。在其他采访中，一位未透露姓名的美国军官估计，当地新招募的警察中有1/3是"吸毒者或塔利班分子"[39]。

陆军中校斯科特·曼认为，2011—2013年，阿富汗地方警察扩张得太快了。他在接受"吸取教训"采访时说："如果你找代理人或走捷径，就会得到你想要的东西，但是你会看到不负责任的民兵在掠夺民众。"[40]

2012—2013年，陆军民政官员安德鲁·布瓦索诺上尉在赫尔曼德省与阿富汗地方警察共事。在军队口述史采访中，他回忆起一名患有严重的创伤后应激障碍的阿富汗指挥官曾带领部队与想象出的敌人作战的事。[41] 布瓦索诺说："这名阿富汗指挥官负责距离赫尔曼德河最近的检查站，每隔一段时间，他就会在赫尔曼德河交火——意思是，他看到了别人没有看到的攻击，会命令下属还击。"[42]

无论如何，美军必须找到一种方法来训练这些家伙，并将他们塑造成一支熟练的力量，以击败不断增多的叛乱，并控制阿富汗这个饱受袭击的国家。这是不可能完成的任务。

第十七章　内部的敌人

第十八章　幻想破灭

奥巴马总统曾承诺结束战争，所以在 2014 年 12 月 28 日，美国和北约的官员在喀布尔军事总部举行了纪念仪式。音乐在由多国士兵组成的仪仗队行进时响起。一位四星上将发表了讲话，并庄严地介绍了自战争开始以来一直飘扬的以美国为首的联军部队的绿色旗帜。

奥巴马讲话称，这一天是"我们国家的一个里程碑"，并表示美国在经历了 13 年的战争后变得更加安全。奥巴马宣布："由于我们的军人做出了非凡的牺牲，我们在阿富汗的战斗任务即将结束，美国历史上最长的战争即将以负责任的方式终结。"

时年 57 岁的美国和北约部队指挥官、陆军上将约翰·坎贝尔也对所谓"战斗任务"的结束表示欢呼，并对一些成就进行赞扬。他断言，自战争开始以来，阿富汗人的平均预期寿命增加了 21 岁，并补充说："按照这个国家大约 3 500 万人相乘，相当于增加了 7.41 亿年的生命。"他还称赞美国、北约和阿富汗军队取得了显著的进步。*

但在这样一个具有历史意义的日子里，赞扬这些事似乎有些奇怪且平庸。实际上，奥巴马总统并没有出现在现场，他发表的是他在夏威夷度假时写的一份书面声明。阅兵仪式在体育馆中举行，几十人坐在折叠椅上观看。关于敌人只字未提，更不用说投降的事情了。整个仪式中也没有人欢呼。

事实上，阿富汗战争远未接近以"负责任的"或"其他的"方式结束，美军将在未来的许多年里在阿富汗战斗并流血牺牲。这成了美国领导人在 20 年战争期间散布的最令人震惊的谎言。

奥巴马在此后的 3 年里缩减了军事行动，但没能把美国从泥潭中拉出来。在仪式举行时，大约 1.8 万名美军士兵仍留在阿富汗，比增兵计划的最高人数下降了近 90%。奥巴马承诺在 2016 年底之前，也就是他任期结束的时候，撤出剩余的部队，只保留美国大使馆的守卫力量。

他知道大多数美国人已经失去耐心。2014 年 12 月，《华盛顿邮报》和美国广播公司新闻节目的民意调查显示，只有 38% 的公众认为阿富汗战争值得打下去。[1] 相比之下，在战争开始时，有 90% 的民众表示支持。

然而，总统面临着来自五角大楼和国会鹰派从内部施加的压

---

* 就像美国官员吹捧为进步证据的许多统计数据一样，坎贝尔的推断被严重夸大了。2017 年阿富汗重建特别监察长办公室的一项审计怀疑，关于阿富汗人预期寿命的数据是虚假的。世界卫生组织估计，阿富汗男性预期寿命增加 6 岁，女性预期寿命增加 8 岁，而不是 21 岁。

第十八章　幻想破灭

力。奥巴马尝试过类似的阶段性策略来结束伊拉克战争，美军在2010年停止了在伊拉克的作战行动，并在一年后完全撤出。但这些举措很快就显得事与愿违了。

在美军缺席的情况下，基地组织的一个分支"伊斯兰国"*横扫伊拉克，并占领了几个主要城市，而美国训练的伊拉克军队几乎没有抵抗能力。为了防止伊拉克分裂，奥巴马不情愿地命令美军返回伊拉克，在2014年8月开始空袭，随后派遣3 100名地面人员参加战斗。这些美军会留在那里好几年。

奥巴马不希望在阿富汗发生同样的事情，但他需要为美军争取更多的时间来重建溃不成军的阿富汗军队，这样它就不会像伊拉克军队那样溃败。奥巴马还想给喀布尔政府增添筹码，并说服塔利班通过谈判结束冲突。

为了实现这一目标，奥巴马编织了一出幻象。他的总统班底拉开了一场信息宣传战的序幕，为的是让美国人认为仍然驻扎在阿富汗的美军不会参与这场战斗，因为他们的任务处于次要地位。2014年12月在喀布尔举行的仪式上，当美国国旗降下时，奥巴马的指挥官强调，从那时起，阿富汗军队和警察部队将对其国家的安全承担全部责任。同时，北约部队也只扮演"非战斗"角色，如训练人员和担任行动顾问。

但五角大楼列出了许多例外情况，这在实践中与之前没什么区

---

* "伊斯兰国"（Islamic State）与基地组织都是活跃在阿富汗的恐怖组织，它的前身"统一圣战组织"曾宣誓效忠基地组织头目本·拉登，成为基地组织在伊拉克的分支。2014年以后，伊斯兰国正式成立，此后与基地组织变成了敌对关系。——编者注

阿富汗文件

别。在空中，美国战斗机、轰炸机、直升机和无人机继续执行打击塔利班武装的空战任务。2015—2016 年，美军发射导弹和投下炸弹 2 284 次，比前几年有所下降，但平均每天仍有 3 次以上。[2]

在陆地上，五角大楼给执行"反恐行动"或突袭特定目标的部队设立了另一个例外情况。这些交战规定允许特种部队逮捕或杀死基地组织和"相关组织"的成员，这个模糊的术语也可适用于塔利班或其他叛乱分子。这些规定还允许美军为防止主要城市沦陷或在其他情况下支援阿富汗军队。换句话说，美军仍将继续发挥不可或缺的作用，并继续执行战斗任务。

然而，在经历了 13 年平庸的战争进程后，许多美国领导人对他们真正取得了什么成就，或者说是否取得了成就心存疑虑。奥巴马的新政策可能比他之前的政策更有效。在一次"吸取教训"采访中，一名曾在阿富汗担任文职工作的美国高级官员说，奥巴马的增兵战略是一个错误，这一点很快就显示出来了。相比向阿富汗派出 10 万美军并且在 18 个月以后才撤军，只派出 1/10 的兵力要好过把他们一直留到 2030 年。[3]

这名官员说："你可以用驻军和金钱来创造稳定，但问题是，当你离开时稳定还能持续吗？鉴于我们希望快速增加部署和迅速离开阿富汗，我们不可能达到良好的效果，也留不下良好的治理。"[4]

在布什政府期间负责监督南亚政策的美国高级外交官理查德·鲍彻在 2015 年接受"吸取教训"采访时，用简洁的方式说清了美国历史上最大的国家建设项目的失败。

他说："如果你在 15 年后回头看，我们本可以让 1 000 名（阿富汗）一年级学童——嗯，是五年级而不是一年级——去印度的学校接受教育和培训。如果这样做，我们现在就可以把他们带上飞机，让他们回到阿富汗，然后说'好吧，你们可以来管理阿富汗了'。这总比让一群美国人进来说'我们可以为你建好这个国家'更好。"[5]

奥巴马结束战争的愿望，建立在了不稳定的政治日程上。鉴于塔利班投降的可能性不大，他需要阿富汗政府承诺接管战斗，以便美军能够撤离。

2009年，在卡尔扎伊连任后，美国外交官就游说阿富汗总统的助手，要其在卡尔扎伊的就职演说中加入一个承担阿富汗安全责任的确切时间表。[6]演讲稿中要承诺，阿富汗军队将在5年内，即卡尔扎伊第二个任期结束时"确保全国的安全与稳定"。

但是，卡尔扎伊和美国人之间的友好与信任已经消失殆尽。卡尔扎伊没有选择与奥巴马政府合作实施平稳过渡，而是阻碍了美国和阿富汗的安全协议谈判，该协议将授权美国于2014年后继续在阿富汗驻军。

美国政府希望在阿富汗维持一支小规模部队，以便继续训练和支援阿富汗军队，并对基地组织实施反恐打击。但是，卡尔扎伊想要阻止美军士兵袭击阿富汗家庭，这是双方长久以来的痛点。他还反对根据阿富汗法律使美军免予起诉的条款。

奥巴马政府拒绝对任何一项要求做出让步。卡尔扎伊继续坚持，美国官员就威胁说，如果其在2013年底之前不签署协议，将关闭美军基地并完全撤出。但卡尔扎伊坚持认为奥巴马在虚张声势，猜测美国人并没有真的考虑撤军。

卡尔扎伊猜对了。美国官员让步了，不得不等到卡尔扎伊离任。他的继任者阿什拉夫·加尼于2014年9月签署了这项协议。

2001年参与并主持波恩会议的美国外交官詹姆斯·多宾斯，在2013—2014年担任奥巴马总统的阿富汗和巴基斯坦特使。他说，有关安全协议的争吵体现了一个奥巴马从未解决的悖论。奥巴马希望阿富汗人认为美国是一个坚定的盟友，在对抗塔利班时不会抛弃他们。同时，奥巴马告诉厌战的美国人，是时候离开了。多宾斯在"吸取教训"采访中说："我们传递的信息和我们的实际行为有一种持续的违和感。"7

为了让美国民众维持"战争结束"的幻想，五角大楼继续从前线发回乐观的报告。

2015年2月，长期在五角大楼工作的阿什顿·卡特被任命为奥巴马政府第四任国防部长。在他以新身份首次访问阿富汗时，依然通过重复前任自战争开始以来背诵的雷同台词来开启访问之行。卡特在喀布尔与阿富汗总统加尼举行新闻发布会时说："这里发生了很多变化，许多事情都向好的方向发展。我们现在的首要任务是，确保这一进展持续下去。"

但在访问坎大哈空军基地期间，他一度脱离了讲稿，承认阿富汗人直到最近都是可悲的和无能的——这与美国官员10多年来向公众展示的经过粉饰的评估相矛盾。

卡特说："这并不是说阿富汗人不擅长战斗。他们可以的。就在几年前，根本就没有阿富汗国家安全部队。但现在他们逐步自立了，开始独自做我们过去为他们做的事情。"

第十八章 幻想破灭

几个月以来，奥巴马政府的蹩脚战略似乎有效。来自阿富汗的消息平息下来，美军也远离了聚光灯。但就在阿富汗安全部队奋力对抗塔利班时，美国人又开始付出生命的代价了。

2015年4月，22岁的军医约翰·道森在贾拉拉巴德的一次内部袭击中丧生。一名阿富汗士兵在一处政府大楼里向联军部队开火，打死了道森并造成8人受伤。

两个月后，54岁的国防后勤局文职人员克里西·戴维斯死于巴格拉姆空军基地的火箭弹袭击。

同年8月，第五次被派往阿富汗执行任务的35岁的"绿色贝雷帽"特种部队军士长安德鲁·麦克纳在一次交火中丧生。当时塔利班武装分子袭击了喀布尔的一个特种部队营地，叛乱分子用汽车炸弹炸开大门，炸死8名阿富汗警卫，另有1名美军士兵受重伤。麦克纳被追授银星勋章。

19天后，27岁的空军上尉马修·罗兰和31岁的空军中士福里斯特·西布利在赫尔曼德省的一个阿富汗警察检查站遭到内部袭击丧生。罗兰在伏击中为拯救特种部队其他队员而牺牲，后被追授银星勋章。

9月下旬，美军不再承担战斗任务的幻想完全破灭了。经过长时间的围攻，叛军占领了位于喀布尔以北200英里的阿富汗第六大城市昆都士。昆都士的沦陷震惊了整个阿富汗，这是自2001年以来塔利班首次控制主要城市地区。美国特种部队赶往昆都士，经过几天的激烈战斗，帮助阿富汗军队重新夺回了这座城市。

2015年10月3日凌晨，夜幕之下一架代号为"锤子"的美国空军 AC-130 攻击机反复扫射昆都士医院，造成 42 人死亡。[8] 这家医院由人道主义组织"无国界医生"管理。为了保护创伤中心，该组织几天前就向美国和阿富汗部队提供了该地点的 GPS（全球定位系统）坐标，所以军队没有理由对其发动袭击。[9]

奥巴马和其他美国官员为这次灾难道歉。随后，美国军方的一项调查将医院"意外"被袭归咎于"战争迷雾"*、人为错误和设备故障。五角大楼表示，16 名美国军人因参与袭击而遭受行政处罚，但没有人受到刑事指控。

然而，奥巴马并没有缩减反而增加了美国的军事行动。在昆都士溃败的 12 天后，奥巴马下令停止美军缓慢的撤退步伐，并无限期延长他们的任务，以防止塔利班占领更多城市。他违背了结束战争的承诺，表示在 2017 年 1 月其卸任后，至少有 5 500 名士兵将留在阿富汗。

"我不支持无休止的战争，我也多次反对陷入无限期的军事冲突。"奥巴马在白宫罗斯福厅宣布，"然而，考虑到阿富汗的利害关系……我坚信，我们应该付出更多的努力。"

尽管阿富汗军队在人力、装备和训练方面拥有巨大优势，但美国官员担心，如果美国人撤离战场，阿富汗盟友将会输给塔利班。在仅有的坦诚交流中，奥巴马承认"阿富汗军队仍然没有达到其需要的强大程度"。

---

* "战争迷雾"指作战中受各种自然环境与侦察疏漏的影响而造成的判别失准现象。——译者注

第十八章　幻想破灭

为了让公众更容易接受这场无休止的战争，奥巴马继续制造了美军在这场战争中只是旁观者的假象。在白宫罗斯福厅发表的讲话中，他再次坚称战斗任务已经"结束"，不过他对自己的声明稍加修饰，指出美国人并没有参与"针对塔利班的主要地面战斗"。

对军队来说，这没有什么区别。阿富汗是一个战区，他们都带着武器，也都获得了战斗报酬，许多人还被授予战斗勋章，并且会产生更多伤亡。

* * *

到 2015 年底，叛乱势力不断壮大，而美军领导人开始流露出罕见的悲观情绪。

2015 年 12 月，阿什顿·卡特回访阿富汗时对阿富汗安全部队的评价有些含糊。他在贾拉拉巴德附近的一个基地对美军发表讲话时说，阿富汗军队和警察部队"正在逐步壮大"，但他表示对五角大楼的代理人部队[*]信心有限。

卡特说："如果 5 年前让我打赌，我可能会给双倍赔率。但现在赔率差不多了。"

当天在巴格拉姆空军基地的新闻发布会上，坎贝尔将军的话听起来更加悲观。他说："我们刚刚经历了一个非常艰难的阶段。我们知道这将是艰难的一年，阿富汗人也知道这将是艰难的一年。"

---

[*] 代理人部队是指阿富汗军队和警察部队。——译者注

3天后，即12月21日，一名自杀式炸弹袭击者骑着一辆携带爆炸物的摩托车，炸死了在巴格拉姆空军基地附近徒步巡逻的6名美国空军人员。遇难者包括36岁的空军学院毕业生阿德里安娜·福德布鲁根少校，她曾在2011年推动美军废除禁止同性恋军人公开的命令。福德布鲁根被追授3枚战斗勋章：铜星勋章、紫心勋章和空军战斗勋章。她留下了退伍军人妻子希瑟和她们4岁的儿子雅各布。

随着战争进入第15个年头，美国在阿富汗面对着新的敌人，旧的势力分界线开始改变。

在伊拉克和叙利亚活动的"伊斯兰国"组织，其势力扩张到阿富汗和巴基斯坦。到2016年初，美军估计该组织的阿富汗分支势力有1 000~3 000名战士，其中大部分是塔利班前成员。

"伊斯兰国"的出现扩大了战争范围，使战争局势更加复杂。2016年1月，白宫批准了新的交战规则，授权五角大楼袭击阿富汗境内的"伊斯兰国"武装分子。此后，美国加强了对阿富汗东部毗邻巴基斯坦的楠格哈尔省和库纳尔省的空袭，那里是"伊斯兰国"的盘踞地。

当时，美军承认他们在战争中的宿敌——基地组织，几乎已经从阿富汗消失。

2016年5月，驻阿富汗美军发言人、陆军准将查尔斯·克利夫兰对在五角大楼的记者说："就其本身而言，我们认为基地组织不会构成真正重大的威胁。"他提出了一个称为"SWAG"*的说

---

* 军事领域"科学的、胡乱猜测"（scientific, wild-assed guess）的缩略语。

第十八章　幻想破灭

法,表示只有 100~300 名基地组织分子维持着"某种形式的存在"。本·拉登身亡 5 年后,他的组织几乎丧失了战斗力。

与此同时,美军将塔利班归入一个模糊不清的新类别中。它仍然是敌人,但也不一定是敌人。奥巴马政府得出的结论是,结束战争和稳定阿富汗的唯一途径是,阿富汗政府与塔利班谈判并达成和平协议。但在此之前,启动和解进程的尝试无疾而终。美国官员想再试一次,并决定以不同态度对待塔利班,以期说服其领导人回到谈判桌前。

因此,五角大楼发布了新的交战规定。根据这些规定,美军可以自由打击"伊斯兰国"和基地组织残余势力,但只有在需要自卫或阿富汗安全部队马上要被消灭的情况下才能与塔利班作战。

就连美国的国会议员也对这一新方针感到困惑。2016 年 2 月,在参议院军事委员会的听证会上,南卡罗来纳州共和党参议员林赛·格雷厄姆敦促坎贝尔将军做出解释。

"塔利班是我们的敌人吗?"格雷厄姆问道。

"我没听清楚你的问题。"坎贝尔回答说。

"塔利班是美国的敌人吗?"格雷厄姆重复道。

坎贝尔结结巴巴地说:"塔利班……就帮助基地组织、哈卡尼和其他叛乱组织而言,塔利班都在负责……"

格雷厄姆打断了他的话,并多次询问美军是否被允许进攻和打击塔利班武装,或猎杀塔利班高级领导人。

坎贝尔回避了这些问题,并表示:"先生,我再强调一下,我不会在公开听证会上讨论当局的交战规定。我想告诉你们的是,我们的国家已经做出决定，我们不与塔利班作战。"

但塔利班仍然与美国和阿富汗政府处于战争状态，就塔利班领导人而言，战斗进行得很顺利。2016年，叛乱武装分子再次占领昆都士，在喀布尔不断制造爆炸事件，并夺取了赫尔曼德省大部分地区的控制权，该地是阿富汗利润丰厚的罂粟种植带的中心。

在华盛顿，人们越来越担心阿富汗政府面临政治崩溃的风险。2016年7月，奥巴马再次改口，称局势"岌岌可危"。他没有按照原计划将美军人数减少到5 500人，而是下令美军留在阿富汗。到2017年1月奥巴马离开白宫时，仍有大约8 400名美军士兵留在阿富汗。

2017年3月，接替坎贝尔担任指挥官的陆军上将约翰·尼科尔森出现在参议院军事委员会上。当被问及美国是赢还是输时，他回答说："我认为我们陷入了僵局。"

然而，尼科尔森在证词中预见了下一任美国总统唐纳德·特朗普将要面对的后果。尼科尔森说："进攻可以打破阿富汗的僵局。"

在军事术语中，这意味着更多的军队和更多的武器。

第六部分

2017—2021年：僵持局面

第十九章　特朗普任期的政策转变

自上一任总统在黄金时段发表讲话以来，已经过去了将近8年。2017年8月21日，轮到唐纳德·特朗普宣布阿富汗战争的新战略了。

就像奥巴马在西点军校所做的那样，特朗普在昏暗的灯光下走进弗吉尼亚州迈尔堡的康米大厅，军乐队演奏着《向酋长致敬》。特朗普蹙起眉毛，紧闭嘴唇，神情严肃地走上舞台，然后示意观众席上的陆军、空军、海军和海军陆战队的士兵稍息并坐下。

当特朗普照着提词器讲话时，他的一些台词听起来和奥巴马在西点军校发表的演讲相像。和奥巴马一样，特朗普承认美国人"厌倦了战争"。但在对美国的阿富汗战略进行又一次"全面评估"后，特朗普决定像他的前任一样派遣更多部队并扩大军事行动。

特朗普表示，阿富汗政府需要更多的时间和帮助来强化自己的安全部队。他模仿奥巴马，警告说"我们的支持不是一张空白支票"，并补充说"我们不会再次进行国家建设"。他指责巴基斯坦为叛乱分子提供庇护，并威胁说，如果巴基斯坦不改变其政策，将停止援助。

美国人这些年听腻了这样的承诺。但随后特朗普尽其所能地放出狠话。他发誓不仅要结束这场持续了16年的战争，而且要一劳永逸地赢得这场战争。

他说道："我们在杀死恐怖分子，我们的军队将为胜利而战。从现在开始，胜利将有一个明确的定义。"

特朗普自吹自擂的承诺标志着他在阿富汗问题上有了出人意料的转变。在赢得2016年总统大选之前，这位房地产大亨、真人秀明星曾大声抱怨战争的花费，并要求奥巴马撤军。与他"让美国再次伟大"的口号一致，他谴责任何类似于国家建设的外国援助项目。

2012年，他在推特上写道："阿富汗完全是浪费。该回家了！"

2013年，他在推特上说："我们在阿富汗浪费了大量的鲜血和财富。他们的政府没有变好。让我们撤离吧！"

2015年，他又在推特上表示："一名自杀式炸弹袭击者刚刚在阿富汗炸死了美军士兵。我们的领导人什么时候才能变得强硬和聪明呢？我们正被引向屠杀！"

然而，特朗普在2017年1月搬进椭圆形办公室后就遇到了阻力。特朗普的内阁和国防部高层告诉他，突然撤军可能带来灾难性后果。如果阿富汗政府垮台，或者战争蔓延到拥有核武器的巴基斯坦，他要承担这个责任。他们敦促特朗普首先仔细审查阿富汗战略，并考虑所有后果。然后他就可以行动了。

特朗普同意了。但与其他总统不同的是，特朗普对指挥战争的将军缺乏尊重，对详细的政策审议也没有耐心。

最重要的是，特朗普讨厌任何软弱或失败的迹象。特朗普的国防部长詹姆斯·马蒂斯犯了一个严重的错误，他在6月告诉参议院军事委员会"我们现在没有在阿富汗获胜"。6天后，参谋长联席会议主席小约瑟夫·邓福德犯了同样的错误，他在华盛顿的国家新闻俱乐部露面时承认"阿富汗不是我们想要的地方"。

特朗普在迈尔堡发表演讲的1个月前，马蒂斯邀请总统到五角大楼就北约和其他军事盟友的重要性问题进行广泛讨论。马蒂斯和参谋长联席会议想在"战争会议室"里给特朗普做一次特别简报。[1]"战争会议室"是一间绝密会议室，陆军、海军、空军、海军陆战队和国民警卫队的指挥官在这里审议战争计划，讨论敏感问题。

马蒂斯和邓福德认为，特朗普会对位于五角大楼外围的"战争会议室"的庄严氛围印象深刻。会议室外的走廊上装饰着20世纪50年代的四星上将和将领的庄严的油画肖像。也许这样的背景会影响新总统，并让他改变对阿富汗等全球热点地区的看法。同奥巴马一样，特朗普也从来没有在军队服役过。

特朗普同意参加会议，但很快就对议程感到厌烦。特别是当马蒂斯和邓福德谈论阿富汗问题时，他大发雷霆。特朗普称这是一场"失败的战争"[2]。他在抨击喀布尔的最高指挥官、陆军上将约翰·尼科尔森时说："我觉得他不知道怎么赢。"

根据《华盛顿邮报》记者菲利普·拉克和卡萝尔·莱昂尼格对这次会面的描述，特朗普说："我想赢。你们就是一群笨蛋和乖

第十九章 特朗普任期的政策转变

宝宝。"[3]

特朗普的言行举止让马蒂斯、邓福德和其他将领大吃一惊。他们职业生涯的大部分时间都是在阿富汗度过的，他们担心特朗普可能会在其完成战略评估之前叫停这场战争。

在成为国防部长之前，马蒂斯曾在海军陆战队服役44年。2001年，他以一星准将的身份被派往阿富汗，后来成为奥巴马政府的四星作战指挥官。邓福德也是海军陆战队的一员，他在2013—2014年指挥美国和北约部队进驻阿富汗。

白宫国家安全顾问、陆军中将H. R. 麦克马斯特花了数月时间与马蒂斯和邓福德就阿富汗战略进行商讨。麦克马斯特个人也参与了这场战争。奥巴马增兵期间，他在喀布尔军事总部工作过20个月。

与马蒂斯和邓福德一样，麦克马斯特也认为战争偏离了轨道。[4]他鄙视奥巴马过快地撤走太多军队，赞成派几千名士兵重回阿富汗，与目前仍然驻扎的8 400名士兵一起，无限期地维持这一水平。

尽管他的计划每年将花费450亿美元，但麦克马斯特认为，为了防止阿富汗崩溃，这笔费用是值得的。[5]阿富汗安全部队已经参与了大部分战斗。在此之前的12个月里，只有20名美军士兵在阿富汗阵亡，这远低于战争最激烈时期的伤亡率。

但麦克马斯特、马蒂斯和邓福德需要谨慎小心才能让特朗普同意该计划。2017年8月18日，特朗普在"战争会议室"里发飙后，麦克马斯特在马里兰州卡托克丁山的总统度假地——戴维营又组织了一次高级别国家安全会议，讨论阿富汗战略评估的结果。

会议开始前，麦克马斯特完善了他的提案。[6] 他警告特朗普，如果他继续在推特上说要撤回所有美军，基地组织可能会返回阿富汗，对美国发动另一次袭击。麦克马斯特还告诉特朗普，20 个不同的恐怖组织活跃在该地区。事实上，基地组织只剩了个空架子，其他组织的势力范围也很有限。但没有哪位总统愿意在自己的任期内承担再次发生"9·11"恐怖袭击的风险。

在戴维营的会议上，美军将领告诉特朗普，他们需要在阿富汗增加兵力和火力以打破僵局。但他们认为，增兵计划是奥巴马处理战争的解药。当时奥巴马宣布增兵计划只会持续 18 个月，从而把事情搞砸了。塔利班只是默不作声地等待他们的离去。他们建议总统，不要像奥巴马那样把秘密告诉敌人。

对奥巴马的批评刺激到了特朗普，因为他讨厌奥巴马。特朗普同意再派几千人去阿富汗，还同意无限期增兵。

3 天后，特朗普在迈尔堡的演讲中公布了新战略，但明确表示他对此持怀疑态度。"我最初的本能是撤军。就过往经历来看，我喜欢跟随自己的直觉。"他说，"但无论如何，这些问题会得到解决。我是解决问题的行家。最终，我们会赢。"

特朗普宣称，他会以不同于奥巴马的方式打这场战争：美国政府将变得更加保密。

他说："我们不会谈论军队的数量或我们下一步军事行动的计划。"特朗普对他的增兵决定的细节进行保密，尽管一位未透露姓名的美国官员已经透露，将增派 3 900 名士兵。

特朗普证明了加强保密级别是一种让敌人猜不透的策略。但政

第十九章　特朗普任期的政策转变

策转变还有另一个目的：让美国人也无从知晓实情。如果局势进一步恶化，战争越不引人注目，人们就越不可能批评特朗普或他的将军们。

五角大楼利用了这个机会。在3个月内，驻阿富汗美军人数增加到14 000，比奥巴马离任时增加了5 600人。然而，除了增派部队和加强保密外，特朗普政府官员说不清新战略与以前相比有何不同。

2017年10月，在众议院军事委员会的听证会上，马蒂斯将新战略称为"R4+S"。他解释说，这个缩写的意思是"地区化、重新调整、增强力量与和解，并维持这一政策"。但这种描述太拗口了，以至于马蒂斯和其他美国官员此后很少重复这一描述。

美军将领越发认识到，只要特朗普还是总统，他们就必须更有力地说话，吹嘘他的阿富汗战略注定会成功。

2017年11月20日，在喀布尔举行的新闻发布会上，曾在"战争会议室"中被特朗普怒骂的新任指挥官尼科尔森将军表示，塔利班已经没有选择了。"我们向敌人传达的信息是，他们不可能赢得这场战争。是时候放下武器了。"他咆哮道，"如果他们不这样做，就会被压制在无关紧要的地区……或被杀死。这就是他们面临的选择。"

8天后，尼科尔森又举行了一次新闻发布会。他不遗余力地赞扬特朗普的战略，称其"完全不同"，是"游戏规则的改变者"。尽管尼科尔森之前曾称战争陷入了僵局，但他坚称自己不再这么认为。尼科尔森说："总统要赢得战争的决心是不可动摇的。我们将一直留在阿富汗,直到任务完成……我们正在通往胜利的道路上。"

阿富汗战略中最为根本的变化是,特朗普授权军方加强轰炸行动。

奥巴马时期对美军实施了限制措施,禁止美军进行空袭,除非是为了保护美国军队、执行反恐行动或防止阿富汗军队被剿灭。直到奥巴马任期结束时,美军战机每月发射不到 100 枚炸弹和导弹。

但在五角大楼的要求下,特朗普打破了限制,愤怒地再次对塔利班发动空袭。2017 年,美军的空袭次数增加了一倍,从空中投下的弹药数量增加了 3 倍多。

随后,军方进一步加大了空袭力度。[7] 2018 年,美军投放了 7 362 枚导弹和炸弹,比 2017 年多了 1/3。在 2019 年和 2020 年,美军空袭次数继续高速增长。

虽然在美国民众看来战斗已经逐渐平息了,但空袭行动造成了新的混乱,阿富汗平民伤亡人数创下纪录。根据布朗大学战争成本项目的分析,在特朗普执政的头 3 年里,美国、北约和阿富汗部队的空袭每年造成大约 1 134 名平民死亡,是过去 10 年的年均死亡人数的 2 倍。[8]

特朗普希望猛烈的空袭能迫使塔利班进行谈判,而且蛮横的战术也契合特朗普的风格。

2017 年 4 月,美国空军向楠格哈尔省的"伊斯兰国"组织的掩体和隧道网投放了一枚重达 21 600 磅*的炸弹,这是阿富汗战

---

* 1 磅≈0.45 千克。——编者注

争中使用过的最大的武器。五角大楼给这种长30英尺的武器起的官方名称为"巨型空爆炸弹"。但是军队给它起了个绰号叫"炸弹之母"。

美国军方说，"炸弹之母"炸死了数十名"伊斯兰国"武装分子。世界各地的新闻媒体对这枚巨大的炸弹进行了报道。

特朗普自豪地称这次袭击是"又一次非常成功的任务"，并表示这表明他在掌控战争方面比奥巴马做得好。他在白宫对记者说："如果你看看过去8周发生的事情，把它与过去8年发生的事情进行比较，就会发现有很大的不同。"

然而，这次爆炸只带来一瞬间的震撼，并没有对战争产生持久的影响。在特朗普任期内，五角大楼没有再投放其他"炸弹之母"。

与投放炸弹的宣传相反，美军开始掩盖阿富汗战争的处境越发艰难的重要迹象。2017年9月，五角大楼停止发布阿富汗安全部队的伤亡数据。美国官员说，应阿富汗政府的要求，他们同意对这些数据保密。

事实是，阿富汗官员担心高死亡率会影响征兵和部队士气。随着阿富汗安全部队接替前线的美国和北约部队，伤亡人数大幅增加。据估计，每天有30~40名阿富汗士兵和警察被杀。[9]

相比之下，叛乱分子很容易招募到新兵。根据美国军方的估计，2018年，塔利班武装分子从7年前的2.5万人增加到大约6万人。

美军指挥官开始遮掩曾经公布的其他统计数据。多年来，他们一直密切跟踪阿富汗政府与塔利班各自控制的领土的对比变化。分析人士调查了阿富汗每个省份，并根据人口密度调整了数据。

阿富汗文件

阿富汗战争指挥官尼科尔森将军称其为"在平叛行动中最能说明问题的指标"。2017年11月,他在新闻发布会上说,大约64%的阿富汗人生活在政府控制的地区,24%的人生活在有争议的地区,12%的人生活在塔利班控制的地区。

尼科尔森说,战争已经"扭转了局面",他预测,阿富汗政府将在两年内把控制范围扩大到80%的人口。与此同时,他认为在这个关键时刻,阿富汗政府将达到"关键临界点",并"将敌人赶尽杀绝"。

但是阿富汗政府并没有实现目标。相反,随后的调查显示塔利班扩大了势力范围。美军领导人没有直面正在发生的事实,而是改变了对数据的价值的说法,并在2018年秋季完全停止了跟踪领土控制数据的工作。

2018年7月,在喀布尔举行的新闻发布会上,尼科尔森淡化了领土统计数据的影响,尽管他在8个月前还强调过这些数据的重要性。他说,美军已经将注意力转移到另一个指标上:塔利班参与和平谈判的意愿。他承认,"这些不是我们一年前谈论的指标",但新指标"可能比我们以前使用的其他一些指标更重要"。

虽然美军进行了大规模轰炸,但塔利班仍然占据了上风。在2018年6月,在同意了为期3天的有限停火协议后,塔利班拒绝了阿富汗总统阿什拉夫·加尼提出的在8月再次停火的要求。当月,塔利班短暂地控制了加兹尼市,并占领了位于法利亚布省和巴格兰省的阿富汗军事基地。

6月,特朗普政府遭遇另一个尴尬时刻,当时参议院军事委员会为总统提名的驻阿富汗美军指挥官斯科特·米勒将军举行了确认听证会。米勒是一名出色的突击队员，曾领导神秘的联合特种作战司令部，并在索马里、波斯尼亚和伊拉克的战斗中服役。他也是"9·11"事件后第一批部署到阿富汗的美军士兵之一。

米勒淡化了最近在阿富汗遭遇的挫折，描绘了一幅谨慎乐观的图景，并重复了许多其他将领多年来使用过的观点。他说："战争有进展。"

马萨诸塞州民主党参议员伊丽莎白·沃伦对此提出质疑，她表示已经听够了那些花言巧语。她列举了一个又一个将领说战争已经到了"转折点"的例子，这些言论最早可以追溯到2010年。

沃伦问道："米勒将军，我们多次认为已经渡过难关，但现在看来还在原地打转。所以我想问：你觉得担任指挥官期间会出现另一个转折点吗？经过17年的战争，你打算做些什么改变？"

米勒被问得猝不及防，想尽力给出一个条理清晰的答案。

他说："参议员，首先，我——我承认战争打了17年。但是我——我不能向你保证时间表或结束日期。我知道担任这个职务或者——或者必然要给出一个转折点，除非有——除非有什么局势要转变并且——并且报告说已经发生了变化。这就是我能看到的——能预计到的。"

在证人席上，米勒回头看了看坐在他身后的儿子——陆军少尉奥斯汀。战争刚开始时，奥斯汀还是一个蹒跚学步的孩子。他说："坐在我身后的这个年轻人，当我2001年坐在他那里时，我从来没有想到这群人也会坐在那里并看向我现在站着的位置。"

阿富汗文件

尽管特朗普承诺取胜,并敦促他为胜利而战,但米勒和其他美军将领一直想要推动塔利班与阿富汗政府进行和平谈判。塔利班对自己的地位越来越有信心,对和谈的兴趣却有所减弱。但这丝毫没有影响到美军的将领在公开场合的乐观情绪。

2018年7月,在美国中央司令部司令、陆军上将约瑟夫·沃特尔短暂访问喀布尔期间,为期3天的有限停火被视为解决阿富汗问题的希望。他说,停火"表明不仅是阿富汗人民,还有发生冲突的交战双方对和平的渴望都越来越强烈"。沃特尔补充说:"我认为我们在阿富汗的努力正在取得进展。"

同年9月,马蒂斯在五角大楼告诉记者,他也对塔利班同意谈判抱有很大希望。他说:"这是我们第一次在和解的努力中取得了一些明确的成果。"他补充说,这场战争"正朝着正确的方向发展"。

但是,塔利班不断揭露美国人的空洞声明。

10月18日,米勒将军在就任阿富汗最高指挥官几个星期后访问了坎大哈,在省长官邸与当地领导人进行磋商。下午晚些时候会议结束时,米勒和美国代表团走出会场,与阿富汗东道主说了几句最后道别的话,然后准备乘直升机飞回喀布尔。然而,在他们登上飞机之前,一名拿着一箱石榴的阿富汗士兵,扔下了准备送给美国人的这份礼物,并用AK-47步枪向人群开火。[10]

这名叛变的士兵杀死了曾担任省警察总长的军阀阿卜杜勒·拉齐克将军,以及当地情报部门负责人阿卜杜勒·莫希姆。他还伤及坎大哈省省长扎勒米·韦萨,后者一直站在米勒身边。

第十九章 特朗普任期的政策转变

米勒拔出手枪，慌忙寻找掩体以避免受伤。

几秒钟后，叛变士兵被击毙。但这次灾难性的安全漏洞使整个阿富汗感到不安，也令美阿关系紧张起来。阿富汗调查人员确定，两个月前该枪手在担任坎大哈省的护卫时没有接受背景调查。[11]

塔利班立即声称对这次内部袭击负责。作为证据，他们在网上发布了一段枪手在巴基斯坦与叛乱分子一起进行训练的视频。塔利班官员说，袭击的最初目标是拉齐克将军，他是塔利班的宿敌，但这名枪手也接到指示，一旦他们得知米勒当天要访问该地，就枪杀米勒。

美军官员回避了米勒是袭击目标的说法，称他只是在交火中被击中。他们还试图掩盖另一名高级军官——陆军准将杰弗里·斯迈利在袭击中受伤的事实，他是驻阿富汗南部的美军指挥官。直到《华盛顿邮报》报道了斯迈利死里逃生的消息后，美军驻喀布尔军事总部过了3天才披露这一消息。[12]

第二十章　前车之鉴

2017年11月，阿富汗军事总部发起了"钢铁风暴行动"，这是一场由美国空军最强大的战机发动的猛烈的空袭行动。这场行动的目标为一个秘密的毒品生产网络，美国官员称该网络帮助塔利班筹集了2亿美元资金。

在一场"闪电战"式的宣传活动中，五角大楼公布了可携带核武器的远程B-52同温层堡垒轰炸机向赫尔曼德省一个疑似毒品实验室的地方投掷了2 000磅和500磅常规弹药的视频。F-22"猛禽"隐形战斗机从阿拉伯联合酋长国的一个美国空军基地一路飞来参加空袭，用卫星制导炸弹摧毁了目标。

美军指挥官指出，这次行动是长达16年的阿富汗战争的转折点，称这是他们首次对阿富汗毒枭动用如此可怕的空中打击力量。打击行动进行3周之后，美军吹嘘已经消灭了25个毒品实验室，如果没有发动袭击，这些实验室可以为叛乱活动资助8 000万美元的毒品收入。

美国空军准将兰斯·邦奇在喀布尔举行的新闻发布会上说："新战略强调这是一场新的战争，战争已经开始了。这在极大程度上改变了游戏规则，塔利班绝对感受到了这一点。"他还表示："对塔利班来说，今年的冬天将很漫长，战争已经发生了变化。"

然而，几个月后，"钢铁风暴行动"失败了。一名英国研究人员在独立分析中发现，这场行动的许多目标都是废弃的泥墙，剩余的一些是临时实验室，但它们通常加工价值数千美元而非数百万美元的小批量毒品。[1]

在进行了200多次空袭后，五角大楼得出结论，用这种毁灭性武器摧毁简单目标属于过度杀伤和资源浪费。B-52轰炸机和F-22战斗机每小时的飞行成本都超过3.2万美元，这还不包括军需品的费用。在最初的大肆宣传之后，美军对"钢铁风暴行动"的谈论逐渐停止了，并最终取消了该行动。在提交给美国国会的一份长达84页的报告中，向民众公开的内容只有两段。

"钢铁风暴行动"的取消反映了阿富汗其他高消耗、高投入的禁毒运动的命运，包括布什政府在2006年试图用拖拉机和除草机铲除赫尔曼德省罂粟田的"河舞行动"。这两次行动相隔11年，美国和阿富汗官员大肆炫耀其军队并言之凿凿地称要取得胜利，但几个月后却悄然终止。

在阿富汗所有的失败中，打击毒品战争是最失败的。20年来，美国在一系列品目繁多的项目上花费了90多亿美元，以阻止阿富汗向世界输送海洛因。这些措施都不起作用。在很多情况下，只是让事情变得更糟。

根据联合国毒品和犯罪问题办公室的估计，2002—2017年，阿富汗农民种植罂粟的面积增加了2倍多。在同一时期，作为海洛因原料的鸦片膏的产量几乎增加了两倍，从3 200吨增加到9 000吨。虽然2018年和2019年的收成和产量有所下降，但联合国将其归因于市场和增长条件的变化，而不是美国和阿富汗采取的行动。

当时，鸦片产业已成为美国历史上最长战争的绝对赢家。它扼杀了阿富汗的其他经济部门，控制了阿富汗政府，成为叛乱分子不可或缺的一部分。

曾在布什政府和奥巴马政府担任战争专员的道格拉斯·卢特中将在接受"吸取教训"采访时表示："我们说过，我们的目标是建立'繁荣的市场经济'。我认为应该是明确地建立了繁荣的毒品交易，这是市场上唯一起作用的部分。"[2]

与西弗吉尼亚州面积相当的赫尔曼德省干旱的农村地区，是阿富汗毒品经济的最大源头。这个省越动荡，鸦片产业就越兴旺。

除了极高的经济价值之外，罂粟在战乱中比其他作物更容易种植。农民和贩毒者可以储存鸦片膏，只要有需要，它的价值就不会降低。此外，鸦片占用的空间很小，运输简单又成本低廉，是理想的走私品，而且市场的需求既稳定又强劲。

身处喀布尔的阿富汗精英经常看不起赫尔曼德省的罂粟种植户和商人，认为他们是目不识丁的乡巴佬。然而，2011年在该省服役的空军少校马修·布朗在离开时对他们的头脑印象深刻。布朗在一次军队口述史采访中说，赫尔曼德"又乱、又脏、又热"。但是，他补充说："当地人种植罂粟、走私毒品的历史是'首屈一指'的。

第二十章　前车之鉴

他们非常擅长这个。我的意思是，我们国家的走私者或许可以从这些人身上'学'到一些东西。"³

布朗服役的部队，主要职责是帮助塔利班前战士重新融入社会。他还说："当有人说阿富汗没有能力做某事时，我通常会回答：'好吧，他们有能力提供全世界的鸦片。'"⁴

美国政府与北约和阿富汗盟友一起，策划了各种各样的方案来解决毒品问题。但是阿富汗的罂粟种植户和毒品贩子一次又一次地击败了美国政府试图哄骗或强迫他们停止种植罂粟的努力。

布什政府和特朗普政府都"挥舞着大棒"。在布什的领导下，美国国务院和缉毒局通过铲除罂粟田来惩罚农民，但这只会鼓励他们支持叛乱。在特朗普的领导下，政府无视农民并轰炸鸦片加工商，但新的毒品实验室又在一夜之间建立起来，毒品产量继续有增无减。

奥巴马政府曾试图鼓励农民改种其他作物，但这需要更多的时间和耐心。同样也没有奏效。

在奥巴马政府担任阿富汗和巴基斯坦问题特使、性情暴躁的外交官理查德·霍尔布鲁克，曾公开嘲笑布什政府的策略。2009年上任后，他立即停止了铲除罂粟田的工作。

2009年6月，霍尔布鲁克在意大利的里雅斯特举行的阿富汗问题会议上说："西方反对种植罂粟的政策是失败的。他们没有对塔利班造成任何损害，但让农民失去了工作，疏远了民众，迫使他们投入塔利班的怀抱。"⁵

奥巴马政府将政策重点和资金转移到旨在促进合法农业活动的

项目上。霍尔布鲁克敦促美国国务院、美国国际开发署和美国农业部派遣一小队专家，说服阿富汗罂粟种植户改种其他作物，如小麦、藏红花、开心果和石榴等。

在赫尔曼德省，美国政府向农民提供种子、化肥和小额贷款。他们雇用阿富汗劳工扩建运河和沟渠管网，这样农民就可以灌溉苹果树、葡萄藤和草莓地。他们非常重视石榴和果汁的出口，尽管这些水果需要在一个电力不可靠的国家进行冷藏处理。

开始的一段时间，这个策略看起来似乎可行。根据联合国的年度调查，2009年，阿富汗的罂粟种植数量降至4年来的最低水平，2010年与最低水平持平。奥巴马政府官员开始吹嘘。霍尔布鲁克在2010年7月告诉众议院的一个小组委员会说："这些努力真的是有回报的。这是我们在民政事务上最成功的项目。"他指的是种植合法作物的动因问题。

但这些成效并不真实。事实上，天气情况和全球毒品需求波动等其他因素压低了鸦片产量。美国和欧洲官员也知道，联合国有影响力的调查可能并不可靠。这些调查依靠的是来自卫星图像的粗略数据，以及对阿富汗这个世界上最不稳定地区的实地调查。官员们对赫尔曼德省有多少人口只有一个模糊的概念，数据从90万到200万不等，所以指望他们能精确计算出每年的罂粟种植面积是不现实的。

2010年，一名英国前高级官员表示，联合国毒品和犯罪问题办公室私下承认，实地调查的工作人员在前两年的产量调查中造假。在一次"吸取教训"采访中，这位英国官员批评联合国"不称职和无能",说这些错误是"不可原谅的"。[6]但是联合国官员对公众隐瞒了这些错误。

果不其然,在2008—2010年短暂下降之后,联合国统计的阿富汗罂粟种植数据得到恢复并快速攀升。在接下来的4年里,联合国估计阿富汗的罂粟种植量增长了80%以上,达到了新高。

尽管初衷是好的,但美国提出的改种其他农作物的许多计划却适得其反。赫尔曼德省重修了运河和灌溉沟渠,旨在提高水果和特种作物的产量,也使种植罂粟更容易、更有利可图。虽然美国的补贴促使赫尔曼德省的农民开始种植小麦,但他们经常把它作为副业,把罂粟田转移到该省的其他地区。

一些联邦机构无视奥巴马政府的新政策,大力推行销毁罂粟的举措。美国国务院为阿富汗各省省长划拨了数千万美元的执法资金,让他们用这笔钱铲除罂粟田。2010年,赫尔曼德省的海军陆战队部队向马尔贾附近的农民支付费用,让他们停止种植罂粟。几年前,英国官员在类似的项目上搞砸了,当时这一想法也遭到了质疑。

这位英国前高级官员在接受"吸取教训"采访时说,包括他的政府、美国国务院和彼得雷乌斯将军——当时反对铲除行动的战争指挥官,"大家都知道这行不通,但没人能阻止海军陆战队,项目还是推进了"。[7]

在2008—2012年担任美军政治顾问的美国国务院官员托德·格林特里表示,事实证明,为美国政府所有部门制定步调统一的战略是不可能的。鸦片是阿富汗许多农村地区经济的基石,毒品收入也使阿富汗大部分地区的政治力量受益。因此，美国采取的任何破坏鸦片贸易的行动都有可能破坏军方的反叛乱战略。

格林特里在外交口述史采访中说："我们一直在讨论这个问题。但在政策层面，该矛盾无法解决。"[8]

美国国务院、五角大楼、缉毒局和其他机构有着几十个反毒品项目，存在许多竞争关系。阿富汗政府、北约盟国和联合国为自己的想法和行动进行了游说。各方从未达成共识。因为没有一个人或机构统一负责，导致问题逐步恶化。

阿富汗负责农村发展项目的前内阁部长穆罕默德·伊赫桑·齐亚在"吸取教训"采访中说："美国和其他北约成员国只是在鸦片问题上砸钱。它们经常改变政策，依靠的是一群对阿富汗一无所知的顾问。"[9]

齐亚说，与其他国家建设项目一样，奥巴马政府的官员更关心迅速花钱，而不是帮助阿富汗人。为农民提供的小额贷款要么浪费在日常开支上，要么落入外国农业顾问的口袋。这传递出了意想不到的信息："现在就减少罂粟种植，但无视需要采取什么措施来减少罂粟种植。"[10]

"外国人在飞机上看《追风筝的人》，他们认为自己是阿富汗问题的专家，但从来没有倾听过阿富汗人的想法。"齐亚补充道，《追风筝的人》是一本关于一个饱受压迫和种族冲突困扰的阿富汗男孩的畅销小说，"他们唯一擅长的就是官僚主义。"[11]

奥巴马政府的一些官员说，这些失败是美国政府从根本上误解阿富汗的又一个例子。自1979年苏联入侵以来，持续不断的战争

第二十章　前车之鉴

摧毁了阿富汗传统的农业生产方式、市场和贸易路线。阿富汗需要的不仅是捐赠的小麦种子和石榴加工厂，还有和平，这样它才能休养生息。

曾担任霍尔布鲁克的学术顾问的巴尼特·鲁宾在接受"吸取教训"采访时说："阿富汗不是一个农业国家。这是一种错觉。"他补充说，阿富汗"最大的产业是战争，然后是毒品，再然后是服务业"，农业"下降到了第四位或第五位"。[12]

在一次"吸取教训"采访中，一位未透露姓名的美国国务院官员称，只要阿富汗局势不稳定，全球对毒品的需求居高不下，那么任何阻止阿富汗人生产鸦片的想法都不会成功，这一点是显而易见的。他说："当一个国家处于战争状态时，能取得的成就并不多。"[13]

* * *

2002—2017年，美国政府在阿富汗花费了45亿美元用于突袭、清缴和其他禁毒行动，但收效甚微。

2010—2011年，奥巴马政府在阿富汗的禁毒行动增加了1倍多。清缴毒品很容易，美军和阿富汗缉毒官员在美国缉毒局的帮助下，每年没收或销毁数万千克毒品。但缴获的毒品还不到阿富汗每年毒品产量的2%。

美国政府帮助阿富汗政府从零开始建立了司法系统，修建了法院和监狱，培训了法官和检察官。然而，这些都无法与阿富汗的非正式司法体系相匹敌，后者依赖于政治关系、部落关系和猖獗的贿赂行为。

由于毒品资金污染了政治体系，让毒枭付出代价几乎是不可能的。美国官员系统地整理了针对可疑头目的证据档案，却眼睁睁地看着阿富汗官员坐在档案旁。

一位未透露姓名的美国司法部官员曾在奥巴马执政期间在喀布尔工作，他在"吸取教训"采访中说："问题在于政治意愿。毕竟，几乎没有大毒贩真正被逮捕了，更不用说被成功起诉了。"[14]

另一位美国高级官员补充道："如果一个阿富汗人因为腐败而被起诉，那么他肯定是无能的，或者惹恼了很多人。"[15]

与此同时，少数被起诉的人也可以花钱脱身。2012年，阿富汗缉毒特工抓获了哈吉·拉尔·贾恩·伊沙克扎伊，他是一名鸦片贩子，在赫尔曼德省和坎大哈省经营着一个贩毒网络。

长期以来，伊沙克扎伊一直在阿富汗总统哈米德·卡尔扎伊同父异母的弟弟艾哈迈德·瓦利·卡尔扎伊的保护下活动。[16]这两人住在坎大哈的同一条街上，一起打牌。但是2011年夏天，艾哈迈德·瓦利·卡尔扎伊被暗杀后，伊沙克扎伊失去了保护伞。大约在同一时间，奥巴马政府正式将伊沙克扎伊列为外国毒枭，他受到美国的制裁。

伊沙克扎伊被捕后，阿富汗的一家法院于2013年判处他20年监禁。但伊沙克扎伊很快就打通了阿富汗的司法系统。据称，他向多名法官行贿数百万美元，以批准将自己从喀布尔的监狱转移到坎大哈的另一个拘留中心。[17]在自己的地盘上，他说服当地法院官员在2014年4月批准释放他，释放日期提前了19年。当阿富汗当局发现此事时，他已经逃到巴基斯坦了。

阿富汗政府不愿惩罚有势力的毒贩，这激怒了美国官员，但他们也无能为力。美军不能合法地打击毒枭，除非有确凿证据表明他们对美国人构成直接威胁。

一位未透露姓名的美国缉毒局高级官员在接受"吸取教训"采访时说："对于恐怖主义组织而言，你杀死其领导人是因为他反对政府。"[18]但当涉及打击阿富汗贩毒势力时，"你不能杀死毒枭，因为他是政府支撑体系的一部分"。

由于美国和阿富汗之间没有引渡条约，所以将毒枭带到美国受审是极其困难的。在极少数情况下，当主犯确实出现在美国法庭上时，还是出了问题。

2008年，美国官员将一名54岁的阿富汗毒贩哈吉·朱马汗引诱到雅加达，印度尼西亚当局在那里逮捕了他，并将他引渡到纽约。一个联邦大陪审团起诉他在赫尔曼德省和坎大哈省经营贩毒网络，指控其在国际市场上出售大量海洛因和吗啡以支持塔利班组织。

但美国司法部对朱马汗的起诉立即遇到了阻碍。这个毒枭曾为美国中央情报局和缉毒局提供有价值的有偿情报。情报机构秘密地把他带出来，并允许他顺便去纽约观光和购物。[19]

当朱马汗的辩护律师在公开法庭上提出这层关系时，联邦法官打断了她的辩护并警告她不要泄露机密信息。[20]法官后来关闭了法律程序，不向公众公开此案。

奥巴马政府在2009年将朱马汗指定为外国毒枭，但他在美国的刑事指控撤销得无影无踪。虽然他从未被定罪，但他被联邦政府拘留了10年。联邦监狱记录显示，他于2018年4月获释。美国官员们没有解释是怎么处理这一案件的。

随着2011—2014年驻阿富汗美军人数的减少，打击毒品贸易变得更加困难。奥巴马政府削减了在农业项目和司法改革上的开支。美国大使和将军对毒品问题的兴趣逐渐减弱，他们认为棘手的毒品问题是不可能解决的。

美国驻喀布尔大使馆的人员不断更替使事情变得更加困难。负责处理这一问题的中低层官员往往缺乏毒品贸易的经验或知识。一位未透露姓名的前法律顾问在接受"吸取教训"采访时表示："我们花了许多时间来纠正坏主意。"[21]

2016年，大使馆的新工作人员开始提出一些听起来熟悉的想法，比如在罂粟田里喷洒除草剂，用拖拉机铲除罂粟等。[22]一名曾在阿富汗从事禁毒项目多年、未透露姓名的美国国务院承包商称，由于战争拖了这么长时间，新工作人员没有意识到这些策略以前已经尝试过了，但根本就没有效果。

第二十一章　与塔利班对话

阿纳斯塔西娅是一位金发碧眼的年轻外籍女郎，她身穿黑色无袖连衣裙，脚踩细高跟鞋，弹奏着小型三角钢琴，展现出完美的姿态。她声音甜美地演唱《月亮河》《一个崭新的世界》等歌曲，歌声在卡塔尔一家五星级酒店的大堂里飘过。[1]在大堂外面，可以俯瞰波斯湾的海岸线，比基尼女郎在泳池边的小屋里品尝着酒精饮料，与赤裸上身的男人调情。如果回到阿富汗，这种放肆的行为会招致毛拉的愤怒。

但在2019年2—3月的两周时间里，塔利班驻卡塔尔政治办事处抛开了疑虑，在这个中东豪华度假胜地与其他客人和平共处。每天下午，当阿纳斯塔西娅的钢琴曲回响在他们的会议室里时，禁欲苦行的阿富汗人都容忍了她，虽然塔利班在阿富汗掌权期间曾禁止音乐，并且会对演奏这种乐器的违法者进行殴打。[2]

在会议室里，会谈时的尴尬程度丝毫未减。十几个留着胡子、戴着头巾的塔利班领导人一动不动地坐在一排桌子后面。在房间的另一边，他们长期的敌人——美国人——坐在另一排桌子后面，目不转睛地盯着他们。

美国人中间坐着的是陆军上将斯科特·米勒。几个月前，塔利班曾试图在坎大哈暗杀他。

塔利班的谈判代表们怀有私怨。其中5人未经审判被关押在关塔那摩监狱长达12年。2014年，美国在交换囚犯时释放了他们。

在会议室里，美国人希望双方能够搁置积怨，达成停战协议。仅仅在与塔利班的会谈中，美国官员终于承认了这场长达十七年半的战争是徒劳的。

尽管特朗普公开承诺会取得明确的胜利，但他命令美国国务院和五角大楼与塔利班进行正式、面对面的谈判，并找到让美军从阿富汗撤出，但看起来不像是耻辱性失败的方式。

10年来，美国官员一直表示，在阿富汗政府和叛乱分子之间斡旋达成政治解决方案是结束战争的唯一可行途径。他们知道，对塔利班进行持久的军事打击是极不现实的。不像成员不断减少的基地组织，那里只有少数阿拉伯人和其他外国战士。塔利班是由普什图人领导的大规模运动组织，代表了很大一部分阿富汗人，并持续发展壮大。

"必须要进行一些和解。"2009年，美国陆军上将戴维·彼得雷乌斯在哈佛大学的一次演讲中说，"你不可能通过杀戮或抓捕来控制强有力的叛乱。问题是：如何进行和解？"

布什政府和奥巴马政府在寻求和解时通常三心二意。在美国及其盟友掌握最大影响力的情况下，他们浪费了多次与塔利班接触的机会。美国及其盟友顺从阿富汗政府，任由其使和解进程陷入瘫痪。它试图分裂和征服塔利班领导层，但没有成功，此外还一直坚持不切实际的谈判条件。

2001年，战争开始几周后，美国错过了与塔利班进行和平谈判的第一次机会。布什政府、阿富汗北方联盟的盟友以及联合国都将塔利班排除在波恩会议之外。波恩会议起草了建立阿富汗新政府和宪法的计划。

3年后，另一个机会出现了，阿富汗举行了第一次民主总统选举，800多万阿富汗人参加了投票。卡尔扎伊轻松获胜。塔利班威胁要破坏选举，但此后显得软弱无能。然而，卡尔扎伊和布什政府的人没能发挥他们的政治优势，也没有一同努力与塔利班领导人接触。

埃里克·奥尔森少将是第25步兵师的指挥官。他说，美国官员认为这是阿富汗政府的战略转折点，因为塔利班已经"岌岌可危"，但他们对该做什么犹豫不决。[3]

奥尔森在军队口述史采访中说："我认为，我们从来没有想过如何动用军事力量来支持与塔利班的和解努力。最终，真正做到这一点的应该是国家政府。我从不觉得美国给了卡尔扎伊政府所需要的引导或支持来实现和解。"[4]

在2004—2005年担任联军副指挥官的英国军官彼得·吉尔克里斯特少将说，军方制订了一个计划，诱使塔利班武装分子改变立场。但它很难获得政治派别众多的阿富汗议会的认同和批准。

吉尔克里斯特在一次军队口述史采访中说："这是一个耐人寻

味的死结。做一些对普什图人有利而对塔吉克人或哈扎拉人不利的事情是毫无意义的。"[5]

光是给这个项目起名字就很棘手。阿富汗官员对"和解"这个词很敏感，因为共产主义者在苏联时期就使用过这个词。最后，他们将其命名为"加强和平计划"。[6]吉尔克里斯特说，大约有1 000名叛乱分子被招安，但这个过程非常艰难，没有吸引到任何"真正重要的反叛者"。

奥巴马就职后，称美国将再次尝试与塔利班接触。他在2009年3月的一次演讲中说："如果不与以前的敌人和解，就不会有和平。"

但奥巴马政府对"和解"的定义很狭隘。美国与阿富汗政府创建了一个新版的"加强和平计划"，但仅限于低级别的反叛武装分子加入。美国官员明确地将塔利班指挥官和毛拉排除在外，称他们是"不能和解的人"，并说他们除了投降或死亡之外别无选择。

五角大楼官员对于推行强硬政策信心满满，因为奥巴马政府和北约盟国已经同意向战区派遣更多部队。他们认为军事优势会使自己占上风。

2009年4月，在参议院军事委员会的听证会上，美国国防部负责政策事务的副部长米谢勒·弗卢努瓦说："当我们重新获得主动权时，将支持由阿富汗领导的和解进程，进行和解的目的是扭转形势，让中低层叛乱分子归顺。如果这一进程取得成功，那些不可和解的高层领导人应该更容易被孤立，使我们可以更好地打击他们。"

第二十一章 与塔利班对话

随着奥巴马增兵计划的展开，军事指挥官的立场也越来越强硬。

海军上将詹姆斯·马蒂斯在 2010 年 7 月告诉参议院军事委员会："我们必须打败可以和解和不可和解的叛乱分子。如果是不可和解的人，我们将要迫使他们中立；如果是能和解的人，假如他们能放下武器、与政府合作并依法做事，就能过上正常的生活。所有的战争都有结束的时候，我们必须确保给他们一个提前结束的方法。"

美军官员对塔利班发动战争的动机缺乏了解或好奇。弗卢努瓦在国会做证时断言，叛乱是因根深蒂固的"社会经济危机"而起的，并预测随着阿富汗政府更加稳固，叛乱将被瓦解。

许多阿富汗人看不上塔利班的残酷手段。但相当比例的阿富汗人——尤其是普什图人，这个阿富汗最大的族群——同情或积极地支持塔利班与来自美国和欧洲的外国士兵进行"圣战"。他们的亲密关系更多是基于共同的种族、宗教信仰和部落忠诚，而不是"社会经济"因素。与受逃兵和腐败问题困扰的阿富汗安全部队不同，塔利班毫不费力地招募了忠诚于叛乱事业的战士。

奥巴马政府中的一些官员希望更加积极地推动与塔利班进行真正的和平谈判。其中包括美国国务院特使理查德·霍尔布鲁克和学术专家巴尼特·鲁宾，他们与塔利班领导人保持着非官方的联系。

鲁宾在接受"吸取教训"采访时说："我们的眼中只有叛乱，而没有政治解决方案。如果我们不推进政治解决，军事手段是无法解决的。"[7] 但他说，五角大楼和中央情报局的官员觉得没有理由与塔利班谈判，并将和解定义为"我们会善待投降的人"[8]。

阿富汗文件

美国国务卿希拉里·克林顿也拒绝寻求与塔利班谈判。希拉里担心，任何将塔利班拉回自己阵营的企图都可能危及阿富汗政府在人权方面取得的进展，尤其是妇女的权利。根据鲁宾的说法，希拉里不想在考虑再次竞选总统时被视为对塔利班软弱。

"妇女是希拉里非常重要的选民群体，她不能出卖她们而与塔利班讨价还价。"鲁宾说，"如果你想成为第一位女总统，就不能让任何人暗示或怀疑你在国家安全问题上不是最强硬的人。"[9]

但希拉里和奥巴马内阁中的其他重量级人物另有其他意见。他们认为塔利班和基地组织是分不开的，并怀疑塔利班是否会切断与本·拉登恐怖主义网络的所有联系。

* * *

在公开场合，奥巴马政府把对塔利班士兵的和解计划描述为有条理的和富有成效的。但直接参与其中的军官称，它们草率且考虑不周。

陆军少校乌尔夫·罗塔负责战略规划事务，于2010—2011年在喀布尔的美国和北约总部服役。他说，一个名为"部队重返社会小组"的军事官僚机构负责监督和解进程。该小组本应为前叛乱分子提供职业培训，以换取他们承诺不再拿起武器对付政府。但他说，项目领导者不怎么坚持这项政策。[10]

罗塔在军队口述史采访中说，该项目的主要特点是"有一个正式的重返社会仪式，叛乱分子要在仪式上说'我在此宣布与邪恶的基地组织脱离关系'，等等"[11]。大多数和解的人都是这样的，但"只是雇了些无所事事的人。有时归降的人想回到过去的组织中，而不是被拖走……然后被关进监狱"。

2011年在赫尔曼德省的一个重返社会小组工作的空军少校马修·布朗说，这个项目缺乏长远视野。他说，过往经验表明，大多数武装叛乱都是持续了20~40年的残酷冲突，所以期望大量塔利班武装分子突然改变效忠立场是不可能的。

布朗在一次军队口述史采访中说："不管你有多聪明，不管你花多少钱，不管你每晚睡觉的时间有多短，你所处的环境在短期内都不会有实质性的改变。这就好像你越用力，社会就越会反抗你。"[12]

布朗说，他仍然怀疑那些提出和解的武装分子"是不是真心的"。部落首领和阿富汗政府官员有时会利用这个机制，通过该项目引导人们，只是为了讨好美国人。

布朗还表示："在阿富汗，权力掮客太多了。省长说：'嘿，联盟给了我很大压力。我要你交出6个人。'有些人说：'好吧。如果我这么做了，你会帮我吗？'省长回答说：'是的。让他们先来一个月。'于是奇迹般地有6个人来和解，这就成了赫尔曼德省重返社会项目取得的巨大胜利。"[13]

2010年，卡尔扎伊成立阿富汗高级和平委员会，以协调与塔利班高层人士的对话。奥巴马政府不想破坏阿富汗政府的权威，所以在没有得到卡尔扎伊同意的情况下，避免与塔利班接触。

但阿富汗领导的和解谈判进展缓慢。卡尔扎伊和他政府中的军阀没有动机推动和解谈判，因为这可能会默认塔利班是一个政治组织，或者会削弱他们对权力的控制。同样，塔利班也不想让卡尔扎伊获得合法性，因为他们视其为外国的傀儡。他们拒绝谈判，除非外国军队同意离开阿富汗。

奥巴马政府表示支持阿富汗政府和塔利班之间的对话，但提出了自己的要求：塔利班与基地组织断绝关系，结束暴力活动，支持阿富汗少数民族和妇女的平等权利。

与此同时，当和解进程出现曙光时，双方的极端分子都试图破坏这一进程。

2011 年 9 月，领导阿富汗高级和平委员会的 71 岁阿富汗前总统布尔汉努丁·拉巴尼在家中接见了一名声称要转达塔利班领导人口信的特使。当所谓特使倾身向拉巴尼致意时，引爆了藏在头巾里的炸弹。拉巴尼和袭击者都当场死亡。阿富汗高级和平委员会的另外两名成员受重伤。

尽管如此，美国外交官仍在努力加强幕后联系。2012 年 1 月，在华盛顿的支持下，卡塔尔政府批准塔利班在该国设立政治办事处。其目的是在一个中立国为叛军领导人提供受政治保护的地点，塔利班可以在那里与美国或阿富汗政府的谈判人员会面。但是在他们设立政治办事处之前，塔利班中止了与美国代表的初步谈判，指责美国人违背了释放关塔那摩监狱中的塔利班囚犯的协议。

阿富汗政府不信任卡塔尔的秘密渠道，因为担心会失去对谈判的控制。2011—2012 年担任美国驻阿富汗大使的瑞安·克罗克警告美国国务院，美国支持塔利班在卡塔尔的存在是在冒着疏远卡尔扎伊的风险，但美国政府不听。

克罗克在接受"吸取教训"采访时说:"哈米德·卡尔扎伊对整件事感到愤怒。他表示只是口头同意这一想法,但和解必须是一个由阿富汗人领导、由阿富汗人管理的进程。"[14]

第二年,美国试图重启谈判,但还没取得什么成果就又失败了。2013年6月,塔利班终于在卡塔尔设立了办事处。但是,该组织也升起了一面旗帜,并拉了一个条幅,宣传该建筑是在阿富汗伊斯兰酋长国(塔利班执政时期阿富汗旧国名)的土地上。

这一行动激怒了卡尔扎伊,他认为这是塔利班试图赢得外交承认的挑衅行为。他中止了与塔利班刚刚开始的谈判,并拒绝签署奥巴马政府一直在推动的阿富汗与美国的双边安全协议。

随着驻阿富汗美军人数的减少,塔利班感到重启谈判的紧迫性降低,除非条件对他们有利。

2013—2014年担任奥巴马总统的阿富汗和巴基斯坦特使的国务院职业外交官詹姆斯·多宾斯表示,撤军时间表"总体上可能对鼓励塔利班参与谈判没有帮助"[15]。但他说还有其他障碍,"最显著的是卡尔扎伊对于他是否真的想这样做,以及在什么条件下这样做非常矛盾"。

塔利班手里还握着另一个筹码:一名美国战俘。2009年,美国陆军中士鲍·贝尔达里在离开阿富汗东部的一个美军基地后被叛乱分子抓获。五角大楼多年来一直试图把他解救出来,但塔利班始终讨价还价。塔利班要求释放关押在关塔那摩监狱中的塔利班领导人。

2014年5月,在卡塔尔的斡旋下,奥巴马政府终于同意释放5

名关押在关塔那摩监狱中的囚犯，他们在塔利班统治期间曾在阿富汗政府担任高级职务。作为交换条件，塔利班与美国特种部队在阿富汗东部的一个偏远地点精心安排了交接行动，释放了贝尔达里。

起初，奥巴马政府将该协议视为外交上的突破，并希望它能促成与塔利班的进一步谈判。但是美国国会中的共和党人对奥巴马释放塔利班囚犯一事进行了猛烈抨击，并指责奥巴马危及美国的国家安全。

南卡罗来纳州参议员林赛·格雷厄姆给这些囚犯贴上了"塔利班梦之队"的标签，并说他们"手上沾满了美国人的鲜血"。亚利桑那州参议员约翰·麦凯恩称他们是"最强硬的核心人物"。当时主要以电视真人秀节目主持人而闻名的特朗普在推特上补充道："奥巴马总统创造了一个非常糟糕的先例，用 5 名塔利班囚犯交换了鲍·贝尔达里中士。这是美国的另一个损失！"

在奥巴马余下的任期内，政治上的反弹扼杀了任何进一步改善关系的机会。在接下来的 4 年里，持续不断的战争吞噬了阿富汗，粉碎了不温不火的和平进程尝试。

* * *

到 2018 年，战斗似乎和以往一样毫无意义。随着阿富汗安全部队和叛乱分子之间的暴力冲突加剧，美国战机投放的炸弹数量达到创纪录水平，平民伤亡数量急剧增加。

外交曙光的第一个迹象出现在 2018 年 2 月，当时阿富汗总统阿什拉夫·加尼提出举行无条件的和平谈判，并表示他愿意承认塔利班是一个政党。但塔利班拒绝了。塔利班领导人继续坚持与美国直接谈判，并要求外国军队完全撤出阿富汗。

然而，4个月后，塔利班的态度软化了。加尼宣布，阿富汗政府将遵守单方面停火协议，以纪念神圣斋月的结束，塔利班同意休战3天。自2001年以来，双方的战斗人员首次放下武器，在这个饱受战争之苦的国家中出现了短暂的欢愉。72小时后，战斗又开始了。但很明显，就连许多塔利班士兵也渴望和平。

特朗普政府试图利用这一时机。美国政府首次授权与塔利班进行直接的高层会谈。2018年7月，美国高级外交官艾丽斯·韦尔斯在卡塔尔与塔利班领导人举行了初步会议。加尼政府官员被排除在会议之外，这是对叛乱分子的重大让步。

不久之后，特朗普政府让资深的阿富汗裔美国外交官扎尔梅·哈利勒扎德重新担任公职，领导与塔利班的谈判。2018年10月，哈利勒扎德在卡塔尔会见了塔利班领导人。几天后，他说服巴基斯坦政府从监狱中释放了塔利班的副领导人毛拉·阿卜杜勒·加尼·巴拉达尔。

在几个月的时间里，双方举行了多轮会谈，其中许多次是在卡塔尔的豪华度假胜地举行的。不到一年，协议似乎就达成了。根据协议条款，美国将撤出其剩余的1.4万名士兵，塔利班则同意与阿富汗政府谈判达成持久的解决方案，并断绝与基地组织的联系。

但在2019年9月，这一暂时性协议以惊人的方式破裂。特朗普曾秘密邀请塔利班领导人到戴维营签署协议，加尼是见证人。但加尼和塔利班都不愿前往美国与特朗普一起拍照。当白宫要邀请一个恐怖组织领导人前往戴维营的消息传出时，国会议员表示难以置信。于是特朗普取消了邀请，并宣布与塔利班的会谈已经"终结"。

喧嚣平息后，哈利勒扎德恢复了在卡塔尔多哈与塔利班的谈判。2020年2月29日，双方签署了一项结束战争的复杂协议。

协议规定，特朗普政府承诺分阶段撤出美军，所有部队将在2021年5月之前撤离，并敦促释放被阿富汗政府关押的5 000名塔利班囚犯。塔利班承诺开始与加尼政权进行直接谈判，并保证阿富汗不会被用来对美国发动袭击。

但是，该协议充满了灰色地带、意外事件和未解决的问题。

在拖延了几个月之后，阿富汗政府代表和塔利班最终于2020年9月在卡塔尔举行正式会谈。但由于塔利班想要掌控军事优势，战斗仍在激烈进行。

五角大楼官员游说特朗普放慢或推迟美国撤军速度。但在特朗普竞选连任失败后，他命令军方在自己2021年1月任期结束前将驻阿富汗美军人数减少到2 500人。

这是自2001年12月以来美国驻军人数最少的一次，当时阿富汗战争似乎还是一个可控的短期挑战，塔利班已经放弃了它在坎大哈的最后一个据点，美军把本·拉登压制在了托拉博拉山区，大多数美国人认为他们在遥远的土地上赢得了一场短暂的战争。在接下来的20年里，随着冲突的恶化和战争泥潭的加深，美国领导人对发生的事情撒谎，并坚称他们正在取得进展。

与布什和奥巴马一样，特朗普没有兑现在阿富汗获胜的承诺，也没有结束他所嘲笑的"永远的战争"。相反，他把尚未完成的任务交给了政治对手约瑟夫·拜登。拜登是指挥这场美国历史上历时最长的武装冲突的第四位总司令。

20年来，拜登一直密切关注阿富汗战争的发展轨迹。2002年初，拜登作为美国参议员首次访问阿富汗。他呼吁通过向阿富汗派遣更多部队和投入更多资源来稳定这个国家。但当他2009年担任奥巴马政府的副总统时，拜登开始怀疑美国在那里能取得什么成就。

在白宫内部讨论期间，拜登敦促奥巴马停止会扩大战争规模的、耗资巨大的反叛乱战略，转而推行一种精简版的增兵计划。2011年，他建议奥巴马不要派遣海军海豹突击队进入巴基斯坦追捕本·拉登，认为这项任务太冒险了。然而，在这两件事情上，他的建议都没有得到重视。

2021年1月，拜登当选美国总统后，同样面临着曾困扰布什、奥巴马和特朗普的难题：如何结束一场无法打赢的战争？如果他把剩下的美军撤回国内，塔利班将有极好的机会重新掌权，美国也将冒着变为"世界老二"的风险丢掉阿富汗战争。另一种选择是违背特朗普与叛乱分子达成的协议，让美军无限期留在那里，以支持无效和腐败的阿富汗政府。

3个月来，拜登一直在寻找另一种方法。他的政府敦促塔利班和阿富汗政府加紧推进陷入僵局的谈判，并与地区大国举行峰会。但这些努力都收效甚微，同样没能取得什么进展。

2021年4月14日，拜登宣布了他的决定。在白宫条约厅的演讲中，拜登承诺在 2021 年 9 月 11 日，也就是"9·11"恐怖袭击事件 20 周年纪念日之前，从阿富汗撤离所有美国军队。

与前任不同，拜登对 20 年来的战争做出了发人深省的评论。他没有试图把这个结果说成胜利。相反，他说，美国摧毁了基地组织在阿富汗的据点，早已实现了最初的目标。他表示美军在 2011 年 5 月击毙本·拉登后就应该离开。他说："想想看，那是 10 年前的事了。"

他补充说，从那以后，美国留在阿富汗的理由变得"越来越不明确"，因为它努力为结束战争"创造理想条件"。他回忆起 7 年前，在其作为副总统的第二个任期内，军方将领是如何坚持认为阿富汗军队和警察部队已经准备好为国家安全承担全部责任的，这个评估被证明是经不起推敲的和愚蠢的。

拜登问道："什么时候才是离开的合适时机呢？再过一年，两年，还是十年？必须具备什么条件才能离开呢？"他接着说："对于这些问题，我没有听到任何好的答案。如果你不能回答，我看，我们就不待在这儿了。"

拜登在白宫发表讲话后，越过了波托马克河并参观了阿灵顿国家公墓，祭奠了阵亡将士。当时天色阴沉，他撑着一把黑色雨伞，慢慢地走过墓地的第 60 区，在阿富汗战争和伊拉克战争中牺牲的人被埋葬在这里。他站在纪念花圈前，画了一个十字并敬礼。然后他凝视着远方，凝视着一排排白色的大理石墓碑。

"难以置信。"他喃喃地说，"看看他们。"

第二十一章　与塔利班对话

致　谢

《华盛顿邮报》编辑部的墙上写着这样一句话："新闻是历史的第一份草稿。"这句话来自菲利普·L.格雷厄姆，他于1946—1961年担任《华盛顿邮报》的出版商。简言之，新闻报道是定义和解释重大事件的最初尝试，也是理解和解释过去永无止境的努力的第一个步骤。

本书是一部新闻调查作品，但它与菲利普·L.格雷厄姆的定义不太相符。它更像是历史的第二份，甚至第三份草稿。在很大程度上，《阿富汗文件》重新评估了几年前发生的事，它们已经开始淡出人们的记忆。但是，奠定本书基础的文献资料为我们提供了一个新的视角，让我们认识到哪里出了问题，以及为什么战争持续了这么长时间。"吸取教训"采访、口述史采访和"雪片"文件首次以坦率而无可争议的方式揭示，美国领导人知道他们的阿富汗战略并不奏效，私下里怀疑其能否实现目标。然而，他们自信地年复一年地告诉公众——战争正在取得进展，胜利即将到来。

这些材料之所以被曝光，是因为我任职了23年的东家《华盛顿邮报》的领导层做出了一个承诺，要揭露美国历史上最长战争的真相。当阿富汗重建特别监察长办公室一再阻挠我的公共档案开放请求时，《华盛顿邮报》面临着一个抉择：退缩并将注意力转向更简单的故事，还是根据《信息自由法》起诉联邦政府。

胆小之人是不敢把联邦政府告上法庭的。《信息自由法》的诉讼案件总是昂贵的和耗时的，而且不能保证案件会按照你的意愿进行，这都是编辑们不想听到的事。因此，我将永远感谢《华盛顿邮报》的领导，感谢他们的决心和奉献。我在"调查台"（Investigative Desk，一个独立的调查性新闻平台）的编辑杰夫·利恩和戴维·法利斯从一开始就熟练地推进着这项工作，并给了我时间和空间去挖掘材料。当我需要法律帮助和高层支持时，执行编辑马蒂·巴伦、主编卡梅伦·巴尔和出版商弗雷德·瑞安没有犹豫或退缩。他们认识到"吸取教训"采访的重要性，扫清了阿富汗重建特别监察长办公室提起的不止一项诉讼的障碍，迫使政府遵守公开档案的相关法律。记者无法处理棘手的报道，除非有老板支持他们，而我有这个团队的支持。

特别要感谢《华盛顿邮报》强大的法务部门，尤其是詹姆斯·麦克劳克林和杰伊·肯尼迪，以及3名来自巴拉德·斯帕尔律师事务所的优秀律师——查尔斯·托宾、马克斯韦尔·米什金和马修·凯利，他们在联邦法庭上代表《华盛顿邮报》进行起诉。他们花了数不清的时间来准备和完善我们依据《信息自由法》提起诉讼的案件，与政府律师纠缠不清，并迁就我只能通过文字进行案件沟通。如果没有他们，珍贵的"吸取教训"采访文件将无法向公众公开。

阿富汗重建特别监察长办公室在多次拖延后不情愿地开始一点一点地公布文件，很明显这些采访不仅具有新闻价值，而且表明美国高级官员向公众撒谎。《华盛顿邮报》的编辑决定聚焦多个系列文件，并在线公开所有文件和录音，以便读者可以亲眼看到和亲耳听到这些档案。新闻编辑部领导组建了一支由项目开发人员、平面设计师、数据库专家和文案编辑，以及照片、视频和音频制作人组成的才华横溢的团队。为确保我们的独家报道不会过早泄露，我们在"少数人知情"的基础上开展工作，并将项目代号命名为"鳄梨"。

我要永远感谢"鳄梨"项目的创始成员：朱莉·维特科夫斯卡亚、莱斯利·夏皮罗、阿曼德·埃马乔梅、丹尼尔·林德勒、杰克·克伦普、马特·卡拉汉、尼克·柯克帕特里克、乔伊斯·李、特德·马尔登、J.J.埃文斯和安娜贝丝·卡尔森。他们才华超众，证明了自己有实力参与绝密攻关。《华盛顿邮报》喀布尔分社前社长约书亚·帕特洛和格里夫·威特是两位非常聪明的通信员，他们通过单独的后台渠道提供了对故事草稿的批评性反馈。

项目的最后期限临近时，团队扩大了规模。主编埃米利奥·加西亚-鲁伊斯是该项目的另一位有力支持者，他说编辑部有一半人都在忙着"鳄梨"项目的工作。重要的贡献者包括：马蒂娜·鲍尔斯、马杜利卡·西卡、迈克尔·约翰逊、汤姆·勒格罗、布赖恩·克利夫兰、拉里斯·卡尔克利斯、让·阿贝尔松、梅里尔·科恩菲尔德、亚历克斯·霍顿、苏珊·乔治、谢里夫·哈桑、赛义

致　谢

德·萨拉赫丁、詹妮弗·阿穆尔、伊娃·罗德里格斯、道格·耶赫尔、朱莉·泰特、蒂姆·柯伦、乔治·马尼福尔德、玛丽安娜·戈隆、罗伯特·米勒、蒂姆·梅科、希基·埃斯特班、杰森·贝尔纳特、考特尼·卡恩、布赖恩·格罗斯、乔安妮·李、威廉·内夫、玛丽亚·桑切斯·迭斯、卡尼亚特里特·冯基亚特卡约恩、里克·桑切斯、詹妮弗·哈桑、特拉维斯·莱尔斯、T. J. 奥尔滕齐、特莎·马格里奇、罗伯特·戴维斯、凯尼沙·马尔科姆、埃米莉·曹、莫利·甘农、阿贾·希尔、迪亚娜·豪厄尔、科琳·奥莱、史蒂文·博纳、埃米·卡瓦尼利亚、米亚·托里斯、约翰·泰勒、查尔斯·巴伯、埃里克·雷纳、夏丽蒂·布朗、格雷格·巴伯、丹尼尔·纽曼、艾丽丝·朗和迈克·汉密尔顿。

在系列报道发表后，我们收到了数百名读者的来信，他们敦促我们将报道扩充成一本书。马蒂·巴伦鼓励我把它作为《华盛顿邮报》的项目来做。我的文稿代理人——弗莱彻公司的克里斯蒂·弗莱彻一如既往地为我提供明智指导，并在把想法变成现实的过程中发挥了关键作用。也要感谢爱维塔斯创意管理公司的托德·舒斯特，以及《华盛顿邮报》的主编特蕾西·格兰特、吉·唐斯·马尔德和克里斯莎·汤普森。

我特别感谢西蒙与舒斯特出版公司的团队，他们认识到这些历史文献的叙事价值，并为本书投入了非常多的精力和资源。特别感谢该公司非小说项目的副总裁兼编辑主任普丽西拉·佩因顿。她用准确的见解、鼓舞人心的反馈和恰到好处的编辑对每一章加以改进和完善。我已经等不及要和她一起合作下一本书了。也要感谢不可或缺的哈纳·帕克对这个项目的指导，感谢凯特·拉平对文本的熟练编辑，感谢约翰·佩洛西对法律问题的仔细审查。我也很高兴能与一个实力超群的营销和宣传队伍合作，他们是西蒙与舒斯特出版公司的克尔斯汀·伯恩特和埃莉斯·林戈，以及《华盛顿邮报》的凯瑟琳·弗洛伊德。

如果我不能利用其他一些珍贵的文件，本书是不可能写出来的。位于乔治·华盛顿大学的美国国家安全档案馆提供了不可或缺的公共服务，它善于从暗中运作的联邦机构那里窥探出散乱的记录。非常感谢档案馆馆长托马斯·布兰顿和《信息自由法》的权威专家内特·琼斯，他们根据《信息自由法》起诉国防部，获取了唐纳德·拉姆斯菲尔德的"雪片"文件，并允许我浏览总共5万页的文件。档案馆还分享了一批有价值的解密外交电报。

10多年来，位于堪萨斯州莱文沃思堡的战斗研究所，作为"作战领导经验"项目的成员单位，对参加阿富汗战争的老兵进行了口述史采访，此举具有先见之明。项目组织者有条不紊地工作，我欠他们一个大人情。感谢陆军大学出版社副主任唐·赖特耐心地回答我的问题。还要感谢《华盛顿邮报》的安德鲁·巴·德兰，他收集了数千份文字记录，让我的研究变得更加容易。

我要特别向弗吉尼亚大学的米勒中心致敬，就在我开始写这本书的时候，它偶然地公开了几十份乔治·沃克·布什时期口述史项目的复本。感谢米勒中心口述史项目的联合主席拉塞尔·赖利，感谢他愉快地回答了我的许多问题，并超过了职责范围，反复检查了彼得·佩斯将军采访的原始录音，以确保一段丰富多彩的引文的正确性。

我要特别感谢坎达丝·龙多，他是一位记者和分析师，多年来一直在报道阿富汗战争。还要感谢外交研究与培训协会及其外交口述史项目的宝贵贡献。自1985年设立该项目以来，一直担任项目主任的查尔斯·斯图尔特·肯尼迪亲自采访了1 000多名退休的美国外交官，这些记录很有启示意义。

《华盛顿邮报》的几位同事在成书过程中发挥了重要作用，我对他们的辛勤工作和专业知识感激不尽。尼克·柯克帕特里克浏览了数万张阿富汗战争的照片，并精心挑选了一批引人注目的照片。本书英文版封面背面美丽的地图是拉里斯·卡尔克利斯制图艺术的杰作。朱莉·泰特对原稿进行了严格的事实核查，并帮助编辑了原始引用。当然，本书的任何错误或遗漏都由我负责。

能与戴维·法利斯合作是我最大的荣幸，他是本书的初稿编辑，也是我在《华盛顿邮报》的长期同事和朋友。我们第一次合作是在20多年前的一个调查项目上，他对于把事情做好的热情、动力和决心是无与伦比的。他就像记者中的斗牛犬，少之又少，他的报道和编辑技能的水平都是最棒的。

最后，也最具意义的是，衷心感谢我的妻子詹妮弗·托特和我们的儿子凯尔·惠特洛克。詹妮弗是一个比我更有才华的作家和编剧，任何言语都不足以表达我是多么依赖和受益于她的建议、爱和坚定的支持。同许多美国人一样，"9·11"事件以不可预知的方式重塑了我们的生活。2001年，在我们庆祝凯尔1岁生日后不久，《华盛顿邮报》派我去巴基斯坦协助报道阿富汗战争，这是我们一家人环游世界旅程的开始。过去的 20 年是一场冒险，但如果没有他们，这一切都不可能实现，也毫无意义可言。

克雷格·惠特洛克

马里兰州银泉市

2021 年 3 月 1 日

注释来源

本书完全基于公开文件,即对在阿富汗战争中直接发挥作用的1 000多人采访的记录,以及数百份美国国防部备忘录、美国国务院电报和其他政府报告。

在提交多个公共档案开放请求,以及发起两次《信息自由法》诉讼之后,《华盛顿邮报》从阿富汗重建特别监察长办公室那里获得了"吸取教训"项目的采访文件。

《华盛顿邮报》提起的诉讼最终迫使阿富汗重建特别监察长办公室公布了超过2 000页未发表的笔记、428次采访的文字记录以及一些录音文件。该机构的工作人员在2014—2018年进行了"吸取教训"采访。几乎所有的采访都集中在布什政府和奥巴马政府时期发生的事件上。大约有30份采访记录被逐字抄录下来,其余的都是由笔记和引文组成的打印摘要。阿富汗重建特别监察长办公室在法庭上认定,其公布的所有材料都经过该机构的独立核实。

阿富汗重建特别监察长办公室采访的大多数人都是美国人。该机构的调查员还前往欧洲和加拿大采访了数十名来自北约盟国的外国官员。此外，他们访问了喀布尔，采访了阿富汗政府的现任和前任官员、援助工作者和发展顾问。

阿富汗重建特别监察长办公室以《信息自由法》的各种隐私豁免条款为由，对大部分受访者（约85%）的姓名进行了隐秘处理。在诉讼摘要中，该机构将这些人归类为告密者和举报人，如果他们的名字被公开，可能会面临骚扰或尴尬处境。

《华盛顿邮报》要求联邦法官强制阿富汗重建特别监察长办公室公布"吸取教训"采访的所有人员姓名，理由是公众有权知道那些批评战争并承认美国政府政策缺陷的官员身份。《华盛顿邮报》进一步指出，这些人不是告密者或举报人，因为该机构采访他们的目的是发布一系列公开报告，而不是作为执法调查的一部分。截至撰写本书时，旷日持久的《信息自由法》诉讼尚未解决。

另外，通过对文件中的日期和其他细节的交叉比对，《华盛顿邮报》独立确定了"吸取教训"采访中34人的身份，包括前大使、军官和白宫官员。

《华盛顿邮报》还向确认参加过"吸取教训"采访的人员寻求了更多的观点。在注释部分会显示那些被引用人的名字。

根据阿富汗重建特别监察长办公室对《华盛顿邮报》提起《信息自由法》诉讼时要求提供信息以及采访背景的反馈，本书阐述了未透露姓名的采访对象所担任的职位，比如"国务院高级官员"或"白宫前工作人员"。

除了隐瞒姓名之外，阿富汗重建特别监察长办公室还处理了部分采访文件，包括后来被美国国务院、国防部和缉毒局列为机密的信息。

拉姆斯菲尔德的"雪片"备忘录，是由位于乔治·华盛顿大学的非营利研究机构美国国家安全档案馆向《华盛顿邮报》分享的。

大部分军队口述史采访是由堪萨斯州莱文沃思堡战斗研究所下属的"作战领导经验"项目小组进行的。2005—2015年，该项目小组采访了600多名从阿富汗归国的军人。其中大多数人是在莱文沃思堡参加专业军事教育课程、正处在职业生涯中期的陆军军官，也包括一些应征入伍的士兵和来自其他武装部队的人员。军队口述史采访是非机密的、公开的，基于音频记录逐字抄写而成。本书根据军人们在口述史采访时的军衔来确定他们的身份。许多人曾多次在阿富汗服役。

本书还引用了位于华盛顿特区的美国陆军军事历史中心在2006—2007年对高级军官进行的少量口述史采访。这些采访涉及2003—2005年的战争事件。

弗吉尼亚大学对布什政府高级官员的口述史采访是由米勒中心负责的。米勒中心是弗吉尼亚大学的一个无党派附属机构，专门围绕总统进行学术研究。2019年11月，米勒中心向公众开放了部分乔治·沃克·布什的口述史档案。冗长的采访文本是基于音频记录整理的。

最后，本书借鉴了非营利性机构外交研究与培训协会进行的几次外交口述史采访。该机构的口述史数据库内容广泛，可公开获取，其中包括对美国外交官的采访，内容涉及他们在过去80年的外交经验。

注 释

前 言

1. Gen. Dan McNeill interview, undated, Lessons Learned Project, Special Inspector General for Afghanistan Reconstruction（SIGAR）.
2. Gen. David Richards interview, September 26, 2017, Lessons Learned Project, SIGAR.
3. Ambassador Richard Boucher interview, October 15, 2015, Lessons Learned Project, SIGAR.
4. Lt. Gen. Douglas Lute interview, February 20, 2015, Lessons Learned Project, SIGAR.
5. Ibid.
6. Donald Rumsfeld memo to Steven Cambone, September 8, 2003, National Security Archive, George Washington University.
7. Gen. Peter Pace interview, January 19, 2016, George W. Bush Oral History Project, Miller Center, University of Virginia.

第一章 混乱的任务

1. Donald Rumsfeld memo to Doug Feith, Paul Wolfowitz, Gen. Dick Myers and Gen. Pete Pace, April 17, 2002, the National Security Archive, George Washington University. 该文件于2010年9月22日被国防部部分解密。

2. Donald Rumsfeld interview with MSNBC, March 28, 2002.
3. Ibid.
4. Donald Rumsfeld memo to Larry Di Rita and Col. Steven Bucci, March 28, 2002, the National Security Archive, George Washington University.
5. Former senior State Department official interview, October 8, 2014, Lessons Learned Project, SIGAR. Name redacted by SIGAR.
6. U.S. official interview, February 10, 2015, Lessons Learned Project, SIGAR. Name redacted by SIGAR.
7. Boucher interview, October 15, 2015, Lessons Learned Project, SIGAR.
8. Ibid.
9. Lt. Cmdr. Philip Kapusta interview, May 1, 2006, Operational Leadership Experiences project, Combat Studies Institute, Fort Leavenworth, Kansas.
10. Unsigned memo, "U.S. Strategy in Afghanistan," October 16, 2001, the National Security Archive, George Washington University. 这份文件上的一份手写笔记最初被标记为"待讨论草稿",说明该战略是在2001年10月16日的国家安全委员会会议上通过的。2001年10月30日,拉姆斯菲尔德将这份备忘录称为"一份相当不错的文件",并补充说:"在我看来,不时地更新它是有用的。"这份文件于2010年7月20日被国防部全面解密。
11. Ibid.
12. Douglas Feith interview, March 22–23, 2012, George W. Bush Oral History Project, Miller Center, University of Virginia.
13. Ibid.
14. Ibid.
15. Woodward, *Plan of Attack*, p. 281. 在弗兰克斯之后出版的一本书中,他形容费思是"这个星球上最愚蠢的家伙"。Tommy Franks, *American Soldier* (New York: Regan Books, 2004), p. 362.
16. Gen. George Casey interview, September 25, 2014, George W. Bush Oral History Project, Miller Center, University of Virginia.
17. Pace interview, Miller Center.
18. Feith interview, Miller Center.
19. Ibid.
20. Kapusta interview, Combat Studies Institute.

21. Pace interview, Miller Center.
22. Maj. Jeremy Smith interview, January 9, 2012, Operational Leadership Experiences project, Combat Studies Institute, Fort Leavenworth, Kansas.
23. Ibid.
24. Vice Adm. Ed Giambastiani memo to Donald Rumsfeld, January 30, 2002, the National Security Archive, George Washington University.
25. Maj. David King interview, October 6, 2005, Operational Leadership Experiences project, Combat Studies Institute, Fort Leavenworth, Kansas.
26. Maj. Glen Helberg interview, December 7, 2009, Operational Leadership Experiences project, Combat Studies Institute, Fort Leavenworth, Kansas.
27. Maj. Lance Baker interview, February 24, 2006, Operational Leadership Experiences project, Combat Studies Institute, Fort Leavenworth, Kansas.
28. Maj. Andrew Steadman interview, March 15, 2011, Operational Leadership Experiences project, Combat Studies Institute, Fort Leavenworth, Kansas.
29. Maj. Steven Wallace interview, October 6, 2010, Operational Leadership Experiences project, Combat Studies Institute, Fort Leavenworth, Kansas.
30. Stephen Hadley interview, September 16, 2015, Lessons Learned Project, SIGAR.
31. Ambassador Robert Finn interview, October 22, 2015, Lessons Learned Project, SIGAR.
32. Gen. Tommy Franks interview, October 22, 2014, George W. Bush Oral History Project, Miller Center, University of Virginia.
33. Ibid.
34. McNeill interview, Lessons Learned Project.
35. Donald Rumsfeld memo, October 21, 2002, the National Security Archive, George Washington University. 接收备忘录的人的名字被国防部处理过。

第二章 "谁是坏人？"

1. Roger Pardo-Maurer letter from Kandahar, August 11–15, 2002, the National Security Archive, George Washington University. In a September 13, 2002, snowflake, Rumsfeld asked his aide, Larry Di Rita, to obtain a copy of the Pardo-Maurer letter for him to read.

2. Ibid.
3. Ibid.
4. Ibid.
5. Ibid.
6. Ibid.
7. Ibid.
8. Robert Gates interview, July 9, 2013, George W. Bush Oral History Project, Miller Center, University of Virginia.
9. Jeffrey Eggers interview, August 25, 2015, Lessons Learned Project, SIGAR.
10. Ibid.
11. Michael Metrinko interview, October 6, 2003, Foreign Affairs Oral History Project, Association for Diplomatic Studies and Training.
12. Ibid.
13. Ibid.
14. Maj. Stuart Farris interview, December 6, 2007, Operational Leadership Experiences project, Combat Studies Institute, Fort Leavenworth, Kansas.
15. Ibid.
16. Maj. Thomas Clinton interview, March 12, 2007, Operational Leadership Experiences project, Fort Leavenworth, Kansas.
17. Maj. Gen. Eric Olson interview, July 23, 2007, U.S. Army Center of Military History, Washington, D.C.
18. Special Forces combat adviser interview, December 15, 2017, Lessons Learned Project, SIGAR. Name redacted by SIGAR.
19. Donald Rumsfeld memo to Steve Cambone, September 8, 2003, the National Security Archive, George Washington University.
20. "Tora Bora Revisited: How We Failed to get Bin Laden and Why It Matters Today," Report to the U.S. Senate Committee on Foreign Relations, November 30, 2009.
21. Franks interview, Miller Center.
22. "Tora Bora Revisited," Report to the U.S. Senate Committee on Foreign Relations, November 30, 2009.
23. Maj. William Rodebaugh interview, February 23, 2010, Operational Leadership

Experiences project, Combat Studies Institute, Fort Leavenworth, Kansas.
24. Ibid.
25. Report to the U.S. Senate Committee on Foreign Relations, November 30, 2009.
26. Tommy Franks, "War of Words," *The New York Times*, October 19, 2004.
27. "U.S. Department of Defense Talking Points—Bin Laden Tora Bora," October 26, 2004, the National Security Archive, George Washington University.
28. Franks interview, Miller Center.
29. Dobbins, *After the Taliban*, p. 82.
30. Barnett Rubin interview, August 27, 2015, Lessons Learned Project, SIGAR.
31. Barnett Rubin interview, January 20, 2015, Lessons Learned Project, SIGAR.
32. Todd Greentree interview, May 13, 2014, Foreign Affairs Oral History Project, Association for Diplomatic Studies and Training.
33. "An Interview with Lakhdar Brahimi," *Journal of International Affairs*, Vol. 58, No. 1, Fall 2004.
34. Ambassador James Dobbins interview, January 11, 2016, Lessons Learned Project, SIGAR.
35. Ambassador Zalmay Khalilzad interview, December 7, 2016, Lessons Learned Project, SIGAR.

第三章　国家建设工程

1. Franks interview, Miller Center.
2. Metrinko interview, Association for Diplomatic Studies and Training.
3. Ambassador Ryan Crocker interview, January 11, 2016, Lessons Learned Project, SIGAR.
4. Metrinko interview, Association for Diplomatic Studies and Training.
5. Crocker interview, January 11, 2016, SIGAR.
6. "Quarterly Report to the United States Congress," January 30, 2021, SIGAR, p. 25.
7. Michael Callen interview, October 22, 2015, Lessons Learned Project, SIGAR.
8. Crocker interview, January 11, 2016, SIGAR.
9. Senior USAID official interview, June 3, 2015, Lessons Learned Project,

SIGAR. Name redacted by SIGAR.

10. Ibid.
11. Boucher interview, SIGAR.
12. Ibid.
13. Ibid.
14. Hadley interview, SIGAR.
15. U.S. official interview, September 23, 2014, Lessons Learned Project, SIGAR. Name redacted by SIGAR.
16. U.S. official interview, December 4, 2015, Lessons Learned Project, SIGAR. Name redacted by SIGAR.
17. Richard Haass interview, October 23, 2015, Lessons Learned Project, SIGAR.
18. Ibid. 在2019年12月给作者的一封电子邮件中，哈斯补充道："与伊拉克相比，阿富汗没有热情，伊拉克的热情太高涨了。"
19. Senior Bush administration official interview, June 1, 2005, Lessons Learned Project, SIGAR. Name redacted by SIGAR.
20. Ambassador Ryan Crocker interview, December 1, 2016, Lessons Learned Project, SIGAR.
21. Dobbins interview, SIGAR.
22. Donald Rumsfeld memo to President George W. Bush, August 20, 2002, the National Security Archive, George Washington University.
23. Ibid.
24. Marin Strmecki interview, October 19, 2015, Lessons Learned Project, SIGAR.
25. Ibid.
26. SIGAR对哈德利的采访。2019年12月，在哈德利发送给作者的一封电子邮件中，他补充说："我们没有一个稳定的战略是意料之中的。美国始终对军事和生产方面科学地投入巨资，保障了我们有世界上最强大的军事能力。但是，在外交、经济和社会发展、民主治理、基础设施发展与民间机构建设等方面，美国的工具和能力投入不足，而这些恰恰是任何战争冲突后恢复稳定的重要因素。即便如此，我们还是在阿富汗取得了很多积极成果。"
27. European Union official interview, February 4, 2015, Lessons Learned

Project, SIGAR. Name redacted by SIGAR.

28. Senior German official interview, February 2, 2015, Lessons Learned Project, SIGAR. Name redacted by SIGAR.
29. Senior U.S. official interview, October 18, 2016, Lessons Learned Project, SIGAR. Name redacted by SIGAR.
30. Senior U.S. diplomat interview, July 10, 2015, Lessons Learned Project, SIGAR. Name redacted by SIGAR.
31. Boucher interview, SIGAR.
32. Col. Terry Sellers interview, February 21, 2007, U.S. Army Center of Military History, Washington, D.C.
33. Col. David Paschal interview, July 18, 2006, Operational Leadership Experiences project, Combat Studies Institute, Fort Leavenworth, Kansas.
34. Ibid.
35. Thomas Clinton interview, Combat Studies Institute.
36. Lt. Col. Todd Guggisberg interview, July 17, 2006, Operational Leadership Experiences project, Combat Studies Institute, Fort Leavenworth, Kansas.
37. Ibid.

第四章 阿富汗不再是焦点

1. Lt. Col. Mark Schmidt interview, February 10, 2009, Operational Leadership Experiences project, Combat Studies Institute, Fort Leavenworth, Kansas.
2. Col. Thomas Snukis interview, March 1, 2007, U.S. Army Center of Military History, Washington, D.C.
3. Col. Tucker Mansager interview, April 20, 2007, U.S. Army Center of Military History, Washington, D.C.
4. Dobbins interview, SIGAR.
5. Ibid.
6. Franks interview, Miller Center.
7. Ibid.
8. Philip Zelikow interview, July 28, 2010, George W. Bush Oral History Project, Miller Center, University of Virginia.
9. Finn interview, SIGAR.

10. Maj. Gregory Trahan interview, February 5, 2007, Operational Leadership Experiences project, Combat Studies Institute, Fort Leavenworth, Kansas.
11. Maj. Phil Bergeron interview, December 8, 2010, Operational Leadership Experiences project, Combat Studies Institute, Fort Leavenworth, Kansas.
12. U.S. official interview, October 21, 2014, Lessons Learned Project, SIGAR. Name redacted by SIGAR.
13. Lt. Gen. David Barno interview, November 21, 2006, U.S. Army Center of Military History, Washington, D.C.
14. Ibid.
15. Ibid.
16. Ibid.
17. Ibid.
18. Donald Rumsfeld memo to Gen. Dick Myers, Paul Wolfowitz, Gen. Pete Pace and Doug Feith, October 16, 2003, the National Security Archive, George Washington University.
19. Ibid.
20. Zalmay Khalilzad, "Afghanistan's Milestone," *The Washington Post*, January 6, 2004.
21. Thomas Hutson interview, April 23, 2004, Foreign Affairs Oral History Project, Association for Diplomatic Studies and Training.
22. Ibid.
23. Pace interview, Miller Center.
24. Ibid.
25. Ibid.
26. Lt. Gen. Douglas Lute interview, August 3, 2015, George W. Bush Oral History Project, Miller Center, University of Virginia.
27. Franks interview, Miller Center.
28. Ibid.
29. Maj. Gen. Peter Gilchrist interview, January 24, 2007, U.S. Army Center of Military History, Washington, D.C.
30. Ibid.
31. Barno interview, U.S. Army Center of Military History.

32. Mansager interview, U.S. Army Center of Military History.

第五章 "涅槃重生"的军队

1. Paul Watson, "Losing Its Few Good Men ; Many of those who signed up to be trained for Afghanistan's fledgling army have quit, saying the pay isn't worth the risk," *Los Angeles Times*, November 27, 2003.
2. Lt. Gen. Karl Eikenberry interview, November 27, 2006, Operational Leadership Experiences project, Combat Studies Institute, Fort Leavenworth, Kansas.
3. "Pentagon 9/11," Defense Studies Series, Historical Office, Office of the Secretary of Defense, 2007.
4. Eikenberry interview, Combat Studies Institute.
5. Ibid.
6. Ibid.
7. "Talking Points—Afghanistan Progress," October 8, 2004, Office of Public Affairs, U.S. Department of Defense.
8. Lute interview, SIGAR.
9. Master Sgt. Michael Threatt interview, September 20, 2006, Operational Leadership Experiences project, Combat Studies Institute, Fort Leavenworth, Kansas.
10. Maj. Bradd Schultz interview, August 6, 2012, Operational Leadership Experiences project, Combat Studies Institute, Fort Leavenworth, Kansas.
11. Maj. Brian Doyle interview, March 13, 2008, Operational Leadership Experiences project, Combat Studies Institute, Fort Leavenworth, Kansas.
12. Gates interview, Miller Center.
13. Ibid.
14. Donald Rumsfeld memo to Gen. Richard Myers, January 28, 2002, the National Security Archive, George Washington University.
15. Donald Rumsfeld memo to Colin Powell, April 8, 2002, the National Security Archive, George Washington University.
16. Colin Powell memo to Donald Rumsfeld, April 16, 2002, the National Security Archive, George Washington University.

17. Quarterly Report to the United States Congress, October 30, 2020, SIGAR.
18. Strmecki interview, SIGAR.
19. Khalilzad interview, SIGAR.
20. Ibid.
21. Strmecki interview, SIGAR.
22. Eikenberry interview, Combat Studies Institute.
23. Staff Sgt. Anton Berendsen interview, February 8, 2015, Operational Leadership Experiences project, Combat Studies Institute, Fort Leavenworth, Kansas.
24. Maj. Rick Rabe interview, May 18, 2007, Operational Leadership Experiences project, Combat Studies Institute, Fort Leavenworth, Kansas.
25. Ibid.
26. Maj. Christopher Plummer interview, June 6, 2006, Operational Leadership Experiences project, Combat Studies Institute, Fort Leavenworth, Kansas.
27. Maj. Gerd Schroeder interview, April 20, 2007, Operational Leadership Experiences project, Combat Studies Institute, Fort Leavenworth, Kansas.
28. Ibid.
29. Ibid.
30. Lt. Col. Michael Slusher interview, February 16, 2007, Operational Leadership Experiences project, Combat Studies Institute, Fort Leavenworth, Kansas.
31. Ibid.
32. Maj. John Bates interview, March 5, 2007, Operational Leadership Experiences project, Combat Studies Institute, Fort Leavenworth, Kansas.
33. Ibid.
34. Ibid.
35. Command Master Sgt. Jeff Janke interview, February 16, 2007, Operational Leadership Experiences project, Combat Studies Institute, Fort Leavenworth, Kansas.
36. Maj. Dan Williamson interview, December 7, 2007, Operational Leadership Experiences project, Combat Studies Institute, Fort Leavenworth, Kansas.
37. Ibid.
38. U.S. military official interview, October 28, 2016, Lessons Learned Project,

SIGAR. Name redacted by SIGAR.
39. Maj. Kevin Lovell interview, August 24, 2007, Operational Leadership Experiences project, Combat Studies Institute, Fort Leavenworth, Kansas.
40. Ibid.
41. Maj. Matthew Little interview, May 15, 2008, Operational Leadership Experiences project, Combat Studies Institute, Fort Leavenworth, Kansas.
42. Ibid.
43. Ibid.
44. Maj. Charles Abeyawardena interview, July 26, 2012, Operational Leadership Experiences project, Combat Studies Institute, Fort Leavenworth, Kansas.
45. Ibid.
46. Maj. Del Saam interview, August 20, 2009, Operational Leadership Experiences project, Combat Studies Institute, Fort Leavenworth, Kansas.
47. Donald Rumsfeld memo to Condoleezza Rice, February 23, 2005, National Security Archive, George Washington University.
48. Ibid.
49. Saam interview, Combat Studies Institute.
50. Ibid.

第六章　文化隔阂

1. Maj. Louis Frias interview, September 16, 2008, Operational Leadership Experiences project, Combat Studies Institute, Fort Leavenworth, Kansas.
2. Ibid.
3. Ibid.
4. Ibid.
5. Ibid.
6. Ibid.
7. Maj. Gen. Jason Kamiya interview, January 23, 2007, U.S. Army Center of Military History, Washington, D.C.
8. Ibid.
9. Ibid.
10. Alastair Leithead, "Anger over 'blasphemous balls',"; BBC News, August

26, 2007.
11. Maj. Daniel Lovett interview, March 19, 2010, Operational Leadership Experiences project, Combat Studies Institute, Fort Leavenworth, Kansas.
12. Ibid.
13. Maj. James Reese interview, April 18, 2007, Operational Leadership Experiences project, Combat Studies Institute, Fort Leavenworth, Kansas.
14. Maj. Christian Anderson interview, November 10, 2010, Operational Leadership Experiences project, Combat Studies Institute, Fort Leavenworth, Kansas.
15. Ibid.
16. Maj. Brent Novak interview, December 14, 2006, Operational Leadership Experiences project, Combat Studies Institute, Fort Leavenworth, Kansas.
17. Ibid.
18. Maj. Rich Garey interview, December 5, 2007, Operational Leadership Experiences project, Combat Studies Institute, Fort Leavenworth, Kansas.
19. Maj. Nikolai Andresky interview, September 27, 2007, Operational Leadership Experiences project, Combat Studies Institute, Fort Leavenworth, Kansas.
20. Ibid.
21. Maj. William Woodring interview, December 12, 2006, Operational Leadership Experiences project, Combat Studies Institute, Fort Leavenworth, Kansas.
22. Plummer interview, Combat Studies Institute.
23. John Davis interview, November 21, 2008, Operational Leadership Experiences project, Combat Studies Institute, Fort Leavenworth, Kansas.
24. Thomas Clinton interview, Combat Studies Institute.
25. Barno interview, U.S. Army Center of Military History.
26. Maj. Clint Cox interview, November 8, 2006, Operational Leadership Experiences project, Combat Studies Institute, Fort Leavenworth, Kansas.
27. Maj. Keller Durkin interview, March 3, 2008, Operational Leadership Experiences project, Combat Studies Institute, Fort Leavenworth, Kansas.
28. Maj. Alvin Tilley interview, June 29, 2011, Operational Leadership

Experiences project, Combat Studies Institute, Fort Leavenworth, Kansas.
29. Ibid.
30. Maj. William Burley interview, January 31, 2007, Operational Leadership Experiences project, Combat Studies Institute, Fort Leavenworth, Kansas.
31. Ibid.
32. Ibid.
33. Maj. Christian Anderson interview, November 10, 2010, Operational Leadership Experiences project, Combat Studies Institute, Fort Leavenworth, Kansas.
34. Woodring interview, Combat Studies Institute.
35. Ibid.
36. Maj. Randy James interview, October 8, 2008, Operational Leadership Experiences project, Combat Studies Institute, Fort Leavenworth, Kansas.
37. Ibid.

第七章　两面派

1. Trahan interview, Combat Studies Institute.
2. Gregory Trahan testimony, *U.S. v. Ibrahim Suleman Adnan Adam Harun Hausa*, March 8, 2017, United States District Court, Eastern District of New York.
3. Trahan interview, Combat Studies Institute.
4. Ibid.
5. Trahan testimony, *U.S. v. Ibrahim Suleman Adnan Adam Harun Hausa*.
6. Trahan interview, Combat Studies Institute.
7. Trahan testimony, *U.S. v. Ibrahim Suleman Adnan Adam Harun Hausa*.
8. Trahan interview, Combat Studies Institute.
9. Trahan testimony, *U.S. v. Ibrahim Suleman Adnan Adam Harun Hausa*.
10. Sgt. First Class Conrad Reed testimony, *U.S. v. Ibrahim Suleman Adnan Adam Harun Hausa*, March 8, 2017, United States District Court, Eastern District of New York.
11. Trahan interview, Combat Studies Institute.
12. Ibid.

13. Ibid.
14. Press release, "Al Qaeda Operative Convicted of Multiple Terrorism Offenses Targeting Americans Overseas," March 16, 2017, Department of Justice.
15. Donald Rumsfeld memo to Doug Feith, June 25, 2002, the National Security Archive, George Washington University.
16. Strmecki interview, SIGAR.
17. Dobbins interview, SIGAR.
18. Olson interview, U.S. Army Center of Military History.
19. Farris interview, Combat Studies Institute.
20. Ibid.
21. Lt. Gen. David Barno interview, January 4, 2005, National Public Radio.
22. Gen. Barry McCaffrey memo to Col. Mike Meese and Col. Cindy Jebb, June 3, 2006, the National Security Archive, George Washington University. 6月15日，拉姆斯菲尔德将麦卡弗里备忘录的副本转发给参谋长联席会议主席彼得·佩斯将军，称这是"一份有趣的报告"。
23. Ibid.
24. Marin Strmecki, *Afghanistan at a Crossroads, Challenges, Opportunities and a Way Forward,* August 17, 2006, the National Security Archive, George Washington University. 该报告最初被列为秘密/禁止流出，后于2008年12月1日被国防部解密。
25. Ibid.
26. Crocker interview, December 1, 2016, SIGAR.
27. Ibid.

第八章 谎言与反转

1. Griff Witte, "Bombing Near Cheney Displays Boldness of Resurgent Taliban," *The Washington Post,* February 28, 2007.
2. Jason Straziuso, "Intelligence suggested threat of bombing in Bagram area before Cheney's visit, NATO says," *Associated Press*, February 28, 2007.
3. Maj. Shawn Dalrymple interview, February 21, 2007, Operational Leadership Experiences project, Combat Studies Institute, Fort Leavenworth, Kansas.
4. Shawn Dalrymple interview with author, September 26, 2020.

5. Ibid.
6. Dalrymple interview, Combat Studies Institute.
7. Dalrymple interview with author.
8. Ibid.
9. State Department cable, Kabul to Washington, "Afghan Supplemental," February 6, 2006. 该电报最初被列为秘密。美国国务院于 2010 年将该电报部分解密，并应国家安全档案馆的《信息自由法》要求予以公布。
10. Bush administration official interview, September 23, 2014, Lessons Learned Project, SIGAR. Name redacted by SIGAR.
11. Ibid.
12. Ambassador Ronald Neumann interview, June 19, 2012, Foreign Affairs Oral History Project, Association for Diplomatic Studies and Training.
13. Ibid.
14. Ibid.
15. Brig. Gen. Bernard Champoux interview, January 9, 2007, U.S. Army Center of Military History, Washington, D.C.
16. Capt. Paul Toolan interview, July 24, 2006, Operational Leadership Experiences project, Combat Studies Institute, Fort Leavenworth, Kansas.
17. Donald Rumsfeld interview, CNN, *Larry King Live,* December 19, 2005.
18. State Department cable, Kabul to Washington, "Policy on Track, But Violence Will Rise" February 21, 2006. 该电报最初被列为秘密。美国国务院于 2010 年 6 月 9 日将该电报部分解密，并应国家安全档案馆的《信息自由法》要求予以公布。
19. Ibid.
20. Neumann interview, Association for Diplomatic Studies and Training.
21. McCaffrey memo, the National Security Archive.
22. Ibid.
23. Ibid.
24. Ibid.
25. Strmecki memo, National Security Archive.
26. State Department cable, Kabul to Washington, "Afghanistan: Where We Stand and What We Need," August 29, 2006. 该电报最初被列为秘密。美国

国务院于 2010 年 6 月 11 日将该电报部分解密，并应国家安全档案馆的《信息自由法》要求予以公布。

27. Terry Moran, "Battlefield Wilderness," ABC *Nightline*, September 11, 2006.
28. Office of the Secretary of Defense Writers Group, "Afghanistan: Five Years Later," October 6, 2006.
29. Ibid.
30. Donald Rumsfeld memo to Dorrance Smith, October 16, 2006, the National Security Archive, George Washington University.
31. Staff Sgt. John Bickford interview, February 23, 2007, Operational Leadership Experiences project, Combat Studies Institute, Fort Leavenworth, Kansas.
32. Ibid.
33. Ibid.
34. Toolan interview, Combat Studies Institute.
35. Maj. Darryl Schroeder interview, November 26, 2007, Operational Leadership Experiences project, Combat Studies Institute, Fort Leavenworth, Kansas.
36. Brig. Gen. James Terry interview, February 13, 2007, Operational Leadership Experiences project, Combat Studies Institute, Fort Leavenworth, Kansas.
37. Ibid.
38. Ibid.
39. Ibid.

第九章　不连贯的战略

1. Gates, *Duty*, p. 5.
2. Gates interview, Miller Center.
3. Ibid.
4. Ibid.
5. Ibid.
6. Ibid.
7. Ibid.
8. Richards interview, SIGAR.
9. Ibid.
10. Ibid.

11. Ibid.
12. Ibid.
13. Craig Whitlock, "German Supply Lines Flow with Beer in Afghanistan," *The Washington Post*, November 15, 2008.
14. Ambassador Nicholas Burns interview, January 14, 2016, Lessons Learned Project, SIGAR.
15. Maj. Brian Patterson interview, October 2, 2008, Operational Leadership Experiences project, Combat Studies Institute, Fort Leavenworth, Kansas.
16. Desmond Browne letter to Donald Rumsfeld, December 5, 2006, the National Security Archive, George Washington University.
17. Donald Rumsfeld letter to Desmond Browne, December 13, 2006, the National Security Archive, George Washington University.
18. NATO official interview, February 18, 2015, Lessons Learned Project, SIGAR. Name redacted by SIGAR.
19. Gates interview, Miller Center.
20. McNeill interview, SIGAR.
21. Ibid.
22. Lt. Col. Richard Phillips interview, September 6, 2011, Operational Leadership Experiences project, Combat Studies Institute, Fort Leavenworth, Kansas.
23. Maj. Stephen Boesen interview, July 7, 2008, Operational Leadership Experiences project, Combat Studies Institute, Fort Leavenworth, Kansas.
24. Ibid.
25. Lute interview, SIGAR.
26. Ibid.
27. Ibid.
28. Gwen Ifill, "Interview with Gen. Dan McNeill," PBS *Newshour with Jim Lehrer*, December 10, 2007.
29. Ibid.
30. Lute interview, Miller Center.
31. Ibid.
32. Ibid.

第十章　军　阀

1. Press release, "Afghanistan: Justice for War Criminals Essential to Peace," Human Rights Watch, December 12, 2006.
2. State Department cable, Kabul to Washington, "Meeting with General Dostum," December 23, 2006, WikiLeaks. 该电报被列为机密。
3. Ibid.
4. Ibid.
5. Ibid.
6. Sarah Chayes interview, May 26, 2015, Lessons Learned Project, SIGAR
7. Andre Hollis interview, May 16, 2016, Lessons Learned Project, SIGAR.
8. Assessments and Documentation in Afghanistan, Physicians for Human Rights.
9. Cora Currier, "White House Closes Inquiry into Afghan Massacre—and will Release No Details," *ProPublica*, July 31, 2013.
10. Gen. Abdul Rashid Dostum letter to President George W. Bush, the National Security Archive, George Washington University. Dostum's letter is undated and it lists Bush's address as "1600 Pennsylvania Avenue, Washington, D.C." — with no zip code.
11. Ibid.
12. Gen. Tommy Franks memo to Donald Rumsfeld, January 9, 2002, the National Security Archive, George Washington University.
13. Donald Rumsfeld memo to Larry Di Rita, January 10, 2002, the National Security Archive, George Washington University.
14. State Department cable, Kabul to Washington, "Congressman Rohrabacher's April 16 Meeting With President Karzai," April 16, 2003, WikiLeaks. 该电报被列为机密。
15. Ibid.
16. Ibid.
17. Hutson interview, Association for Diplomatic Studies and Training.
18. Ibid.
19. Ibid.
20. Ibid.

21. Khalilzad, *The Envoy*, p. 202-203.
22. Joshua Partlow, "Dostum, a former warlord who was once America's man in Afghanistan, may be back," *The Washington Post*, April 23, 2014.
23. Col. David Lamm interview, March 14, 2007, U.S. Army Center of Military History, Washington, D.C.
24. Ibid.
25. Ibid.
26. Finn interview, SIGAR.
27. Strmecki interview, SIGAR.
28. Ibid.
29. State Department cable, Kabul to Washington, "Confronting Afghanistan's Corruption Crisis," September 15, 2005. 该电报最初被列为机密。美国国务院于2014年12月9日将该电报完全解密,并应国家安全档案馆的《信息自由法》要求予以公布。
30. Partlow, *A Kingdom of Their Own*, p. 142-143.
31. Boucher interview, SIGAR.
32. Ibid.
33. Ibid.
34. Ibid.
35. Nils Taxell interview, July 3, 2015, Lessons Learned Project, SIGAR. 在2019年12月发给《华盛顿邮报》记者的一封电子邮件中,他补充说:"我必须承认,我不认同阿富汗重建特别监察长办公室给我修改后的言辞,所以'由SIGAR记录'的这个限定语相当贴切。此外,我想澄清的是,在我叙述的过程中并不是在表达对特定个人的看法。"
36. Lt. Col. Eugene Augustine interview, February 22, 2007, U.S. Army Center of Military History, Washington, D.C.
37. McNeill interview, SIGAR.
38. Ibid.
39. Partlow, *A Kingdom of Their Own*, p. 54.
40. Russell Thaden interview, June 13, 2011, Operational Leadership Experiences project, Combat Studies Institute, Fort Leavenworth, Kansas.
41. Ibid.

42. Crocker interview, January 12, 2016, SIGAR.
43. Ibid.
44. Ibid.

第十一章　罂粟战争

1. Lt. Col. Michael Winstead interview, November 7, 2013, Operational Leadership Experiences project, Combat Studies Institute, Fort Leavenworth, Kansas.
2. Emmanuel Duparcq, "Opium-free in two months, vows governor of Afghanistan's top poppy province," *Agence France-Presse*, March 3, 2006.
3. Lt. Col. Michael Slusher interview, February 16, 2007, Operational Leadership Experiences project, Combat Studies Institute, Fort Leavenworth, Kansas.
4. Winstead interview, Combat Studies Institute.
5. Ibid.
6. Ibid.
7. State Department cable, Kabul to Washington, "Helmand Eradication Wrap Up," May 3, 2006, WikiLeaks. 该电报为非机密的。
8. State Department cable, Kabul to Washington, "Helmand Governor Daud Voices Concerns About Security," May 15, 2006, Wikileaks. 该电报被列为机密。
9. Maj. Douglas Ross interview, June 23, 2008, Operational Leadership Experiences project, Combat Studies Institute, Fort Leavenworth, Kansas.
10. State Department cable, "Helmand Eradication Wrap Up," Wikileaks.
11. Winstead interview, Combat Studies Institute.
12. Ibid.
13. State Department cable, "Helmand Eradication Wrap Up," WikiLeaks.
14. Ross interview, Combat Studies Institute.
15. Lt. Col. Dominic Cariello interview, February 16, 2007, Operational Leadership Experiences project, Combat Studies Institute, Fort Leavenworth, Kansas.
16. Bates interview, Combat Studies Institute.
17. Ibid.
18. State Department cable, "Helmand Eradication Wrap Up," WikiLeaks.

19. State Department cable, "Helmand Governor Daud Voices Concerns About Security," WikiLeaks.
20. Slusher interview, Combat Studies Institute.
21. Tooryalai Wesa interview, January 7, 2017, Lessons Learned Project, SIGA.
22. Metrinko interview, Association for Diplomatic Studies and Training.
23. Ibid.
24. "Counternarcotics: Lessons from the U.S. Experience in Afghanistan," June 2018, SIGAR.
25. Metrinko interview, Association for Diplomatic Studies and Training.
26. Anthony Fitzherbert interview, June 21, 2016, Lessons Learned Project, SIGAR. 在2019年12月发给《华盛顿邮报》记者的一封电子邮件中，菲茨赫伯特补充道："'罂粟换现金'计划最终被取消了，因为很明显，它不仅没有起到任何作用，而且产生了消极后果。我在此想补充说，我本人没有以任何形式或身份直接参与该计划。"
27. Barno interview, U.S. Army Center of Military History.
28. Gilchrist interview, U.S. Army Center of Military History.
29. Donald Rumsfeld memo to Doug Feith, November 29, 2004, the National Security Archive, George Washington University.
30. Barnett Rubin interview, August 27, 2015, Lessons Learned Project, SIGAR.
31. Donald Rumsfeld memo to Gen. Dick Myers, Paul Wolfowitz, Doug Feith and Tom O'Connell, October 19, 2004, the National Security Archive, George Washington University.
32. State Department cable, "Confronting Afghanistan's Corruption Crisis," National Security Archive.
33. John Wood interview, June 17, 2015, Lessons Learned Project, SIGAR.
34. Khalilzad interview, SIGAR.
35. Ambassador Ronald McMullen interview, August 1, 2012, Foreign Affairs Oral History Project, Association for Diplomatic Studies and Training.
36. State Department cable, Kabul to Washington, "Codel Hoekstra Sees Poppy Problem First Hand," March 23, 2006, WikiLeaks. 该电报被列为机密/禁止流出。
37. Boucher interview, SIGAR.

38. Ambassador Ronald Neumann interview, June 18, 2015, Lessons Learned Project, SIGAR.
39. Richard Holbrooke, "Still Wrong in Afghanistan," *The Washington Post*, January 23, 2008.
40. Ibid.

第十二章　加倍下注

1. Maj. Fred Tanner interview, March 4, 2010, Operational Leadership Experiences project, Combat Studies Institute, Fort Leavenworth, Kansas.
2. Ibid.
3. Maj. Gen. Edward Reeder interview, October 26, 2017, Lessons Learned Project, SIGAR. 在2019年12月发给《华盛顿邮报》记者的一封电子邮件中，里德补充说："2009年引用这句话时，我并没有反对麦基尔南将军正在进行的镇压叛乱的战略。2009年2月，我作为联合部队特种作战司令部的指挥官来到阿富汗，认为我们需要另一种打击塔利班的方式……我觉得需要一个以基层为主的本地防御计划，这会让塔利班在与同一种族和部落的当地人作战时感到不安。"
4. Maj. George Lachicotte interview, November 1, 2011, Operational Leadership Experiences project, Combat Studies Institute, Fort Leavenworth, Kansas.
5. Ibid.
6. Maj. Joseph Claburn interview, September 13, 2011, Operational Leadership Experiences project, Combat Studies Institute, Fort Leavenworth, Kansas.
7. Dexter Filkins, "Stanley McChrystal's Long War," *New York Times Magazine*, October 14, 2009.
8. Maj. John Popiak interview, March 15, 2011, Operational Leadership Experiences project, Combat Studies Institute, Fort Leavenworth, Kansas.
9. "Commander's Initial Assessment" International Security Assistance Force, August 30, 2009. 这份报告最初被列为机密。2009年9月20日，《华盛顿邮报》记者鲍勃·伍德沃德获得了该报告的一份副本，并向奥巴马政府官员告知《华盛顿邮报》打算发表该报告，此后国防部解密了大部分报告。《华盛顿邮报》于2009年9月21日发布了解密版报告。
10. Senior NATO official interview, February 24, 2015, Lessons Learned Project,

SIGAR. Name redacted by SIGAR.

11. Ibid.
12. Ibid.
13. USAID official interview, October 18, 2016, Lessons Learned Project, SIGAR. Name redacted by SIGAR.
14. Barnett Rubin interview, February 17, 2017, Lessons Learned Project, SIGAR.
15. State Department cable, Kabul to Washington, "COIN Strategy: Civilian Concerns," November 6, 2009.
16. Department of State cable, Kabul to Washington, "Looking Beyond Counterinsurgency In Afghanistan," November 9, 2009. 这些电报原本被列为秘密。《纽约时报》获得了这些电报的副本，并在线公开了它们。 Eric Schmitt, "U.S. Envoy's Cables Show Worries on Afghan Plans," *New York Times,* January 25, 2010.
17. Gen. David Petraeus interview, August 16, 2017, Lessons Learned Project, SIGAR.
18. Rubin interview, February 17, 2017, SIGAR.
19. Ibid. 在2019年12月发给作者的一封电子邮件中，鲁宾补充说："我很惊讶自己会这么说。也许发音错误了。我一直坚信，时间表是以五角大楼为视角的，而不是其他人。我理解总统为什么想这样做，但他没有考虑到这一地区的民众会如何理解。"
20. Smith interview, Combat Studies Institute.
21. Ibid.
22. Maj. Jason Liddell interview, April 15, 2011, Operational Leadership Experiences project, Combat Studies Institute, Fort Leavenworth, Kansas.
23. Ibid.
24. Michael Hastings, "The Runaway General" *Rolling Stone,* July 8, 2010.

第十三章 "深不见底的吸金黑洞"

1. David Marsden interview, December 3, 2015, Lessons Learned Project, SIGAR. 在2019年12月发给《华盛顿邮报》记者的一封电子邮件中，马斯登补充说："影响（战争）结果的最重要问题——人员轮换，完全在我们的控制之中。作为一个少有的在阿富汗工作了8年的人，我几乎像阿富汗人一样知道它的重要性。"

2. USAID official interview, October 7, 2016, Lessons Learned Project, SIGAR. Name redacted by SIGAR.
3. Aid contractor interview, August 15, 2016, Lessons Learned Project, SIGAR. Name redacted by SIGAR.
4. Ibid.
5. Lute interview, SIGAR.
6. Ibid.
7. Ibid.
8. Ibid.
9. Special Forces team adviser interview, December 14, 2017, Lessons Learned Project, SIGAR. Name redacted by SIGAR.
10. Tim Graczewski interview, January 11, 2015, Lessons Learned Project, SIGAR.
11. Ibid.
12. "Shorandam Industrial Park : Poor Recordkeeping and Lack of Electricity Prevented a Full Inspection of this $7.8 million Facility," SIGAR Inspection Report, April 2015.
13. Senior USAID official interview, August 15, 2016, Lessons Learned Project, SIGAR. Name redacted by SIGAR.
14. Crocker interview, December 1, 2016, SIGAR.
15. Ibid.
16. NATO official interview, February 24, 2015, Lessons Learned Project, SIGAR. Name redacted by SIGAR.
17. "Afghanistan's Energy Sector," SIGAR 19–37 Audit Report, May 2019.
18. Eggers interview, SIGAR.
19. Ibid.
20. U.S. military officer interview, July 18, 2016, Lessons Learned Project, SIGAR. Name redacted by SIGAR.
21. Petraeus interview, SIGAR.
22. Col. Brian Copes interview, January 25, 2011, Operational Leadership Experiences project, Combat Studies Institute, Fort Leavenworth, Kansas.

23. Ibid
24. Senior USAID official interview, November 10, 2016, Lessons Learned Project, SIGAR. Name redacted by SIGAR.
25. Former State Department official interview, August 15, 2016, Lessons Learned Project, SIGAR. Name redacted by SIGAR.
26. Barna Karimi interview, January 16, 2017, Lessons Learned Project, SIGAR.
27. Safiullah Baran interview, February 18, 2017, Lessons Learned Project, SIGAR.
28. Ibid.
29. U.S. official interview, June 30, 2016, Lessons Learned Project, SIGAR. Name redacted by SIGAR.
30. Army civil-affairs officer interview, July 12, 2016, Lessons Learned project, SIGAR. Name redacted by SIGAR.
31. Ibid.
32. Brian Copes interview, February 25, 2016, Lessons Learned Project, SIGAR.
33. Ibid.
34. Ibid.
35. "Department of Defense Commanders' Emergency Response Program: Priorities and Spending in Afghanistan for Fiscal Years 2004–2014," SIGAR Office of Special Projects, April 2015.
36. Ken Yamashita interview, December 15, 2015, Lessons Learned Project, SIGAR. 在2019年12月发给《华盛顿邮报》记者的一封电子邮件中，山下补充说："CERP的资金本来就不是给长期重建用的。一些重建项目是为了军事破坏后的重建；其他情况下，项目的目的是向地方领导人提供支持。其他情况下，即通过支持地方的领导人，它确实服务于政治目的。"
37. NATO official interview, February 24, 2015, Lessons Learned Project, SIGAR. Name redacted by SIGAR.
38. U.S. Army officer interview, June 30, 2016, Lessons Learned Project, SIGAR. Name redacted by SIGAR.
39. Wesa interview, SIGAR.
40. Thomas Johnson interview, January 7, 2016, Lessons Learned Project, SIGAR. 在2019年12月给作者的一封电子邮件中，约翰逊补充说："加拿

大人不知道村里为数不多的教师工资只有 60~80 美元。教师立即辞掉工作，以更高的薪水挖灌溉渠，这显然扰乱了村里的教育运转。加拿大人一知道这件事就提高了学校教师的工资，问题也得到了纠正。"

41. U.S. military officer interview, July 11, 2016, Lessons Learned Project, SIGAR. Name redacted by SIGAR.

第十四章　从朋友变为敌人

1. Rubin interview, January 20, 2015, SIGAR. 在 2019 年 12 月发给作者的电子邮件中，鲁宾补充道："我试图说服霍尔布鲁克，他把问题归咎于卡尔扎伊而不是美国。考虑到我们为反恐部队和民兵领导人建立了黑市资金链，卡尔扎伊如果不能获得同样的资金来源，就没办法参与政治竞争。选举等官方政治话语只是真正的权力游戏的门面。前台由美国国务院支持，后台由美国中央情报局和国防部管理。"
2. Gates interview, Miller Center.
3. Ibid.
4. Ibid.
5. Partlow, *A Kingdom of Their Own,* p. 44–47.
6. Ambassador James Dobbins interview, July 21, 2003, Foreign Affairs Oral History Project, Association for Diplomatic Studies and Training.
7. Ibid.
8. Ian Shapira, "The CIA acknowledges the legendary spy who saved Hamid Karzai's life—and honors him by name," *The Washington Post*, September 18, 2017.
9. Lyse Doucet, "The Karzai years: From hope to recrimination," BBC News, July 11, 2014.
10. Ibid.
11. Ambassador Ryan Crocker interview, September 9, 2010, George W. Bush Oral History Project, Miller Center, University of Virginia.
12. Ibid.
13. Crocker interview, December 1, 2016, SIGAR.
14. Ibid.
15. Crocker interview, Miller Center.

16. Donald Rumsfeld memo to President George W. Bush, December 9, 2004, the National Security Archive, George Washington University.
17. Khalilzad, *The Envoy*, p. 132-133.
18. Khalilzad interview, SIGAR.
19. Strmecki interview, SIGAR.
20. Sami Yousafzai, "A Harvest of Treachery," *Newsweek*, January 8, 2006.
21. Department of State cable, Kabul to Washington, "Karzai Dissatisfied : Worries about Newsweek ; Plans More War Against Narcotics," January 10, 2006, WikiLeaks. 该电报被列为机密。
22. Dexter Filkins, Mark Mazzetti, and James Risen, "Brother of Afghan Leader Said to be Paid by C.I.A.," *The New York Times*, October 27, 2009.
23. Greentree interview, Association for Diplomatic Studies and Training.
24. Hadley interview, SIGAR.
25. Amir Shah and Jason Straziuso, "Afghan officials : US missiles killed 27 civilians," *Associated Press*, July 6, 2008.
26. Letter to Secretary of Defense Robert Gates on U.S. Airstrikes in Azizabad, Afghanistan, Human Rights Watch, January 15, 2009.
27. Memorandum for Acting Commander, "Executive Summary of AR 15-6 Investigation," U.S. Central Command, October 1, 2008.
28. Ibid.
29. U.S. military officer interview, January 8, 2015, Lessons Learned Project, SIGAR. Name redacted by SIGAR.
30. Gates interview, Miller Center.
31. Ibid.
32. Woodward, *Obama' Wars*, p. 70.
33. Kai Eide, "Afghanistan and the U.S. : Between Partnership and Occupation," Peace Research Institute Oslo, 2014.
34. State Department cable, Kabul to Washington, "Karzai on the State of U.S.-Afghan Relations," July 7, 2009, WikiLeaks. 该电报原本是保密的。
35. Ibid.
36. Packer, *Our Man*, p. 484-486.
37. Margaret Warner, "Interview with Afghan President Hamid Karzai," *PBS*

Newshour with Jim Lehrer, November 9, 2009.
38. State Department cable, "COIN Strategy: Civilian Concerns."
39. Ambassador Marc Grossman interview, June 13, 2014, Foreign Affairs Oral History Project, Association for Diplomatic Studies and Training.

第十五章　腐败带来的内耗

1. Andrew Higgins, "An Afghan exodus, of bank notes," *The Washington Post*, February 25, 2010.
2. Karin Brulliard, "Garish 'poppy palaces' lure affluent Afghans," *The Washington Post,* June 6, 2010.
3. Commander's Initial Assessment, International Security Assistance Force, August 30, 2009.
4. Rubin interview, January 20, 2015, SIGAR.
5. Crocker interview, January 11, 2016, SIGAR.
6. German official interview, July 31, 2015, Lessons Learned Project, SIGAR. Name redacted by SIGAR.
7. Ibid.
8. Ibid.
9. Christopher Kolenda interview, April 5, 2016, Lessons Learned Project, SIGAR.
10. Ibid.
11. Ibid.
12. Former National Security Council official interview, April 22, 2015, Lessons Learned Project, SIGAR. Name redacted by SIGAR.
13. "Warlord, Inc.: Extortion and Corruption Along the U.S. Supply Chain in Afghanistan," Report of the Majority Staff, Subcommittee on National Security and Foreign Affairs, House Committee on Oversight and Government Reform, June 2010.
14. Ibid.
15. Gert Berthold interview, October 6, 2015, Lessons Learned Project, SIGAR.
16. Ibid.
17. Ibid. 在2019年12月发给《华盛顿邮报》记者的一封电子邮件中，贝特霍尔德补充说："在我们发现采购资金流动异常的地方，通常能通过财务记录加以证实，有16%~25%（发现异常）的资金流向了不良参与者。我们被告知这个比例算低了，有些人说这一比例应该接近40%。"

18. Thomas Creal interview, March 23, 2016, Lessons Learned Project, SIGAR.
19. U.S. official interview, September 11, 2015, Lessons Learned Project, SIGAR. Name redacted by SIGAR.
20. Senior U.S. diplomat interview, August 28, 2015, Lessons Learned Project, SIGAR.
21. Lt. Gen. Michael Flynn interview, November 10, 2015, Lessons Learned Project, SIGAR.
22. Ibid.
23. Ibid.
24. Justice Department official interview, April 12, 2016, Lessons Learned Project, SIGAR. Name redacted by SIGAR.
25. Berthold interview, SIGAR.
26. Kolenda interview, SIGAR.
27. Andrew Higgins, "Banker feeds Afghan crony capitalism; Firm's founder has secured Dubai home loans for some in Karzai's inner circle," *The Washington Post,* February 22, 2010.
28. Andrew Higgins, "Kabul Bank crisis followed U.S. push for cleanup," *Washington Post*, September 18, 2010.
29. "Report of the Public Inquiry into the Kabul Bank Crisis," Independent Joint Anti-Corruption Monitoring and Evaluation Committee, Government of Afghanistan, November 15, 2012.
30. U.S. official interview, March 1, 2016, Lessons Learned Project, SIGAR. Name redacted by SIGAR.
31. Joshua Partlow and Andrew Higgins, "U.S. and Afghans at odds over Kabul Bank reform," *The Washington Post*, October 7, 2010.
32. Andrew Higgins, "Karzai's brother made nearly $1 million on Dubai deal funded by troubled Kabul Bank," *The Washington Post*, September 8, 2010.
33. Senior Treasury Department official interview, October 1, 2015, Lessons Learned Project, SIGAR. Name redacted by SIGAR.

34. Fitrat, *The Tragedy of Kabul Bank*, p. 170.
35. Former senior U.S. official interview, December 12, 2015, Lessons Learned Project, SIGAR. Name redacted by SIGAR.
36. Senior U.S. official interview, March 1, 2016, Lessons Learned Project, SIGAR. Name redacted by SIGAR.
37. "Report of the Public Inquiry into the Kabul Bank Crisis," Independent Joint Anti-Corruption Monitoring and Evaluation Committee.
38. Senior U.S. official interview, March 1, 2016, Lessons Learned Project, SIGAR. Name redacted by SIGAR.
39. Fitrat, *The Tragedy of Kabul Bank*, p. 115.
40. "Report of the Public Inquiry into the Kabul Bank Crisis," Independent Joint Anti-Corruption Monitoring and Evaluation Committee.
41. Treasury Department official interview, July 27, 2015, Lessons Learned Project, SIGAR. Name redacted by SIGAR.
42. Ibid.
43. Fitrat, *The Tragedy of Kabul Bank*, p. 202.
44. Ibid, p. 192.
45. Treasury Department official interview, July 27, 2015, SIGAR.
46. International Monetary Fund official interview, February 25, 2016, Lessons Learned Project, SIGAR. Name redacted by SIGAR.
47. Crocker interview, January 11, 2016, SIGAR.
48. Ibid.

第十六章　与真相作战

1. Panetta, *Worthy Fights*, p. 320-321.
2. Panetta, *Worthy Fights*, p. 301 and p. 328.
3. Craig Whitlock, "Panetta echoes Bush comments, linking Iraq invasion to war on al-Qaeda," *The Washington Post,* July 11, 2011.
4. Eggers interview, SIGAR.
5. Prepared Remarks of John F. Sopko, "SIGAR's Lessons Learned Program and Lessons from the Long War," January 31, 2020, Project on Government Oversight retreat, Washington, D.C.

6. Bob Crowley interview, August 3, 2016, Lessons Learned Project, SIGAR.
7. Ibid.
8. John Garofano interview, October 15, 2015, Lessons Learned Project, SIGAR.
9. Ibid. 在 2019 年 12 月发给《华盛顿邮报》记者的一封电子邮件中，加罗法诺补充说："经过 8 年的后见之明，我对这些人执行死刑的看法有点不同。但是战略上的疏忽在哪里呢？在美国国会或五角大楼中，没有一个独立的机构问：什么有效？什么无效？我们应该继续建设 1 号公路吗？我们能建立一个支撑我们努力建设阿富汗国家和社会的经济体系吗？华盛顿和地面作战人员一样，只顾眼前的战争。提供足够的资源来预防灾难要比重新评估战略和战术容易得多。地面作战力量不会重新评估，就像装配线上的工人不会重新设计汽车一样。"
10. Flynn interview, SIGAR.
11. Ibid.
12. Senior U.S. official interview, July 10, 2015, Lessons Learned Project, SIGAR. Name redacted by SIGAR.
13. National Security Council staff member interview, September 16, 2016, Lessons Learned Project, SIGAR. Name redacted by SIGAR.
14. Ibid.
15. Ibid.
16. Ibid.
17. Maj. John Martin interview, December 8, 2008, Operational Leadership Experiences project, Combat Studies Institute, Fort Leavenworth, Kansas.
18. Ibid.
19. Senior NATO official interview, February 18, 2015, Lessons Learned Project, SIGAR. Name redacted by SIGAR.
20. Ibid.

第十七章 内部的敌人

1. Adam Ashton, "Ambush, shootings a deadly betrayal by allies,"（Tacoma, Washington）*News Tribune*, May 12, 2013. See also Adam Ashton, "The Cavalry at Home: A soldier's wounds and a will to live,"（Tacoma, Washington）

News Tribune, December 14, 2013.
2. Ibid.
3. Ibid.
4. Bill Roggio and Lisa Lundquist, "Green-on-blue attacks in Afghanistan, the data," August 23, 2012, The Long War Journal.
5. Lara Logan, "Interview with Gen. John Allen," *60 Minutes*, September 30, 2012.
6. Maj. Christopher Sebastian interview, November 1, 2012, Operational Leadership Experiences project, Combat Studies Institute, Fort Leavenworth, Kansas.
7. Ibid.
8. Jeffrey Bordin, "A Crisis of Trust and Cultural Accountability," U.S. Forces-Afghanistan, May 12, 2011.
9. See Adam Ashton, "Ambush, shootings a deadly betrayal by allies,"(Tacoma, Washington) *News Tribune*, May 12, 2013; Adam Ashton, "Report sheds light on 2012 'green-on-blue' attack,"(Tacoma, Washington) *News Tribune*, August 6, 2013; Adam Ashton, "The Cavalry at Home: A soldier's wounds and a will to live,"(Tacoma, Washington) *News Tribune*, December 14, 2013.
10. Ibid.
11. Ashton, "The Cavalry at Home," *News Tribune*.
12. Maj. Jamie Towery interview, December 17, 2012, Operational Leadership Experiences project, Combat Studies Institute, Fort Leavenworth, Kansas.
13. Ibid.
14. Jack Kem interview, April 23, 2014, Operational Leadership Experiences project, Combat Studies Institute, Fort Leavenworth, Kansas.
15. Ibid.
16. Ibid.
17. Neta C. Crawford and Catherine Lutz, "Costs of War Project," Watson Institute for International and Public Affairs, Brown University, November 13, 2019.
18. Former senior State Department official interview, August 15, 2016, Lessons Learned Project, SIGAR. Name redacted by SIGAR.
19. Lute interview, SIGAR.

20. Maj. Greg Escobar interview, July 24, 2012, Operational Leadership Experiences project, Combat Studies Institute, Fort Leavenworth, Kansas.
21. Ibid.
22. Maj. Michael Capps interview, December 14, 2011, Operational Leadership Experiences project, Combat Studies Institute, Fort Leavenworth, Kansas.
23. Ibid.
24. Maj. Mark Glaspell interview, November 2, 2012, Operational Leadership Experiences project, Combat Studies Institute, Fort Leavenworth, Kansas.
25. Ibid.
26. Ibid.
27. Maj. Charles Wagenblast interview, August 1, 2012, Operational Leadership Experiences project, Combat Studies Institute, Fort Leavenworth, Kansas.
28. Ibid.
29. Ibid.
30. Shahmahmood Miakhel interview, February 7, 2017, Lessons Learned Project, SIGAR.
31. Ibid.
32. Thomas Johnson interview, SIGAR.
33. Norwegian official interview, July 2, 2015, Lessons Learned Project, SIGAR. Name redacted by SIGAR.
34. Crocker interview, January 11, 2016, SIGAR.
35. Maj. Robert Rodock interview, October 27, 2011, Operational Leadership Experiences project, Combat Studies Institute, Fort Leavenworth, Kansas.
36. Lt. Col. Scott Cunningham interview, August 15, 2013, Operational Leadership Experiences project, Combat Studies Institute, Fort Leavenworth, Kansas.
37. Ibid.
38. U.S. soldier interview, September 7, 2016, Lessons Learned Project, SIGAR. Name redacted by SIGAR.
39. U.S. military officer interview, October 20, 2016, Lessons Learned Project, SIGAR. Name redacted by SIGAR.
40. Lt. Col. Scott Mann interview, August 5, 2016, Lessons Learned Project,

SIGAR.

41. Capt. Andrew Boissonneau interview, September 17, 2014, Operational Leadership Experiences project, Combat Studies Institute, Fort Leavenworth, Kansas.
42. Ibid.

第十八章　幻想破灭

1. *Washington Post*-ABC News poll, December 11–14, 2014.
2. Combined Forces Air Component Commander, "2013–2019 Airpower Statistics," February 29, 2020, U.S. Air Forces Central Command.
3. Senior U.S. official interview, September 13, 2016, Lessons Learned Project, SIGAR. Name redacted by SIGAR.
4. Ibid.
5. Boucher interview, SIGAR.
6. Lute interview, SIGAR.
7. Dobbins interview, SIGAR.
8. Tim Craig, Missy Ryan and Thomas Gibbons-Neff, "By evening, a hospital. By morning, a war zone," *The Washington Post*, October 10, 2015.
9. "Initial MSF internal review: Attack on Kunduz Trauma Centre, Afghanistan," Medecins Sans Frontieres, November 2015.

第十九章　特朗普任期的政策转变

1. Rucker and Leonnig, *A Very Stable Genius*, p. 131–136.
2. Ibid.
3. Ibid.
4. McMaster, *Battlegrounds*, p. 212–214.
5. Ibid.
6. Ibid.
7. "2013–2019 Airpower Statistics," U.S. Air Forces Central Command.
8. Neta C. Crawford, "Afghanistan's Rising Civilian Death Toll Due to Airstrikes, 2017–2020," Costs of War project, Brown University, December 7, 2020.
9. Rod Nordland, "The Death Toll for Afghan Forces Is Secret: Here's Why,"

The New York Times, September 21, 2018.

10. Mujib Mashal and Thomas Gibbons-Neff, "How a Taliban Assassin Got Close Enough to Kill a General," *The New York Times*, November 2, 2018.
11. Ibid.
12. Dan Lamothe, "U.S. general wounded in attack in Afghanistan," *The Washington Post*, October 21, 2018.

第二十章　前车之鉴

1. David Mansfield, "Bombing the Heroin Labs in Afghanistan: The Latest Act in the Theatre of Counternarcotics," January 2018, LSE International Drug Policy Unit.
2. Lute interview, SIGAR.
3. Maj. Matthew Brown interview, July 30, 2012, Operational Leadership Experiences project, Combat Studies Institute, Fort Leavenworth, Kansas.
4. Ibid.
5. Phil Stewart and Daniel Flynn, "U.S. Reverses Afghan Drug Policy, eyes August Vote," *Reuters*, June 27, 2009.
6. Former senior British official interview, June 17, 2015, Lessons Learned Project, SIGAR. Name redacted by SIGAR.
7. Ibid.
8. Greentree interview, Association for Diplomatic Studies and Training.
9. Mohammed Ehsan Zia interview, April 12, 2016, Lessons Learned Project, SIGAR.
10. Ibid.
11. Ibid.
12. Rubin interview, February 17, 2017, SIGAR. 在2019年12月发给作者的一封电子邮件中，鲁宾补充说："主要问题是，种植罂粟是亚洲乃至世界最贫穷国家之一的阿富汗的很大一部分人口谋生的路子。你不能把人们的生计定为犯罪，并指望他们支持你。将毒品定为犯罪的全球制度，是在将成瘾物质的生产和销售拱手让给有组织犯罪集团及其保护人。整个毒品政策是一场灾难，我们把它引入了阿富汗政策之中。"
13. State Department official interview, June 29, 2015, Lessons Learned Project,

SIGAR. Name redacted by SIG AR.

14. Justice Department official interview, April 12, 2016, Lessons Learned Project, SIGAR. Name redacted by SIGAR.

15. Senior U.S. official interview, June 10, 2016, Lessons Learned Project, SIGAR. Name redacted by SIGAR.

16. Joseph Goldstein, "Bribery Frees a Drug Kingpin in Afghanistan, Where Cash Often Overrules Justice," *The New York Times*, December 31, 2014.

17. Ibid.

18. Senior DEA official interview, November 3, 2016, Lessons Learned Project, SIGAR. Name redacted by SIGAR.

19. James Risen, "Propping Up a Drug Lord, Then Arresting Him," *The New York Times*, December 11, 2010.

20. Johnny Dwyer, "The U.S. Quietly Released Afghanistan's 'Biggest Drug Kingpin' from Prison. Did He Cut a Deal？" *The Intercept*, May 1, 2018.

21. Former legal attache interview, June 27, 2016, Lessons Learned Project, SIGAR. Name redacted by SIGAR.

22. State Department contractor interview, September 16, 2016, Lessons Learned Project, SIGAR. Name redacted by SIGAR.

第二十一章　与塔利班对话

1. David Harding, "Waiting for the Taliban," *Agence France-Presse*, March 19, 2009.

2. Ibid.

3. Olson interview, U.S. Army Center of Military History.

4. Ibid.

5. Gilchrist interview, U.S. Army Center of Military History.

6. Ibid.

7. Rubin interview, August 27, 2015, SIGAR. 在2019年12月发给作者的一封电子邮件中，鲁宾补充说："2009年的政策审查期间，我们做了很多工作，把与塔利班的政治谈判（和解、政治解决）摆在了桌面上。霍尔布鲁克说，这些条款太具煽动性了。我们最终决定用'减少威胁'一词来描述与塔利班的潜在政治路线。当时的想法是，无论以何种名义达成的政治解决方案，都将降低阿富汗国家面临的威胁的水平，不再需要我们正在建设的难以为继的安全部队。在我的内心深处有一种确定的想法，那就是美国将以某种方式离开阿富汗，我们在做任何事情时都必须记住这一点。"

8. Rubin interview，February 17，2017，SIGAR. 在2019年12月发给作者的一封电子邮件中，鲁宾补充说："他们不是奥巴马政府中的强硬派。他们是国家安全常设机构的成员，也就是所谓'深度国家'，我不使用这个词，因为它暗示着阴谋，而这只是一个操纵万亿美元的官僚机构的正常惯性。"

9. Rubin interview，December 2，2015，SIGAR. 在2019年12月发给作者的一封电子邮件中，鲁宾补充说："（希拉里·克林顿）对成功几乎或根本没有信心。她明白这背后的逻辑，但不明白自己为什么要为可能失败的事情冒政治风险。奥巴马也不想冒这个政治风险。"

10. Maj. Ulf Rota interview，September 12，2011，Operational Leadership Experiences project，Combat Studies Institute，Fort Leavenworth，Kansas.

11. Ibid.

12. Brown interview，Combat Studies Institute.

13. Ibid.

14. Crocker interview，January 11，2016，SIGAR.

15. Dobbins interview，SIGAR.

参考文献

Barfield, Thomas. *Afghanistan: A Cultural and Political History.* Princeton, N.J.: Princeton University Press, 2010.
Bergen, Peter L. *Manhunt: The Ten-Year Search for Bin Laden from 9/11 to Abbottabad.* New York: Crown Publishers, 2012.
Chandrasekaran, Rajiv. *Little America: The War Within the War for Afghanistan.* New York: Alfred A. Knopf, 2012.
Chayes, Sarah. *The Punishment of Virtue: Inside Afghanistan After the Taliban.* New York: The Penguin Press, 2006.
Coll, Steve. *Directorate S: The CIA and America's Secret Wars in Afghanistan and Pakistan.* New York: Penguin Press, 2018.
———. *Ghost Wars: The Secret History of the CIA, Afghanistan, and bin Laden, from the Soviet Invasion to September 10, 2001.* New York: Penguin Press, 2004.
Constable, Pamela. *Playing with Fire: Pakistan at War with Itself.* New York: Random House, 2011.
Dobbins, James. *After the Taliban: Nation-Building in Afghanistan.* Washington, D.C.: Potomac Books, 2008.
Eide, Kai. *Power Struggle over Afghanistan: An Inside Look at What Went Wrong and What We Can Do to Repair the Damage.* New York: Skyhorse Publishing, 2012.
Feith, Douglas J. *War and Decision: Inside the Pentagon at the Dawn of the War on Terrorism.* New York: Harper Collins, 2008.
Fitrat, Abdul Qadeer. *The Tragedy of Kabul Bank.* New York: Page Publishing, Inc., 2018.
Franks, Tommy. *American Soldier.* New York: Regan Books, 2004.
Gannon, Kathy. *I is for Infidel. From Holy War to Holy Terror: 18 Years Inside*

Afghanistan. New York: PublicAffairs, 2005.
Gates, Robert M. *Duty: Memoirs of a Secretary at War.* New York: Alfred A. Knopf, 2014.
Graham, Bradley. *By His Own Rules: The Ambitions, Successes, and Ultimate Failures of Donald Rumsfeld.* New York: PublicAffairs, 2009.
Haqqani, Husain. *Pakistan: Between Mosque and Military.* Washington, D.C.: Carnegie Endowment for International Peace, 2005.
Jones, Seth G. *In the Graveyard of Empires: America's War in Afghanistan.* New York: W.W. Norton & Company, 2009.
Khalilzad, Zalmay. *The Envoy: From Kabul to the White House, My Journey Through a Turbulent World.* New York: St. Martin's Press, 2016.
McChrystal, Stanley. *My Share of the Task: A Memoir.* New York: Portfolio/Penguin, 2013.
McMaster, H.R. *Battlegrounds: The Fight to Defend the Free World.* New York: Harper, 2020.
———. *Dereliction of Duty: Lyndon Johnson, Robert McNamara, the Joint Chiefs of Staff, and the Lies that Led to Vietnam.* New York: HarperCollins, 1997.
Neumann, Ronald E. *The Other War: Winning and Losing in Afghanistan.* Washington, D.C.: Potomac Books, Inc., 2009.
Packer, George. *Our Man: Richard Holbrooke and the End of the American Century.* New York: Alfred A. Knopf, 2019.
Panetta, Leon. *Worthy Fights: A Memoir of Leadership in War and Peace.* New York: Penguin Press, 2014.
Partlow, Joshua. *A Kingdom of Their Own: The Family Karzai and the Afghan Disaster.* New York: Alfred A. Knopf, 2016.
Rashid, Ahmed. *Descent into Chaos: The United States and the Future of Nation-Building in Pakistan, Afghanistan, and Central Asia.* New York: Viking, 2008.
———. *Taliban: Militant Islam, Oil and Fundamentalism in Central Asia.* New Haven, Conn.: Yale University Press, 2000.
Rubin, Barnett R. *Afghanistan from the Cold War Through the War on Terror.* New York: Oxford University Press, 2013.
Rucker, Philip and Carol Leonnig. *A Very Stable Genius: Donald J. Trump's Testing of America.* New York: Penguin Press, 2020.
Rudenstine, David. *The Day the Presses Stopped: A History of the Pentagon Papers Case.* Berkeley, Calif.: University of California Press, 1996.
Rumsfeld, Donald. *Known and Unknown: A Memoir.* New York: Sentinel, 2011.
Sheehan, Neil, Hedrick Smith, E.W. Kenworthy, and Fox Butterfield. *The Pentagon Papers. The Secret History of the Vietnam War.* New York: Quadrangle Books, Inc., 1971.
Warrick, Joby. *The Triple Agent: The al-Qaeda Mole Who Infiltrated the CIA.* New York: Doubleday, 2011.

Woodward, Bob. *Bush at War.* New York: Simon & Schuster, 2002.
——. *Obama's Wars.* New York: Simon & Schuster, 2010.
——. *Plan of Attack.* New York: Simon & Schuster, 2004.

图片来源

1. 公版图片
2. David Hume Kennerly/Getty Images
3. Chris Hondros/Getty Images
4. Lois Raimondo/*The Washington Post*
5. David Guttenfelder/AP
6. Christopher Morris/VII/Redux
7. David Hume Kennerly/Getty Images
8. Emilio Morenatti/AP
9. Emilio Morenatti/AP
10. 公版图片
11. David Guttenfelder/AP
12. Emilio Morenatti/AP
13. Paolo Pellegrin/Magnum Photos
14. John Moore/Getty Images
15. Paolo Pellegrin/Magnum Photos
16. Tim A. Hetherington/Magnum Photos
17. Moises Saman/Magnum Photos
18. Christopher Morris/VII/Redux
19. David Guttenfelder/AP

20. Moises Saman/Magnum Photos
21. Benjamin Lowy/Getty Images
22. Jonathan Newton/*The Washington Post*
23. 公版图片
24. Rahmat Gul/AP
25. Pete Souza/The White House/AP
26. John Moore/Getty Images
27. Charles Ommanney/Getty Images
28. Paula Bronstein /Getty Images
29. Javier Manzano for *The Washington Post*
30. Matt McClain/ *The Washington Post*
31. Lorenzo Tugnoli for *The Washington Post*
32. Lorenzo Tugnoli for *The Washington Post*